KB090778

미녀통역사와 함께하는

중국어 첫데이트

미녀 통역사와 함께하는 중국어 첫데이트

2009년 9월 20일 초판 1쇄 인쇄
2009년 9월 30일 초판 1쇄 발행

지은이 | 김태희, 이예리
펴낸이 | 이종춘
펴낸곳 | 🜲 성안당
주 소 | 경기도 파주시 교하읍 문발리 출판문화정보산업단지 536-3
전 화 | 031-955-0511
팩 스 | 031-955-0510
등 록 | 1973. 2. 1. 제13-12호
홈페이지 | www.langfac.com/www.cyber.co.kr
수신자부담 전화 | 080-544-0511
내용문의 | 02-3142-0037

ISBN 978-89-315-7412-8 03730
정가 14,000원

이 책을 만든 사람들
기획 총괄 | 조병희
기획 · 책임편집 | 조성훈
일러스트 | 임은정, 문지훤
홍보 | 박재언
제작 | 구본철

Copyright©2009 by Sungandang Company All rights reserved.
First edition Printed 2009. Printed in Korea.

이 책의 어느 부분도 저작권자나 🜲 Chinese factory(성안당) 발행인의 승인 문서 없이
일부 또는 전부를 사진 복사나 디스크 복사 및 기타 정보 재생 시스템을 비롯하여 현재 알
려지거나 향후 발명될 어떤 전기적, 기계적 또는 다른 수단을 통해 복사, 재생하거나 이용할
수 없음.

머리말

여기 저기서 중국어 배우기 열풍

가장 가까운 이웃나라 중국에 여행가는 대학생 A양, 중국 조기유학을 준비 중인 학생 B양, 중국과의 왕래가 증가함에 따라 제2 외국어 학습을 통해 더 나은 커리어를 준비하는 직장인 C씨, 갑자기 중국 업무가 맡겨지면서 중국 출장을 가게 된 D양, 퇴직 후 남다른 특기를 가지고 자유로이 일하고 싶어하는 E양, 아이들이 학교에 간 후 소일거리를 위해 중국어를 배우고 싶어하는 주부 F씨 등 요즘 주위를 둘러보면 중국어를 배우려고 시도해보지 않은 사람이 없을 정도로 중국어 학습 열풍은 나날이 거세어지고 있습니다.

중국어는 초급만 잘 다지면 70% 성공

하지만, 우리말과 영어와는 판이한 발음과 어려운 한자로 말미암아 많은 중국어 학습자들이 중국어 공부를 어렵게 시작했다가도 포기합니다. 하지만, 중국어는 시작만 어려운 언어랍니다. 중국어를 조금 한다는 사람들은 중국어만큼 쉬운 외국어가 없다는 것을 알지요. 발음과 기초 문형만 잘 다진다면 중급, 고급은 비교적 수월하게 완성되는 언어가 중국어입니다. 그만큼 중국어는 초급에서 기초 다지기가 관건입니다.

즐기면서 배우는 중국어

'중국어 첫데이트'는 생소하면서도 중요한 초급중국어를 즐기면서 배울 수 있도록 구성하였습니다. 매 과 첫 페이지에는 배울 핵심내용을 스토리를 통해 알려주었으며 쉬운 그림설명을 통해 매 과에서 배울 단어들이 한눈에 들어오도록 정리하였습니다. 또한, 언어 학습과 직결되는 문화 설명을 통해 중국어뿐만 아니라 진정한 중국통이 되는 길을 제시하였으며 가장 자주 쓰는 한마디들을 정리해서 몇 마디를 모르더라도 현지회화가 가능한 방법을 마지막에 알려주고 있습니다.

여성 동시통역사들이 전하는 생생한 현지 초급중국어

특히 '중국어 첫데이트'는 현직 동시통역사인 저자가 중국어를 처음 배웠던 초급자 시절로 다시 돌아가 당시에 꼭 필요한 초급회화를 담은 교재가 없었던 아쉬움을 떠올리며 현지에서 꼭 쓰이는 생생한 회화만을 담아내었습니다. 외국어는 출력싸움입니다. 아무리 많은 단어와 표현을 안다고 해도 입으로 뱉어내지 못하면 소용이 없지요. 끈기를 가지고 어디서나 큰 소리로 읽고 계속적인 반복을 하면 여러분의 입에서 중국어가 자연스럽게 흘러나오게 될 것입니다. 부디 '중국어 첫데이트'가 여러분의 중국어 실력을 일취월장시키는 데 가장 고마운 친구가 되기를 희망합니다. 끝으로 '중국어 첫데이트'의 출판을 도와주신 성안당의 이종춘 회장님과 조병희 상무님, 그리고 이번 원고 작업을 사랑으로 지지해준 가족들에게 감사의 인사를 전합니다.

목차

이 책의 구성과 특징

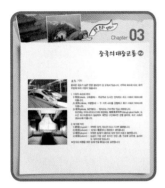

1 도입

중국에 대한 상식을 재미있게 다루었습니다. 가볍게 읽다 보면 중국문화를 좀 더 이해할 수 있을 것입니다.

2 그림으로 미리 배우는 단어

본문의 핵심 단어 및 연관되는 단어를 그림을 통해 보기 쉽게 정리하였습니다. 회화를 배우기 전에 필요한 단어부터 알고 들어가면 훨씬 마음이 든든하겠죠?

3 핵심회화

꼭 알고 넘어가야 할 회화입니다. 1~10과까지는 과마다 2개의 핵심회화를, 11~20과까지는 4개의 핵심회화를 담고 있습니다.

4 응용회화

핵심회화의 이해를 돕기 위해 1~10과까지의 핵심회화를 응용해서 만든 표현들입니다. 응용을 통해 핵심회화를 한 단계 업그레이드 시켜 볼까요?

알아두기

● **별말씀을요 不客气, 别客气, 没什么**

客气(커치)는 '사양하다, 겸손하다'는 뜻이 있답니다.
그래서 谢谢의 답변은 客气 앞에

5 알아두기

본문에 연장되는 다양한 표현과 문법에서 다루지 못한 내용을 설명하였습니다. 팁이니만큼 가벼운 마음으로 공부하세요.

6 단어

본문과 문법의 예문에 새로 나온 가장
필수적인 단어를 설명하였습니다.

7 어법

핵심문장에 쓰였던 문법을 정리하고, 문법 이해를 돕기 위해 예문
과 해석을 달았습니다. 회화 내용을 먼저 숙지하고 나서 공부하시
면 더 쉽게 문법을 익힐 수 있습니다.

8 한마디만

함축적인 한자를 사용하는 중국어는 짧
은 한마디라도 많은 의미를 담은 경우가
많답니다. 쉬우면서도 가장 많이 쓰이고
여러 상황에서 유용하게 쓰일 수 있는
한마디들을 모아놓았습니다. 예문들은
상황 설명을 돕기 위해 제시되었으니 부
담없이 이해만 하시고 넘어가세요.

9 연상 단어

단어색인이 아닌 상황별 연상 단어를 담아 필요한 상황에서 손쉽게
원하는 단어를 찾을 수 있도록 했습니다.

* 무료제공 ① 본문 스크립트와 단어장

본문회화와 단어를 포켓판으로 제공합니다

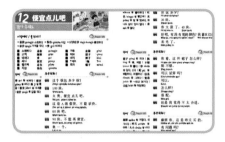

* 무료제공 ② 간체자 쓰기노트

빈도순 500 한자를 중심으로 구성하였습니다.
쓰기 연습을 하면서 간체자와 필순을 익혀 보
세요.

* 무료제공 ③ 보이스북 CD

모든 내용이 종이책과 똑같은 형태로 되어있
고, 화면을 통해 네이티브 음성까지 들으면서
학습할 수 있는 보이스북 CD입니다.

* 무료제공 ④ MP3 무료 다운로드

www.langfac.com에서 원어민 발음을 MP3
용으로 무료로 제공합니다.

중국의 휴대전화

중국의 휴대전화는 기기부터 통화요금까지 한국과 다른 점이 많습니다.
중국 휴대전화의 주류를 이루는 것은 GSM방식입니다. 한국의 경우 휴대전화 자체에 고유번호가 있어 등록 후 분실한 경우 다른 사람이 습득하더라도 사용하기 까다로운 반면, 중국에서는 휴대전화에 끼웠다 뺄 수 있는 심카드가 있어 남의 휴대전화도 심카드만 갈아 끼우면 자신의 휴대전화처럼 사용할 수 있습니다. 물론 통화요금은 자신이 부담하고요.
전화를 거는 사람이 통화료를 부담하는 우리와는 달리, 중국에서는 전화를 받는 사람도 통화료를 부담합니다. 많은 사람들이 통화요금을 후불제로 지불하기보다는 미리 통화요금을 충전하여 쓰고 소득수준에 비해 통화료가 비싸기 때문에 문자메시지를 많이 이용합니다.

삼성전자의 Anycall이 중국에서 큰 인기를 끌어 왔는데, 최신휴대전화의 경우 5,000위안 이상, 최신형이 아니더라도 1,500위안 가량 될 정도로 비싸기 때문에 부의 상징으로 여겨지고 있습니다.
2009년 2월 기준으로 중국의 휴대전화 사용자가 6억 6천명이라니, 엄청난 시장임에 틀림없습니다. 우리나라의 제품이 더 많은 인기를 끌었으면 하는 바람입니다.

(짝퉁천국 중국의 애미콜)
액정에 'SIM카드를 삽입하시오'라고 나와 있네요.

01

你好!

안녕하세요!

 학교에서 / 인사하기

 부푼 마음으로 중국에 발을 디딘 예리양, 学校[쉬에씨아오]에 도착해 인사를 하는데, 你好[니 하오]라고 해야 하나 你好吗[니 하오 마]라고 해야 하나~ 벌써부터 머리가 복잡해지는군.

- 学校 xuéxiào 학교　- 你好 nǐ hǎo 안녕　- 你好吗 nǐ hǎo ma 잘 지내지?

 **教室** 교실
jiàoshì

1 학교	学校	xuéxiào	쉬에씨아오
2 교실	教室	jiàoshì	찌아오스̄
3 선생님	老师	lǎoshī	라오스̄
4 학생	学生	xuésheng	쉬에셩
5 칠판	黑板	hēibǎn	헤이반
6 의자	椅子	yǐzi	이즈
7 책상	桌子	zhuōzi	쭈어즈

你好! 안녕!

예리 **你 好!**
Nǐ hǎo!
니 하오

징징 **你 好!**
Nǐ hǎo!
니 하오

선생님 **你 好!**
Nǐ hǎo!
니 하오

예리 **老师 好!**
Lǎoshī hǎo!
라오스 하오

예리: 안녕하세요!
징징: 안녕하세요!
선생님: 안녕!
예리: 선생님, 안녕하세요!

 단어 Track 002

你 nǐ ⑪ 너, 당신 | **好** hǎo ⑱ 좋다, 괜찮다 | **老师** lǎoshī ⑲ 선생님

 알아두기

● **사람 + 好**

중국어의 인사는? 사람 + 好랍니다.
참 쉽죠?
· **大家好!** 여러분 안녕하세요!
  Dàjiā hǎo! 따지아 하오

大家 dàjiā 여러분, 모두

● **때/시 + 好**(아침/점심/저녁인사)

중국어에는 아침/점심/저녁 인사가
있습니다. 형태는 때/시 + 好입니다.
아침인사는 早上好! [자오상 하오] 혹
은 早安! [자오안]입니다.
晚上好! [완상 하오]는 저녁에 인사할
때, 晚安! [완안]은 '잘자라'는 인사로
많이 쓰입니다.
中午好! [쭝우 하오]는 점심인사죠.

早上 zǎoshang 아침 | **安** ān 편안하다 |
中午 zhōngwǔ 점심 | **晚上** wǎnshang
저녁

你好吗? 잘 지내시죠?

예리
你 好 吗?
Nǐ hǎo ma?
니 하오 마

친구
我 很 好。
Wǒ hěn hǎo.
워 헌 하오

예리: 잘 지내?
친구: 난 잘 지내.

 단어 Track 004

吗 ma ㉗ ~까 (의문의 어기를 나타내는 조사) | 我 wǒ ㈐ 나 | 很 hěn ㈜ 매우

 알아두기

● '~까' 吗

吗는 한국어 의문문에 쓰이는 '~까'에 해당하는 말입니다. 긍정문 뒤에 吗를 붙이면 의문문이 되지요.

你好吗?

我很好。

1. 간체자와 병음

중국어를 본격적으로 배우기 전에 중국어의 특징을 알아봅시다.

1) 중국어는 한자로 표기한다.

중국어는 문자, 즉 한자를 보고 발음을 알 수 없습니다. 한자는 뜻을 전달하는 문자이기 때문에 처음 공부할 때 한자의 음과 뜻을 외워야 합니다. 걱정된다고요? 하지만 일상생활에서 쓰는 한자는 그다지 많지 않습니다.

2) 우리가 쓰는 한자와 다르다.

중국어로 쓰여진 한자들이 생소하게 느껴진다고요? 중국에서는 우리가 쓰는 한자와 다른 간체자를 쓰고 있습니다. 간체자는 중국이 국민들의 문해율을 높이고, 글을 편리하게 쓰도록 비효율적인 한자의 단점을 보완하여 제정한 글자입니다.

3) 성조가 있다.

중국어는 각 음절마다 음의 높낮이(성조)가 있습니다. 우리 말에 성조가 없기 때문에 중국어를 처음 배울 때 어렵게 느껴질 수 있지만, 같은 자음과 모음을 가졌더라도 성조가 달라지면 뜻 또한 달라지기 때문에 반드시 익혀야 합니다.
예를 들어 dong이라는 발음을 1성으로 읽으면 동쪽을 가리키는 东, 3성으로 읽으면 알다 懂, 4성으로 읽으면 움직이다의 动이 됩니다.

4) 알파벳을 빌려 발음을 표기합니다.

한자의 음은 알파벳을 이용해 표기합니다. 이것을 중국어에서는 병음이라 합니다. 병음은 발음을 구성하는 자음과 모음, 성조로 이루어져 있습니다.

2. 발음 정복하기

1) 성조 정복하기

1 기본성조 🎧Track 006

중국어의 성조는 기본적으로 4성으로 구성되어 있습니다.

제1성

높은 음을 유지하세요.
치과에 가서 입을 벌릴 때 '아~' 하는 느낌으로 연습하세요.

妈 mā 엄마, 高 gāo 높다

제2성

빠른 속도로 낮은 음에서 높은 음으로 끌어 올립니다. 친구가 놀랄만한 소식을 전할 때 '어~? 정말?'의 '어~?'의 느낌으로 연습하세요.

주의 한 음절이기 때문에 끊겨서는 안 됩니다. 부드럽게 이어서 올리세요.

爷 yé 할아버지, 来 lái 오다

제3성

낮은 음에서 시작하여 최대한 음을 낮춘 뒤 올립니다.
수긍할 때 '아, 그렇구나' 의 '아'의 느낌으로 연습하세요.

姐 jiě 언니 또는 누나, 奶 nǎi 할머니, 好 hǎo 좋다

제4성

가장 높은 음에서 단숨에 낮은 음으로 떨어뜨립니다.
종이에 손을 벴을 때 '아'의 느낌으로 연습해 보세요.

爸 bà 아빠, 谢 xiè 고마워

2 성조표기법 🎧Track 007

① 성조는 한 음절 모음(단모음)에 표기할 경우 모음 위에 붙입니다.

妈 mā,　　爸 bà

② 모음의 음절이 두 개 이상인 경우 소리가 크게 나는 모음 위에 표기합니다. (a → e → o)

好 hǎo 좋다,　　坐 zuò 앉다

③ 모음 i 위에 붙일 경우 점을 떼어내고 그 자리에 성조를 표기합니다.

弟 dì 남동생,　瓶 píng 병

④ i, u가 함께 올 경우 뒤의 모음에 붙입니다.

酒 jiǔ 술,　会 huì 모임

2) 성조 따라잡기 🎧Track 008

bā bá bǎ bà　　fū fú fǔ fù　　nāo náo nǎo nào　　lán làn

1 경성(轻声) 🎧Track 009

두 음절 이상의 단어 가운데 뒷 음절의 성조가 생략된 경우를 쉽게 볼 수 있습니다. 이를 경성이라 하는데, 만약 모든 음절의 성조를 다 살려 발음한다면 매우 힘들 것입니다. 경성은 가볍고 짧게 발음합니다. 성조를 발음할 때 한 박자라 한다면 경성은 반 박자로 발음하면 됩니다. 경성은 앞 음절의 성조에 의해 결정되며 병음에 표기하지 않습니다.

1성 + 경성	2성 + 경성	3성 + 경성	4성 + 경성
妈妈 mā ma	爷爷 yé ye	姐姐 jiě jie	弟弟 dì di

2 성조의 변화 🎧Track 010

① 3성의 변화

3성의 음절이 연속적으로 나올 경우 앞의 3성이 2성으로 변화합니다.

小姐 아가씨 xiǎo jiě → xiáo jiě　　你好 안녕하세요 nǐ hǎo → ní hǎo

② 3성 음절 뒤에 1, 2, 4, 경성이 올 경우 앞의 3성 음절은 아래로 떨어진 상태에서 올라가지 않습니다. 이를 반3성이라 합니다.

老师 선생님 lǎo shī
奶奶 할머니 nǎi nai

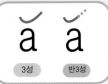

3성　반3성

③ 4성의 음절이 연속적으로 나올 경우 앞의 4성이 온전히 떨어지지 않고 절반만 떨어집니다.

过去 과거 guòqù

이 밖에 예외적인 성조의 변화는 회화부분에서 다루겠습니다.

3) 발음 연습하기　Track 011

성조의 변화에 유의해서 읽어보세요.

- 중국어에서 好는 여러가지 뜻을 가지고 있습니다. 형용사로 '좋다'는 뜻을 가지고 있지만, 你(당신) 혹은 상대의 직함이나 이름에 붙여 인사말로 광범위하게 사용합니다. 이때 상대방도 你好로 대답하면 됩니다.

인 칭	단 수	복 수
1인칭	我 wǒ	我们 wǒmen
		咱们 zánmen
2인칭	你 nǐ	你们 nǐmen
	您 nín 높임말	
3인칭	他 tā 남자	他们 tāmen
	她 tā 여자	她们 tāmen
	它 tā 사물	它们 tāmen

- 단수 인칭대명사 뒤에 복수접미사 们을 붙이면 복수 인칭대명사가 된다.
- 1인칭에서 我们과 咱们 둘다 우리라는 뜻이지만, 咱们은 반드시 말하는 쪽과 듣는 쪽 쌍방을 모두 포함하는 데 비해, 我们은 상황에 따라 咱们과 같이 말하는 쪽과 듣는 쪽 쌍방을 모두 포함하기도 하고, 말하는 쪽만을 가리키기도 한다.

好

중국인의 질문이 무슨 말인지 대충은 알겠지만, 답을 할 수 없다면?
가장 쉬운 답변! 바로 好 [hǎo]입니다!
중국어로 대중들에게 가장 많이 알려져 있는 '띵호아'도 바로 '아주 좋다'라는 의미의 '挺好[tǐng hǎo]'랍니다. 이제 우리도 중국인의 질문에 용감하게 '好'라도 답해 볼까요?

☆ 밥 먹으러 가자!는 친구의 말에 '좋아, 먹으러 가자'라고 대답하려면?
☆ 이 옷 어때?라고 묻는 친구에게 '괜찮네'라고 대답하려면?
☆ 주말에 만리장성에 가자고 제안하는 친구에게 '그래, 가자'라고 대답하려면?

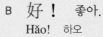 모두 '好' 한 단어이면 OK입니다!

● 好의 기본적인 의미는 ①좋다 ②훌륭하다 입니다.

A 去 吃 饭 吧! 밥 먹으러 가자!
Qù chī fàn ba! 취 츠판 바

B 好! 좋아.
Hǎo! 하오

A 这 件 衣服 怎么样? 이 옷 어때?
Zhè jiàn yīfu zěnmeyàng? 저 지엔 이푸 전머양

B 好! 괜찮네.
Hǎo! 하오

A 周末 去 长城 吧! 주말에 만리장성 가자.
Zhōmò qù Chángchéng ba! 쩌우머 취 챵쳥 바

B 好! 그래.
Hǎo! 하오

■ 好了(하오러)는 ③ '됐어, 그만해'의 의미도 있습니다.
■ 화가 났을 때, ④ '좋아, 어디 두고보자' 라고 말하고 싶어도 역시 好! 정말 다재다능한 好네요.

 단어

去 qù 동 가다 | 吃 chī 동 먹다 | 饭 fàn 명 밥 | 吧 ba 조 청유의 어기 | 这 zhè 대 이, 이것 | 件 jiàn 양 (옷의 양사) 벌, 건 | 衣服 yīfu 명 옷 | 怎么样 zěnmeyàng 어떠하다 | 周末 zhōumò 명 주말 | 长城 Chángchéng 명 만리장성

중국의 대중교통 ①

出租车 택시

중국의 택시는 기사의 신변을 보호하기 위해 철제나 플라스틱 보호대가 기사석에 둘러싸여 있습니다. 요금 체계는 우리나라와 비슷하게 기본요금이 있고 거리당 추가되는 요금이 있습니다. 지역마다 차이는 있지만 기본 10위안에 1Km당 2위안씩 추가됩니다. 승객이 내릴 때는 출발지, 목적지, 거리와 시간이 표시된 영수증을 줍니다. 여행객들에게 좋은 기념품이 될 수 있겠죠?

公共汽车, 大巴 버스

천편일률적인 우리의 버스와 달리 중국의 길거리에는 다양한 모습의 버스가 달립니다. 2층 버스, 굴절버스, 허름한 버스, 최신식 버스…… 색깔도 가지각색입니다. 그러나 요금은 거리에 따라 달라지긴 하지만 1위안 정도로 대동소이합니다. 중국 버스의 또 다른 특징은 버스에 안내원이 있어서 승객으로부터 직접 요금을 거둔다는 것입니다. 그러나 최근에는 버스카드를 이용하는 버스가 늘어나고 있습니다.

地铁 지하철

중국의 지하철은 몇몇 대도시에만 있습니다. 수도 베이징의 지하철은 올림픽을 전후하여 노선이 확충되어 지금은 5개 노선이 운행 중입니다. 요금은 1~2위안으로 매우 저렴합니다.

好久不见

오랜만이야

 학교에서 / 인사하기

 중국에 출장 온 태희씨. 韩国[한궈]에서부터 朋友[펑여우]였던 예리양이 중국에 왔다는 소식에 함께 만난다. 中国[쭝궈]이니 만큼 汉语[한위]로 인사해볼까?

- 韩国 Hánguó 한국　- 朋友 péngyou 친구　- 中国 Zhōngguó 중국
- 汉语 Hànyǔ 중국어

家人 가족
jiārén

1	집	家	jiā	찌아
2	가족	家人	jiārén	찌아런
3	할아버지	爷爷	yéye	예예
4	할머니	奶奶	nǎinai	나이나이
5	아빠	爸爸	bàba	빠바
6	엄마	妈妈	māma	마마
7	형, 오빠	哥哥	gēge	꺼거
8	누나, 언니	姐姐	jiějie	지에지에
9	남동생	弟弟	dìdi	띠디
10	여동생	妹妹	mèimei	메이메이

我很好 난 아주 잘 지내

예리   你 好 吗?
Nǐ hǎo ma?
니 하오 마

태희   我 很 好。你 呢?
Wǒ hěn hǎo.   Nǐ ne?
워 헌 하오   니 너

예리   我 也 很 好。
Wǒ yě hěn hǎo.
워 예 헌 하오

예리: 잘 지내지?
태희: 난 아주 잘 지내, 넌?
예리: 나도 아주 잘 지내.

 Track 013

呢 ne ㉿ 문장 끝에 쓰여 의문을 부드럽게 나타내는 조사 | **也** yě ㉿ 역시, 또한

● 3성 읽기

3성이 연이어 세 음절이 올 때 띄어 읽지 않을 경우, 앞의 두 음절은 2성으로 읽고 마지막 음절은 3성으로 읽습니다. 3성이 4번 나올 경우 2+3+2+3성으로 읽습니다.

你呢?

我也很好。

好久不见 오랜만이야

태희
好久 不见，睿莉！
Hǎojiǔ bú jiàn, Ruìlì!
하오지우 부 찌엔 루이리

예리
好久 不见。你 妈妈 好 吗?
Hǎ jiǔ bú jiàn.　Nǐ māma hǎo ma?
하오지우 부 찌엔　니 마마 하오 마

태희
她 很 好。你 爸爸 妈妈 呢?
Tā hěn hǎo.　Nǐ bàba māma ne?
타 헌 하오　니 빠바 마마 너

예리
他们 都 很 好。
Tāmen dōu hěn hǎo.
타먼 떠우 헌 하오

태희: 오랜만이야, 예리!
예리: 오랜만이야, 엄마는 잘 계시지?
태희: 잘 계셔, 어머니 아버지 잘 계시지?
예리: 모두 잘 계셔.

好久不见！

好久不见！

 단어 🎧 Track 015

好久 hǎojiǔ 옝 오래되다 | **不** bù
囝 동사나 형용사 앞에 쓰여 부정
을 표시한다 | **见** jiàn 옹 보다. 만
나다 | **睿莉** Ruìlì 인명 예리 | **妈
妈** māma 옝 어머니 | **她** tā 떼 그
녀 | **爸爸** bàba 옝 아버지 | **们** men
졉미 ~들(복수 표시) | **都** dōu 囝 모두,
전부

 알아두기

● **不의 성조 변화**

不는 원래 제4성이지만 뒷 음절이
4성일 경우 2성으로 변화합니다.

1. 모음 정복하기

1) 기본운모 Track 017

 a 우리말 '아'보다 더 크게 입을 벌리고, 허의 위치를 낮게 하여 소리내세요.

o 우리말 '오'의 입모양으로 시작하여 '어'를 살짝 붙여줍니다. *'오어' 라고 두 개의 음절을 따로 소리내지 않도록 주의합니다.

e 입술을 옆으로 살짝 벌려 '으'의 입모양으로 시작하여 '어'를 살짝 붙여줍니다.

 i 우리말 '이'보다 입을 좌우로 더 벌려 발음합니다. 앞에 자음이 오지 않을 경우 y를 붙여 표기합니다.

u 입술을 동그랗게 만든 상태에서 '우'라고 발음합니다. 앞에 자음이 오지 않을 경우 w 를 붙여 표기합니다.

ü 우리말 '위'와 비슷하지만, 입술을 동그랗게 만들어 힘을 더 줍니다. 앞에 자음이 오지 않을 경우 yu로 표기합니다. l, n과 함께 결합할 경우 u와 구분하기 위해 u 위에 ¨를 붙여줍니다.

발음 연습하기

ma fa da na la	di ti ji qi
bo po fo	du hu mu lu
me ne te le he	lü nü

2) 이중모음 🎧 Track 018

소리가 크게 나는 모음을 강하고 길게 발음합니다.

$$a > o > e$$

ai	ei	ao	ou
아이	에이	아오	어우

이중모음의 e는 '에'로 발음합니다.

ou는 '오우'보다는 '어우'에 가깝게 소리내세요.

ia	ie	ua	uo	üe
이아	이에	우아	우오	위에

i로 시작하는 모음 앞에 자음이 오지 않을 경우 i를 y로 바꾸어 표기합니다.

爷爷 ié ie → yé ye

+로 시작하는 경우 'yu'로 표기합니다.

约 üē → yuē

iao	iou	uai	uei
이아오	이오우	우아이	우에이

위와 마찬가지로 모음 앞에 자음이 오지 않을 경우 다음과 같이 바꾸어 표기합니다.

药 iào → yào, 有 iǒu → yǒu, 外 uài → wài

iou, uei의 앞에 자음이 올 경우 iu, ui로 줄여서 표기합니다.

丢 diōu → dīu, 对 duèi → duì

+로 시작하는 경우 'yu'로 표기합니다.

3) 콧소리 모음 🎧 Track 019

an	ian	uan	üan	en	in	uen	ün
안	이엔	우안	위앤	언	인	우언	윈

an 앞에 i가 오면 '이안'이 아닌 '이엔'으로 발음합니다.

주의 en(언)을 '엔'으로 발음하지 않도록 하세요.

ian, uan, uen, +n 앞에 자음이 오지 않을 경우 yan, wan, wen, yun 으로 표기하고, uen 앞에 자음이 올 경우 e를 생략하여 표기합니다. duen → dun

ang	iang	uang	eng	ueng	ing	ong	iong
앙	이앙	우앙	엉	우엉	잉	옹	이옹

iang, uang, ueng, ing, iong 앞에 자음이 오지 않을 경우 각각 yang, wang, weng, ying, yong으로 표기합니다.

4) 발음 연습하기 Track 020

모음에 유의해서 읽어보세요.

nǎinai 奶奶 할머니
yéye 爷爷 할아버지

bàba 爸爸 아버지
māma 妈妈 어머니

gēge
哥哥
오빠 · 형

jiějie
姐姐
언니 · 누나

dìdi
弟弟
남동생

mèimei
妹妹
여동생

단어

奶奶 nǎinai 몡 할머니 | **爷爷** yéye 몡
할아버지 | **哥哥** gēge 몡 오빠, 형 | **姐**
姐 jiějie 몡 누나. 언니 | **弟弟** dìdi 몡
남동생 | **妹妹** mèimei 몡 여동생

不行 (뿌싱)

☆ '깎아주세요'라는 내 말에 가게 직원이 매정하게 '안 돼요'라고 하는 군.

☆ '제가 중국어를 잘 못하는데요.'라는 말을 간단하게 어떻게 하지?

☆ 내 친구를 소개시켜 달라는 말에 '걔는 외모가 별로야'라고 말하고 싶은데……

이 모든 말이 不行으로 해결된다!

● 不行의 기본적인 의미는 ① 안 된다 ② 나쁘다 입니다.

A 便宜 点儿 吧! 깎아 주세요.
Piányi diǎnr ba!　피엔이 디얼 바

B 不行。　안 돼요.
Bùxíng.　뿌싱

A 我 的 汉语 不行。제가 중국어를 잘 못하는데요.
Wǒ de Hànyǔ Bùxíng.　워 더 한위 뿌 싱

A 你 的 朋友 怎么样? 니 친구 어때?
Nǐ de péngyou zěnmeyàng?　니 더 펑여우 전머양

A 他 的 外貌 不行。걔는 외모가 별로야.
Tā de wàimào bùxíng.　타 더 와이마오 뿌 싱

 알아두기

● 그렇다면 不行의 반대말은? 바로 行 이겠지요. 예를 들어볼까요?

A 借 给 我 这 本 书 吧, 行 不 行?
Jiè gěi wǒ zhè běn shū ba, xíng bù xíng?
찌에 께이 워 저 번 슈 싱 뿌 싱
이 책좀 빌려 줘, 돼 안 돼?

B 行。 그래 빌려 가.
Xíng. 싱

 단어

便宜 piányi 형 싸다 | 点儿 diǎnr 양 조금 | 不行 bùxíng 동 안 된다 | 的 de 조 ~의 | 汉语 Hànyǔ 명 중국어 | 朋友 péngyou 명 친구 | 外貌 wàimào 명 외모 | 借 jiè 동 빌리다 | 给 gěi 개 ~에게 | 本 běn 양 (책의 양사) 권 | 书 shū 명 책 | 行 xíng 동 ~해도 좋다

중국의 대중교통 ②

火车 기차

중국은 국토가 넓은 만큼 철도망이 잘 갖춰져 있습니다. 기차의 속도에 따라, 좌석 모양에 따라 구분이 있습니다.

1. 기차의 속도에 따라
1) 特快(tèkuài, 고속열차) – 주요역과 도시만 정차하고 최고 시속이 180Km에 이릅니다.
2) 直快(zhíkuài, 직행열차) – 두 지역 사이를 운행하고 최고 시속이 160Km에 이릅니다.
3) 普快(pǔkuài, 일반열차) – 정차하는 간이역이 많고 저렴합니다.
   최근에는 우리나라의 KTX에 해당하는 城际高速列车(chéngjì gāosù lièchē, 도시간 초고속열차)가 등장하여 제한된 구간에서만 운행 중이며, 최고 시속이 350Km에 이릅니다.

2. 좌석에 따라
1) 硬座(yìngzuò) – 딱딱한 좌석, 장시간 타고 가기엔 불편합니다.
2) 软座(ruǎnzuò) – 좌석이 硬座보다 깨끗하고 쾌적합니다.
3) 硬卧(yìngwò) – 딱딱한 침대가 3층으로 되어 있어 비좁고 불편합니다.
4) 软卧(ruǎnwò) – 요금이 가장 비싼 좌석인 만큼 2층 구조에 보온병, 슬리퍼 도 갖추어져 있습니다.
● 장거리 여행을 위한 침대 칸을 卧(눕다)로 표현합니다.

03

谢谢

고마워

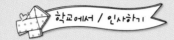 학교에서 / 인사하기

 태희씨의 请客[칭커]에 예리양은 자신있게 谢谢[씨에시에]를 외친다. 중국어에서 '또 보자'는 한자 그대로 再见[짜이찌엔]이라고? 중국어는 정말 배울수록 재밌군.

- 请客 qǐngkè 한턱내다　- 谢谢 xièxie 고마워　- 再见 zàijiàn 또 보자

公园 공원
gōngyuán

1	공원	公园	gōngyuán	꽁위앤
2	나무	树	shù	슈
3	꽃	花儿	huār	활
4	산책	散步	sànbù	싼뿌
5	풍선	气球	qìqiú	치치우
6	인형	娃娃	wáwa	와와
7	아들	儿子	érzi	얼즈
8	딸	女儿	nǚ'ér	뉘얼

谢谢 감사합니다

예리 谢谢。
Xièxie.
씨에시에

태희 不客气。
Bú kèqi.
뿌 커치

예리 再见！
Zàijiàn!
짜이찌엔

태희 再见！
Zàijiàn!
짜이찌엔

예리: 감사합니다.
태희: 별말씀을요.
예리: 또 봐요!
태희: 또 봐요!

谢谢。

不客气。

 단어 Track 022

谢谢 xièxie ⑧ 고맙다 ｜ 客气 kèqi ⑱
공손하다, 친절하다 ｜ 再 zài ⑨ 다시

 알아두기

● 별말씀을요
不客气, 别客气, 没什么

客气(커치)는 '사양하다, 겸손하다'
는 뜻이 있답니다.
그래서 谢谢의 답변은 客气 앞에
부정의 뜻 不나 别를 붙여서
不客气(부 커치), 别客气(비에 커
치)랍니다. 또는 별일 아니라는 뜻
의 没什么(메이 션머, 没 아니다 +
什么 무엇)가 있습니다.

别 bié ～하지마라 ｜ 没 méi 없다 ｜ 什么
shénme 무엇

● 내일 봐요 내일 + 见

再见은 '또 + 보자'입니다.
'내일 보자'는 내일(明天) + 보자
(见)라고 말합니다.
즉, 시점 + 见이 기본 형식입니다.
중국어 정말 쉽네요!!

· 明天见! 내일 봐요!
밍티엔 찌엔

· 周末见！주말에 봐요!
쩌우뭐 찌엔

明天 míngtiān 내일 ｜ 周末 zhōumò 주말

对不起 미안합니다

예리
对不起。
Duìbùqǐ.
뚜이부치

태희
没 关系。
Méi guānxi.
메이 꽌시

예리 : 미안합니다.
태희 : 괜찮습니다.

对不起.

没关系.

 단 어 Track 024

对不起 duìbuqǐ ⑧ 미안하다 | 没关系 méi guānxi 괜찮다

 알아두기

● 괜찮습니다 = 일 없습네다
没关系/没事儿

没(없다) + 关系(관계) = 没关系
(메이 꽌시) 관계없다
没(아니다) + 事儿(일) = 没事儿
(메이 셜) 일없다
한국어를 배우는 중국인들이 괜찮
다는 말을 '일 없습네다'라고 하는
이유를 알겠네요.

关系 guānxi 관계 | 事儿 shìr 일

● 미안합니다
不好意思 < 对不起 < 抱歉

친구끼리 가벼운 사과는 不好意思
(뿌하오이쓰)
일반적인 사과 혹은 모르는 사이에
对不起(뚜이부치)
정중히 사죄를 할 때는 抱歉(빠오치
엔)

不好意思 bù hǎo yìsi 부끄럽다, 무안하
다 | 抱歉 bàoqiàn 죄송하다

1. 자음 정복하기 🎧 Track 026

1) 입술소리

위, 아래 두 입술을 붙였다가 떼면서 강하게 발음하세요. f음은 윗니를 아랫입술 안쪽에 살짝 댔다 내는 소리로 영어의 f음과 비슷합니다.

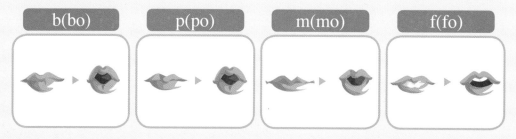

2) 혀끝소리

혀 끝을 윗니와 잇몸이 연결되는 부분에 붙였다 떼면서 발음하세요. 우리말보다 강하게 발음하는 특징이 있습니다.

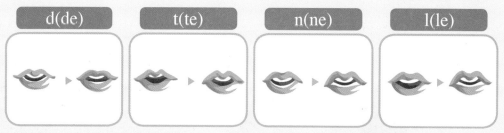

* le '빨래'의 ㄹ 발음처럼 강하게 납니다.

3) 혀뿌리소리

가래를 뱉을 때처럼 목구멍에서 발음합니다. 혀가 목구멍 쪽으로 당겨지는 느낌으로 연습하세요.

g(ge)	k(ke)	h(he)

4) 혓바닥소리

입을 최대한 양 옆으로 벌리고 혀를 납작하게 만든다는 느낌으로 발음합니다. 이때 발음은 입천장과 혀 사이의 공간에서 나오기 때문에 혀를 입천장에 대면 잘못된 소리가 납니다.

j(ji)	q(qi)	x(xi)

5) 혀말은소리

권설음이라고도 합니다. 혀 앞쪽을 살짝 말아 입천장에 가볍게 붙였다 떼면서 발음합니다. 혓바닥소리와 달리 혀말은소리의 모음 [i]는 '으'로 발음됩니다.

zh(zhi)	ch(chi)	sh(shi)	r(ri)

혀로 잇몸을 더듬어보면 편편한 부분과 둥근 부분이 있습니다. 그 사이에 혀를 살짝 말아 붙였다 떼면서 연습하세요.

6) 혀와 잇소리

혀를 뾰족하게 만들어 윗니에 붙였다 떼면서 소리를 냅니다. 이에서 소리가 난다는 느낌으로 연습하세요.

z(zi)	c(ci)	s(si)

● **격음부호(')**

병음으로 표현할 때 뒷 음절의 시작이 a, o, e 등 자음이 없는 경우 앞의 음절과 구분하기 위해서 격음부호(')를 붙여줍니다. 可爱(귀엽다)의 발음 kě̀ài를 kě'ài로 표기하면 구분하기 쉽겠죠?

2. 儿化

열심히 중국어를 익힌 뒤 처음 베이징 사람과 대화를 나누려 할 때, 당황스럽기 짝이 없습니다.
귓가에 '얼얼'소리가 맴돌기 때문이죠. 베이징 등 북방에서는 단어에 혀말은소리의 일종인 '儿(er)'을 붙이는 경향이 있습니다. 儿은 동사나 형용사를 명사화시키며, 일부 명사 뒤에 쓰여 귀여운 어감을 전달해주는 기능도 있습니다. 발음은 '어'를 발음하면서 혀를 굴려 소리 내는데, 바로 앞 음절에 따라 변화합니다.

1) 앞 음절의 모음이 'a, o, e, u'로 끝나는 경우 'r'만 붙입니다.

> 画儿(그림) → hua + er = huar (화~ㄹ)

2) 앞 음절의 모음이 'ai, ei, an, en'로 끝나는 경우 맨 끝에 오는 병음을 빼고 'r'을 붙입니다.

> 点儿(작은방울) → dian + er = diar (디어~ㄹ)

3) 앞 음절의 모음이 'ang, eng, ong'로 끝나는 경우 ng를 빼고 'r'만 붙입니다.

> 空儿(시간,짬) → kong + er = kor (코 ~ㄹ)

4) 앞 음절의 모음이 'i, ü'로 끝나는 경우 'er'을 붙입니다.

> 事儿(일) → shi + er = shier (스어~ㄹ)

5) 앞 음절의 모음이 'in, ing'로 끝나는 경우 'n,ng'를 빼고 'r'을 붙입니다.

> 今儿(오늘) → jin + er = jir (찌어~ㄹ)

没关系 (메이 □시)

☆ 미안하다는 친구 말에 '괜찮아'
☆ 우리 사천요리 먹으러 갈건데, 어때? '난 상관없어.'
☆ 비 온다. 어떡하지? '괜찮아.' 우산 있어.

没关系 하나만 알아도 회화가 가능하답니다!

● 没关系는 관계없다는 뜻으로 많은 상황에서 사용 가능합니다. 특히 겸손하고 예의 바른 한국인들은 하루에도 열 번은 쓰는 말이죠.

A **对不起。** 미안해.
　Duìbuqǐ.　뚜이뿌치

B **没关系。** 괜찮아.
　Méi guānxi.　메이 꽌시

A **我们去吃川菜，你怎么样?**
　Wǒmen qù chī Chuāncài, nǐ zěnmeyang?
　워먼 취 츠 촨차이 니 전머양
　우리 사천요리 먹으러 갈 건데, 어때?

B **我没关系。** 난 상관없어.
　Wǒ méi guānxi　워 메이 꽌시

A **下雨了，怎么办?** 비 온다, 어떡하지?
　Xiàyǔ le, zěnmebàn?　씨아위 러 전머빤

B **没关系，我有伞。** 괜찮아, 우산 있어.
　Méi guānxi, wǒ yǒu sǎn.　메이 꽌시 워 여우 싼

 단어

川菜 Chuāncài 몡 사천요리 | 今天 jīntiān 몡 오늘 | 班 bān 몡 반 | 同学 tóngxué 몡 학우, 같은 반 친구 | 要 yào 조동사 원하다 | 来 lái 동 오다 | 可以 kěyǐ 조동사 ~해도 된다 | 下雨 xiàyǔ 동 비가 오다 | 怎么办 zěnmebàn 어떡해 | 有 yǒu 동 있다 | 伞 sǎn 몡 우산

낭만과 옛멋이 넘치는 곳
后海 Hòuhǎi

대낮부터 밤 늦게까지 볼거리가 끊이지 않는 곳 后海에 함께 가보실까요?

后海는 북해공원 뒤의 작은 호수랍니다.

지금은 이 호수를 중심으로 크게 발전해 관광객의 발길이 멈추지 않고 있지요.
后海에 가면 가장 먼저 눈에 띄는 것이 아름다운 호수와 곳곳에 장기를 두는 노인들입니다.

입구에는 많은 胡同 hútòng (골목)을 관광하기 위한 人力车 rénlìchē (인력거)들이 외국 손님들을 기다리고 있지요.

후통은 소수의 중국 부자가 거주하긴 했지만 대부분 서민이 살았던 작은 골목길로 중국 서민의 생활을 그대로 느낄 수 있는 곳이랍니다.

后海의 胡同에서는 북경 전통 가옥구조인 四合院 sìhéyuàn(사합원)을 볼 수도 있답니다. 四合院은 정원을 가운데 두고 사방에 가옥이 지어진 구조의 집입니다.

胡同 관광을 끝내고 다시 后海공원으로 돌아와 后海에서 배를 탈 수도 있답니다. 노래까지 불러주니 정말 浪漫 làngmàn(낭만)적이

지요. 이 배는 어두워져도 계속 운행을 합니다.

后海의 백미는 后海를 따라 이어진 까페와 레스토랑 및 바(Bar)입니다. 실내의 가게뿐 아니라 호숫가에도 테이블이 놓여 있는데요, 호숫가 자리를 차지하려는 경쟁이 치열하답니다. 호숫가 좌석은 湖边座位 húbiān zuòwèi라고 합니다.

늦은 밤에는 락까페와 라이브바에 사람이 끊이질 않는답니다. 낮에는 중국 전통의 胡同과 四合院을 감상하고 밤에는 호숫가에서 식사를 하고 라이브 음악을 즐길 수 있는 后海, 베이징을 찾으면 절대 놓치지 마세요.

04

你忙吗?

바쁘세요? 기숙사에서 / 이름묻기

 중국에서 어학연수를 막 시작하려는 예리양. 忙[망]하기 그지없다. 기숙사에서 미국인 同屋[통우]를 만나 반갑게 인사를 나눈다.

- 忙 máng 바쁘다   ▪同屋 tóngwū 룸메이트

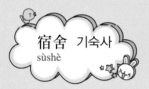 宿舍 기숙사
sùshè

1	기숙사	宿舍	sùshè	쑤셔
2	침대	床	chuáng	촹
3	전화	电话	diànhuà	띠엔화
4	텔레비전	电视	diànshì	띠엔스
5	컴퓨터	电脑	diànnǎo	띠엔나오
6	냉장고	冰箱	bīngxiāng	삥시앙
7	에어컨	空调	kōngtiáo	콩탸오
8	책꽂이	书架	shūjià	슈찌아
9	룸메이트	同屋	tóngwū	통우

你忙吗? 바쁘세요?

메리	你 忙 吗?
	Nǐ máng ma?
	니 망 마

예리	我 很 忙, 你 呢?
	Wǒ hěn máng, nǐ ne?
	워 헌 망 니 너

메리	我 不 忙。
	Wǒ bù máng.
	워 뿌 망

메리 : 바쁘세요?
예리 : 바빠요 , 당신은요 ?
메리 : 전 바쁘지 않아요 .

 단어 🎧 Track 029

忙 máng 형 바쁘다

最近，你忙不忙?

요즘 바쁘세요?

 단어 Track 031

最近 zuìjìn 몡 근래, 요즘 | **不太** bú tài 그다지 ~하지 않다 | **还** hái 閏 아직, 또, 그런대로 | **可以** kěyǐ 조동 ~할 수 있다, 뎽 좋다, 괜찮다

태희 最近，你忙不忙?
　　　　Zuìjìn, nǐ máng bù máng?
　　　　쮜이진 니 망 뿌 망

왕란 最近，我不太忙。你呢?
　　　　Zuìjìn, wǒ bú tài máng.　　　Nǐ ne?
　　　　쮜이진 워 부 타이 망　　　　니 너

태희 还可以。
　　　　Hái kěyǐ.
　　　　하이 커이

태희: 요즘, 바쁘세요?
왕란: 요즘 별로 안 바빠요. 당신은요?
태희: 괜찮은 편이에요.

你叫什么名字? 이름이 어떻게 되세요?

메리
我 叫 玛丽,
Wǒ jiào Mǎlì,
워 찌아오 마리

你 叫 什么 名字?
nǐ jiào shénme míngzi?
니 찌아오 션머 밍즈

예리
我 叫 李 睿莉。
Wǒ jiào Lǐ Ruìlì.
워 쟈오 리 루이리

메리
认识 你 很 高兴。
Rènshi nǐ hěn gāoxìng.
런즈 니 헌 까오싱

메리: 나는 마리라고 해요, 이름이 어떻게 되세요?
예리: 이예리라고 해요.
메리: 만나서 반가워요.

你叫什么名字?

我叫李睿莉。

단어 Track 033

叫 jiào 동 외치다, 부르다 | 玛丽 Mǎlì 인명 메리 | 什么 shénme 대 무엇, 어떤 | 名字 míngzi 명 이름, 명칭 | 李 Lǐ 명 (성씨) 이 | 认识 rènshi 동 알다 | 高兴 gāoxìng 형 기쁘다

★ 알아두기

● 제 이름은 황보, 황금의 黄, 보배의 宝입니다.
黄金的黄, 宝贝的宝。

중국인들은 통성명을 할 때 이름에서 어떤 한자를 쓰냐고 물어본답니다.
자신의 이름에 쓰이는 한자가 포함된 단어는 필수로 알고 있어야겠죠?

A: 我 叫 黄宝。제 이름은 황보입니다.
Wǒ jiào Huángbǎo.
워 찌아오 황바오

B: 哪个 字? 어떤 한자를 쓰시죠?
Nǎge zì?
나거 쯔

A: 黄金 的 黄、宝贝 的 宝。
Huángjīn de huáng, bǎobèi de bǎo.
황찐 더 황 바오뻬이 더 바오
황금의 황, 보배의 보입니다.

黄 Huáng 명 (성씨) 황 | 宝 bǎo 명 보배 | 哪个 nǎge 대 어느 것 | 字 zì 명 글자 | 黄金 huángjīn 명 황금 | 宝贝 bǎobèi 명 보물 | 的 de 조 ~의

您贵姓?

성함이 어떻게 되세요?

왕란
您 贵 姓?
Nín guì xìng?
닌 꾸이 싱

태희
我 姓 金，叫 泰希。
Wǒ xìng Jīn, jiào Tàixī.
워 씽 찐　찌아오 타이시

你 叫 什么?
Nǐ jiào shénme?
니 찌아오 션머

왕란
我 叫 王 兰。
Wǒ jiào Wáng Lán.
워 찌아오 왕란

认识 您 很 荣幸。
Rènshi nín hěn róngxìng.
런 ~ 닌 헌 롱씽

왕란 : 성함이 어떻게 되세요?
태희 : 성은 김이고, 이름은 태희예요.
　　　 이름이 어떻게 되세요?
왕란 : 왕란이라고 해요.
　　　 뵙게 되어 영광이에요.

您 nín (대) 당신, 你의 존칭어 | 贵 guì 상대방의 무엇을 높일 때 쓰는 말 | 姓 xìng (명) 성 (동) (성이) ~이다 | 金 Jīn (명) 성씨 김 | 泰希 Tàixī (인명) 태희 | 王兰 Wáng Lán (인명) 왕란 | 荣幸 róngxìng (형) 영광스럽다

● 인사말

认识你很高兴 만나서 반갑습니다
Rènshi nǐ hěn gāoxìng. 런스 니 헌 까오싱

初次见面 처음 뵙겠습니다.
Chūcì jiànmiàn 추츠 찌엔미엔

久仰久仰 말씀 많이 들었습니다.
Jiǔyǎng jiǔyǎng 지우양 지우양

请多多关照 잘 부탁 드립니다.
Qǐng duōduō guānzhào 칭 뚜어뚜어 □짜오

初次 chūcì (명) 처음 | 见面 jiànmiàn (동) 만나다 | 久仰 jiǔyǎng (동) 존함은 오래전부터 들었습니다. | 大名 dàmíng (명) 명성, 존함 | 请 qǐng (동) 청하다, 부탁하다 | 多多 duōduō (부) 거듭 | 关照 guānzhào (동) 돌보다

●이름이 뭐에요? / 성함이 어떻게 되시나요?
你叫什么名字? / 您贵姓?

중국에서 이름을 물어보는 표현도 상대에 따라 달라진답니다.
편한 사이는 你叫什么名字? 라고 물으면 되지만, 격식을 갖춰야 하는 사이나 윗사람에겐 您贵姓? 이라고 해야 한답니다.

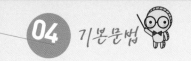

중국어는 우리말과 달리 어미가 없기 때문에 간단한 형용사, 동사 하나로도 문장을 구성할 수 있습니다.

1. 문장 만들기

주어 뒤에 형용사가 바로 나오지 않고 습관적으로 정도를 꾸며주는 말을 함께 사용합니다.
가장 흔하게 很이 사용되는데 사전적으로 '매우'라는 뜻이 있지만 중국어 문장에서는 그러한 의미가 없어 해석하지 않아도 됩니다.

주어 + 정도를 꾸며주는 말(부사) + 형용사

- 她很漂亮。 그녀는 예뻐요.
  Tā hěn piàoliang. 타 헌 퍄오량

- 学生很多。 학생이 많아요.
  Xuésheng hěn duō. 쉬에셩 헌 뚜어

♧ 그러나 很을 생략하면 비교의 느낌을 주니 주의하십시오.

- 我忙，她不忙。 난 바쁘지만 걘 한가해.
  Wǒ máng, tā bù máng. 워 망 타 뿌 망

2. 부정문 만들기

형용사 앞에 부정사 不를 붙여 부정문을 만듭니다.

주어 + 不 + 형용사

- 老师不高。 선생님은 키가 크지 않아.
  Lǎoshī bù gāo. 라오ㅅ 뿌 까오

- 我不高兴。 나 즐겁지 않아. (기분 나빠)
  Wǒ bù gāoxìng. 워 뿌 까오싱

3. 의문문 만들기

의문문을 만드는 방법은 크게 세 가지가 있습니다. 첫째 의문조사 吗를 문장 뒤에 붙이는 방법, 둘째 서술어를 중복하여 정반의문문을 만드는 방법, 셋째 의문사를 활용하는 방법입니다. 정반의문문

이나 의문사를 활용할 경우 문장 끝에 吗를 덧붙이지 않도록 주의합니다.

1) 주어 + 형용사 + 吗 ?

- 中国菜好吃吗 ?　중국 요리가 맛있나요?
  Zhōngguó cài hǎochī ma ?　중궈 차이 하오츠 마

- 你们都困吗 ?　너희 모두 졸리니?
  Nǐmen dōu kùn ma ?　니먼 떠우 쿤 마

2) 주어 + 형용사 + 不 + 형용사?

- 他高不高 ?　걔 키 커?
  Tā gāo bu gāo ?　타 까오 부 까오

■ 정반의문문에서 不는 경성으로 발음합니다.

- 好(玩)不好玩 ?　재밌어?
  Hǎo (wán) bu hǎowán ?　하오 부 하오 완

■ 서술어가 이음절일 경우 중첩할 때 앞에 나오는 형용사의 뒷 글자를 생략합니다.

■ 의문사 활용방법은 뒤에서 다루겠습니다.

 단어

漂亮 piàoliang ⑱ 예쁘다, 멋지다 | 学生 xuésheng ⑲ 학생 | 多 duō ⑱ 많다 | 高 gāo ⑱ 높다, 키가 크다 | 中国 Zhōngguó ⑲ 중국 | 菜 cài ⑲ 요리, 음식 | 好吃 hǎochī ⑱ 맛있다 | 困 kùn ⑱ 졸리다 | 好玩 hǎowánr ⑱ 재미있다

你呢 (니 너)

☆ 식당에서 음식을 주문한다. 나는 불고기, '넌 뭐 먹을래?' 라고 묻고 싶다면?

☆ 집에 돌아왔는데, 아빠만 계시고 엄마는 안계시네, '엄마는?'

☆ 옷 가게에서 한창 쇼핑 삼매경, 가격 물어보기에 바쁘다. '이 건요? 저건요?'

이 모든 말들이 呢로 가능하지요!

● 呢는 한국어에서 ① '~는?'이라는 의미로 사용됩니다. 呢 앞에 원하는 대상만 쓰면 됩니다.

A 我要吃烤肉。 你呢?　나는 불고기, 넌 뭐 먹을래?
Wǒ yào chī kǎoròu,　Nǐ ne?　워 야오 츠 카오러우　니 너

A 爸爸, 妈妈呢?　아빠, 엄마는요?
Bàba, māma ne?　빠바 마마 너

A 这个呢? 那个呢?　이건요? 저건요?
Zhège ne?　Nàge ne?　쩌거 너　나거 너

● 呢는 의문문이 아닌 서술문에서 쓰일 때는 ② 확인을 나타내는 어기로 많이 쓰인답니다. 예를 들어 볼까요?

A 汉语很好。　중국어 잘하네요.
Hànyǔ hěn hǎo.　한위 헌 하오

B 还差得远呢。　아직 멀었어요.
Hái chà de yuǎn ne.　하이 챠 더 위앤 너

단어

要 yào 동 ~하고 싶다 조동 ~할 것 이다 | **烤肉** kǎoròu 명 불고기 | **这个** zhège 대 이것 | **那个** nàge 대 저것 | **差得远** chà de yuǎn 차이가 많이 나다

중국의 간단한 먹거리
小吃 xiǎochī 와 点心 diǎnxin

TIP

小吃는 간단한 음식이나 식사거리를 말하고 点心은 간식거리랍니다.

瓜子 guāzǐ 해바라기씨

중국인들은 여행갈 때 해바라기씨를 한 봉지씩 사가지고 간답니다. 기차에서 보면 중국인들이 놀라운 속도로 해바라기씨 껍질을 까서 입에 넣은 걸 볼 수 있답니다. 진정한 중국통이 되기위해 瓜子를 중국인처럼 빨리 까 볼까요?

羊肉串 yángròuchuàn 양꼬치

한국에서도 인기 만점인 양꼬치입니다. 한국에선 비싸지만 중국에선 커다란 양

꼬치 하나가 1~2위안 정도 한답니다. 중국의 소수민족인 회족의 전통음식이죠.

冰糖葫芦 bīngtáng húlu 빙탕후루

산사나무 열매 혹은 딸기 키위 바나나 등의 과일을 꼬챙이에 꿰어 설탕물이나 엿 등을 발라 굳힌 것이지요. 달콤한 맛이 나서 한국인들도 좋아합니다.

担担面 dàndànmiàn 딴딴미엔

사천지방의 향토국수로 매콤한 맛이 특징입니다. 맛있어서 중국 국가원수가 귀빈을 접대할때도 상에 올랐다고 하지요.

麻辣龙虾 málàlóngxiā 마라롱쌰

매운 바다가재 요리입니다. 북경 鬼街 guǐjiē에 가면 맛집이 모여있습니다. 너무 맛있지만 하나하나 까 먹으려면 손가락이 얼얼, 매워서 입도 얼얼하답니다.

多少钱?

얼마에요?

베이징에 출장 온 태희씨, 水果[쒜이궈] 가게에서 한국에서 보지 못한 水果[쒜이궈]를 보다. 뭐 용의 눈이라고? 그런데 맛은 정말 죽이는군.

- 水果 shuǐguǒ 과일

水果 과일
shuǐguǒ

1	과일	水果	shuǐguǒ	쒜이궈
2	딸기	草莓	cǎoméi	차오메이
3	바나나	香蕉	xiāngjiāo	시앙쟈오
4	토마토	西红柿	xīhóngshì	씨훙스
5	포도	葡萄	pútao	푸타오
6	수박	西瓜	xīguā	씨과
7	사과	苹果	píngguǒ	핑궈
8	귤	橘子	júzi	쥐즈
9	복숭아	桃子	táozi	타오즈
10	배	梨	lí	리

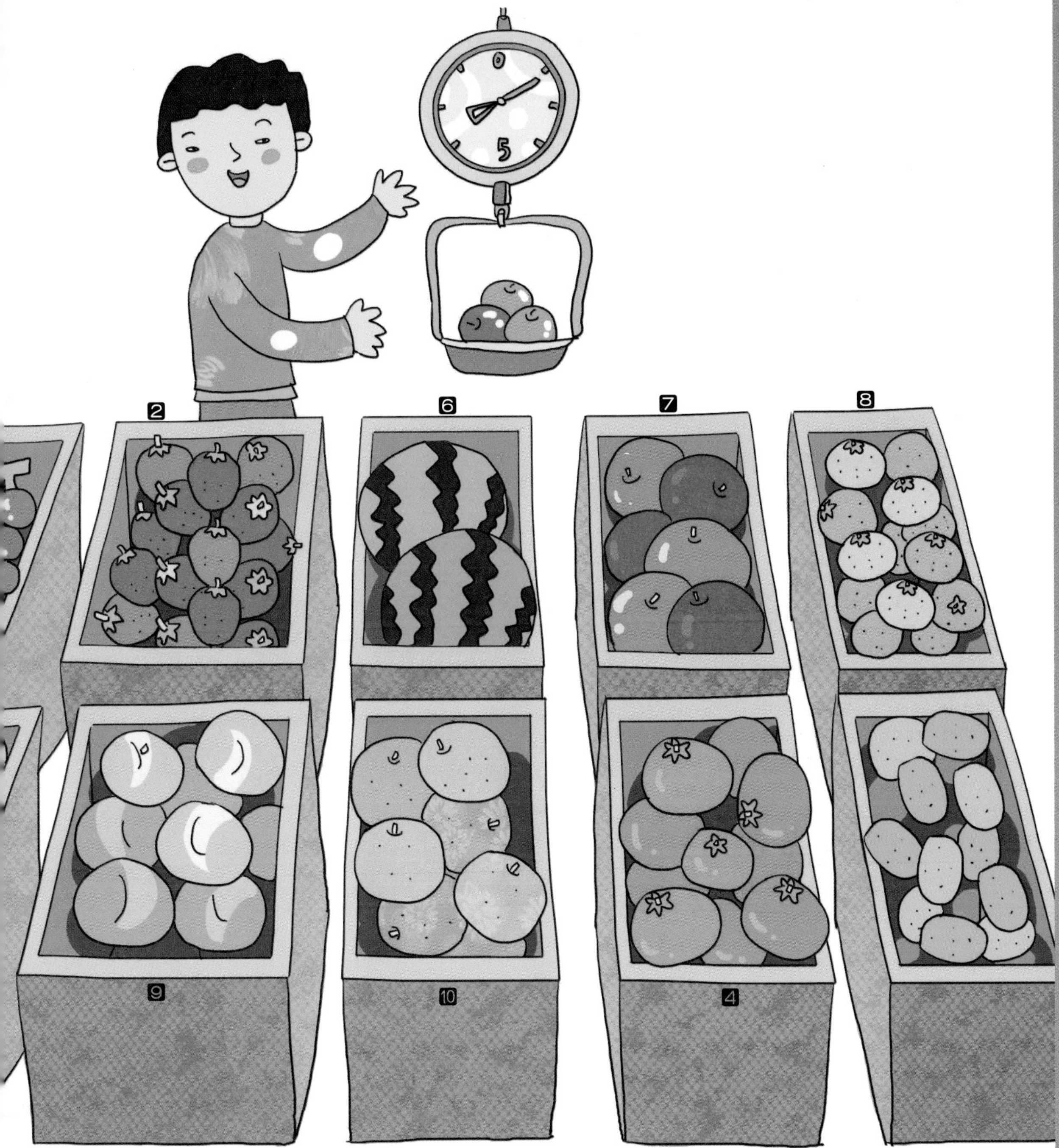
0
5
2
6
7
8
9
10
4

你去不去? 가실래요?

태희 我 去 水果店, 你 去 不 去?
Wǒ qù shuǐguǒdiàn, nǐ qù bu qù?
워 취 쉐이궈띠엔 니 취 부 취

왕란 一起 去 吧。
Yìqǐ qù ba.
이치 취 바

동료 等 一下, 我 也 去。
Děng yíxià, wǒ yě qù.
덩 이씨아 워 예 취

태희 : 과일가게 갈 건데, 가실래요?
왕란 : 저도 갈래요.
동료 : 잠시만요, 저도 같이 가요.

去 qù 용 가다 | **水果** shuǐguǒ 명 과일 | **店** diàn 명 상점, 가게 | **一起** yìqǐ 부 같이 | **等** děng 용 기다리다 | **一下** yíxià 용 좀 ～해보다

● 좀 ～할게요 ……一下

一下는 동사 뒤에 붙어서 '좀 ～할게요' 란 의미로 쓰인답니다.

- 请问一下。 좀 여쭤보겠습니다.
  Qǐng wèn yíxià. 칭 원 이씨아
- 看一下。 한번 볼게요.
  Kàn yíxià. 칸 이씨아

请问 qǐng wèn 말씀 좀 여쭤보다 | **看** kàn 보다

● 기다리세요 等一下 / 请稍等

친구들끼리 편하게 '기다려'라고 할 땐 等一下 děng yíxià 떵 이시아 '기다려 주십시오'란 정중한 표현은 请稍等 qǐng shāo děng 칭 샤오 떵

请 qǐng 청하다 | **稍** shāo 약간, 조금

52

你去哪儿?

어디 가세요?

메리 **你 去 哪儿?**
Nǐ qù nǎr?
니 취 날

예리 **我 去 书店。**
Wǒ qù shūdiàn.
위 취 슈띠엔

메리 **你 买 什么 书?**
Nǐ mǎi shénme shū?
니 마이 션머 슈

예리 **北京 地图。**
Běijīng dìtú
베이징 띠투

메리: 어디 가세요?
예리: 서점에 가요.
메리: 무슨 책 사시게요?
예리: 베이징 지도요.

단어 Track 040

哪儿 nǎr 어디, 어느 곳 | **书店** shūdiàn
명 서점 | **书** shū 명 책 | **北京** Běijīng
명 베이징 | **地图** dìtú 명 지도

알아두기

● **중국의 도시들 中国的城市**

· 북경 北京 Běijīng 베이징
· 상해 上海 Shànghǎi 상하이
· 천진 天津 Tiānjīn 티엔진
· 대련 大连 Dàlián 따리엔
· 홍콩 香港 Xiānggǎng 시앙강
· 청도 青岛 Qīngdǎo 칭다오
· 하얼빈 哈尔滨 Hā'ěrbīn 하얼삔
· 위해 威海 Wēihǎi 웨이하이
· 항주 杭州 Hángzhōu 항저우
· 소주 苏州 Sūzhōu 쑤저우
· 서안 西安 Xī'ān 씨안
· 계림 桂林 Guìlín 꾸이린
· 광주 广州 Guǎngzhōu 광저우
· 해남도 海南岛
　　　 Hǎinándǎo 하이난다오
· 장가계 张家界
　　　 Zhāngjiājiè 장지아지에
· 구채구 九寨沟
　　　 jiǔzhàigōu 지우자이꺼우

你买什么? 뭐 사세요?

왕란
你 买 什么?
Nǐ mǎi shénme?
니 마이 션머

태희
我 买 香蕉, 你 呢?
Wǒ mǎi xiāngjiāo, nǐ ne?
워 마이 시앙쟈오　　　니 너

왕란
我 买 龙眼。
Wǒ mǎi lóngyǎn.
워 마이 롱옌

태희
龙眼 是 什么? 好吃 吗?
Lóngyǎn shì shénme?　　Hǎochī ma?
롱옌 스 션머　　　　　하오츠 마

왕란
很 好吃。
Hěn hǎochī.
헌 하오츠

왕란 : 뭐 사려고요?
태희 : 바나나요, 당신은요?
왕란 : 롱이엔을 살 거에요.
태희 : 롱이엔이 뭐에요? 맛있나요?
왕란 : 정말 맛있어요.

 단어 Track 042

买 mǎi 동 사다 ｜ 香蕉 xiāngjiāo 명
바나나 ｜ 龙眼 lóngyǎn 명 (과일이름)
롱옌 ｜ 是 shì 동 ～이다 ｜ 好吃 hǎochī
형 맛있다

알아두기

● 과일 水果 shuǐguǒ

· 망고　　芒果 mángguǒ 망꿔
· 키위　　杨桃 yángtáo 양타오
· 메론　　哈密瓜 hāmìguā 하미과
· 감　　　柿子 shìzi 스즈
· 파인애플 菠萝 bōluó 뽀루어

好吃吗?

很好吃。

54

你听什么音乐?

무슨 음악 들어요?

메리　**你 听 什么 音乐?**
　　　Nǐ tīng shénme yīnyuè?
　　　니 팅 션머 인위에

예리　**我 听 中国 的 流行歌曲。**
　　　Wǒ tīng Zhōngguó de liúxínggēqǔ.
　　　워 팅 쭝궈 더 리우싱꺼취

　　　你 呢?
　　　Nǐ ne?
　　　니 너

메리　**我 听 HSK 录音。**
　　　Wǒ tīng HSK lùyīn.
　　　워 팅 hsk 루인

예리　**你 很 用功。**
　　　Nǐ hěn yònggōng.
　　　니 헌 용꿍

메리: 무슨 음악 들어요?
예리: 중국 유행가 들어요. 당신은요?
메리: HSK 테이프 들어요.
예리: 정말 열심히네요.

단어

听 tīng (통) 듣다 | 音乐 yīnyuè (명) 음악 | 中国 Zhōngguó (명) 중국 | 的 de ~의 | 流行 liúxíng (통) 유행하다 | 歌曲 gēqǔ (명) 노래 | 录音 lùyīn (명) 녹음 (통) 녹음하다 | 用功 yònggōng (형) 열심히 하다, 근면하다

알아두기

● 음악 音乐 yīnyuè

· 클래식　古典音乐
　　　gǔdiǎn yīyuè 구디엔 인위에

· 팝송　　欧美音乐
　　　Ōuměi yīnyuè 오우메이 인위에

· 힙합　　发烧歌舞
　　　fāshāo gēwǔ 파샤오 꺼우

· 댄스음악 舞曲
　　　wǔqǔ 우취

· 발라드　浪漫歌曲
　　　làngmàngēqǔ 랑만꺼취

· 유행가　流行歌曲
　　　liúxínggēqǔ 리우싱꺼취

1. 문장 만들기

주어에 바로 동사를 붙이면 문장이 됩니다. 목적어 또는 보어가 있는 경우 동사 뒤에 붙여주세요.

주어 + 동사 (+ 목적어/보어)

- 我吃。 나는 먹습니다.
  Wǒ chī 워 츠

- 我吃面包。 빵 먹어요.
  Wǒ chī miànbāo. 워 츠 미엔빠오

2. 부정문 만들기

동사 앞에 부정사 不를 붙여 부정문을 만듭니다.

주어 + 不 + 동사 (+ 목적어/보어)

- 他不抽烟。 그는 담배를 피우지 않아요.
  Tā bù chōuyān. 타 뿌 죠우옌

- 孩子们不听话。 애들이 말을 안 들어.
  Háizimen bù tīnghuà. 하이즈먼 뿌 팅화

3. 의문문 만들기

1) 주어 + 동사 (+ 목적어/보어) + 吗?

- 你来吗? 오니?
  Tā lái ma? 타 라이 마

- 她看韩国电影吗? 그 분은 한국영화를 봅니까?
  Tā kàn Hánguó diànyǐng ma? 타 칸 한궈 띠엔잉 마

2) 주어 + 동사 + 不 + 동사 (+ 목적어/보어)

- 老师来不来? 선생님 오시니?
  Lǎoshī lái bu lái? 라오스 라이 부 라이

- 爸爸开不开车? 아버지는 운전하시니?
  Bàba kāi bu kāichē? 빠바 카이 부 카이쳐

■ **의문사 활용방법**
묻고자 하는 위치(문장성분)에 의문사를 사용하여 의문문을 만들 수 있습니다.

3) 주어 + 동사 + 의문사?

❶ 什么

단독으로 '무엇'이라는 뜻으로 사용되며, 뒤에 명사와 함께 '무슨'이라는 뜻으로도 쓰입니다.

- **你做什么?** 무엇을 하십니까?
  Nǐ zuò shénme? 니 쭈어 션머

- **你听什么音乐?** 어떤 음악을 듣니?
  Nǐ tīng shénme yīnyuè? 니 팅 션머 인위에

什么는 동사나 형용사 뒤에 쓰여 '왜'라는 뜻을 갖기도 합니다.

- **你忙什么?** 무엇 때문에 바쁘십니까?
  Nǐ máng shénme? 니 망 션머

- **他笑什么?** 걔는 왜 웃니?
  Tā xiào shénme? 타 시아오 션머

❷ 哪儿

장소를 물을 때 쓰입니다.

- **你去哪儿?** 어디 가니?
  Nǐ qù nǎr? 니 취 날

 단 어

吃 chī ⑧ 먹다 | 面包 miànbāo ⑨ 빵 | 抽 chōu ⑧ 피다 | 烟 yān ⑨ 담배 | 孩子 háizi ⑨ 아이 (중국어로 아들은 儿子 érzi, 딸은 女儿 nǚ' ér이라고 한다.) | 听话 tīnghuà ⑧ 말을 듣다, 순종하다 | 来 lái ⑧ 오다 | 看 kàn ⑧ 보다 | 韩国 Hánguó ⑨ 한 국 | 电影 diànyǐng ⑨ 영화 | 开车 kāichē ⑧ 운전하다 | 做 zuò ⑧ 하다 | 笑 xiào ⑧ 웃다

好 + 동사

☆ 예쁘다!
☆ 맛있다!
☆ 듣기 좋다!

이 말 모두 우리가 잘 아는 好만 있으면 표현 가능하다고요?

● 好는 동사 앞에 놓여 ① 동사의 상태가 만족할만하다는 것을 나타냅니다.

A (好 + 보다) = 好看 (예쁘다)
　　　　　　　　Hǎokàn 하오칸

A (好 + 먹다) = 好吃 (맛있다)
　　　　　　　　Hǎochī 하오츠

A (好 + 듣다) = 好听 (듣기 좋다)
　　　　　　　　Hǎotīng 하오팅

● 好는 부사로서 ②'매우'라는 뜻도 있답니다. 예를 들어 볼까요?

A 这件衣服怎么样? 이 옷 어때요?
　Zhè jiàn yīfu zěnmyàng? 쩌 지엔 이후 전머양

B 好漂亮。 너무 예쁘네요.
　Hǎo piàoliang. 하오 퍄오량

A 你的男朋友好可爱。 너 남자친구 너무 귀엽다.
　Nǐ de nán péngyou hǎo kě'ài. 니 더 난 펑여우 하오 커아이

 단 어

看 kàn (동) 보다 | 漂亮 piàoliang (형)
예쁘다 | 男朋友 nán péngyou (명) 남자
친구 | 可爱 kě'ài (형) 귀엽다

台湾 대만의 小吃와 点心

卤味 lǔwèi 루웨이

두부 말린것, 돼지 귀, 당면, 야채 등 원하는대로 골라 끓는 간장에 살짝 익혀 먹는 먹거리랍니다. 짭조름하고 맛있답니다.

鱼丸汤 yúwántāng 어묵탕

대만 곳곳에서 어묵탕을 파는 것을 볼 수 있답니다. 한국보다 담백하고 얇은 당면까지 들어있어 아주 맛있습니다.

猪脑汤 zhūnǎotāng 돼지뇌탕

고기국물에 익은 돼지 뇌가 들어가 있습니다. 대만 야시장에 가면 많은 사람들이 돼지뇌탕을 먹고 있지요.

鸡排 jīpái 지파이

닭고기로 만든 까스입니다. 대만 야시장에서 사람들이 가장 길게 줄을 선 곳을 찾아보면 바로 지파이를 팔고 있답니다.

珍珠奶茶
zhēnzhū nǎichá 쩐주 나이차

한국에서 버블티로 유명합니다. 젤리가 들어간 홍차인데요, 한국에서 보다 훨씬 맛난 버블티를 대만에서 맛볼 수 있답니다.

06

我是学生

학생이에요.

 택시를 타고 天安门广场[티엔안먼 광챵]에 가는 예리양. 택시 기사 아저씨가 汉语[한위]를 잘한다는 말에 어깨가 으쓱으쓱. 그런데 外国人[와이궈런]인건 어떻게 알고 국적을 물었지? 혹시 中国人[쭝궈런]처럼 汉语[한위]를 잘 한다는 건 빈말?

- 天安门广场 Tiān'ānmén guǎngchǎng 천안문광장 ▪ 汉语 Hànyǔ 중국어
- 外国人 wàiguórén 외국인 ▪ 中国人 Zhōngguórén 중국인

出租汽车 택시
Chūzū qìchē

1	기사	司机	sījī	쓰지
2	승객	乘客	chéngkè	쳥커
3	요금	车费	chēfèi	쳐페이
4	좌석	座位	zuòwèi	쭈어웨이
5	지도	地图	dìtú	띠투
6	지갑	钱包	qiánbāo	치엔빠오
7	영수증	小票	xiǎopiào	샤오퍄오
8	여행객	旅客	lǚkè	뤼커

我是韩国人 저는 한국인이에요

예리
去 天安门 广场。
Qù Tiān'ānmén guǎngchǎng.
취 티엔안먼 광창

택시기사
你 是 哪 国 人?
Nǐ shì nǎ guó rén?
니 스 나 궈 런

예리
我 是 韩国人。
Wǒ shì Hánguó rén.
워 스 한궈 런

택시기사
你 的 汉语 很 好。
Nǐ de Hànyǔ hěn hǎo.
니 더 한위 헌 하오

예리
哪里 哪里。
Nǎli nǎli.
나리 나리

예리 :   천안문광장 가주세요 .
택시기사 : 어느 나라 사람이세요 ?
예리 :   한국인이에요 .
택시기사 : 중국어 잘하시네요 .
예리 :   아니에요

你是哪国人?

我是韩国人。

 Track 047

단어

天安门 Tiān'ānmén 몡 천안문 | 广场 guǎngchǎng 몡 광장 | 哪国人 nǎ guó rén 어느 나라 사람 | 韩国人 Hánguórén 한국사람 | 汉语 Hànyǔ 몡 중국어 | 哪里哪里 nǎli nǎli 천만에요

알아두기

● ~에 가주세요

중국에서 택시를 타면 먼저 하는 말! 바로 '~에 갑시다'입니다. 외국인인걸 택시기사가 알면 먼 길로 돌아갈 수도 있다구요. 이 말은 많이 연습해 둬야겠죠? 형태는 去+장소, 到+장소입니다.

• 去首都国际机场吧。
Qù Shǒudū guójì jīchǎng ba.
취 셔우뚜 궈찌 찌창 바
베이징 수도국제공항 가 주세요.

• 到王府井吧。
Dào Wángfǔjǐng ba.
따오 왕푸징 바
왕푸징 갑시다.

首都国际机场 Shǒudū guójì jīchǎng 북경 수도 국제공항 | 王府井 Wángfǔ jǐng 왕푸징 (북경 시내의 번화가)

您是哪国人?

어느 나라 사람이에요?

데이빗
到 北京 火车站。
Dào Běijīng huǒchēzhàn.
따오 베이징 훠처짠

택시기사
您 不是 中国人 吧?
Nín búshì Zhōngguórén ba?
닌 부ㅈ 쯍궈런 바

您 是 哪 国 人?
Nín shì nǎ guó rén?
닌 ㅈ 나 궈 런

데이빗
我 是 美国人。
Wǒ shì Měiguórén.
워 ㅈ 메이궈런

택시기사
你 的 汉语 不错。
Nǐ de Hànyǔ búcuò.
니 더 한위 부추어

데이빗
哪里 哪里。
Nǎli nǎli.
나리 나리

데이빗 : 베이징 기차역 가 주세요.
택시기사 : 중국인 아니시죠?
　　　　 어느나라 사람이세요?
데이빗 : 미국인이에요.
택시기사 : 중국어 잘하시네요.
데이빗 : 아니에요.

到 dào 团 ~까지 | 火车站 huǒchēzhàn
명 기차역 | 火车 huǒchē 명 기차 | 站
zhàn 명 정류소 | 中国人 Zhōngguórén
명 중국인 | 吧 ba 문장 끝에 쓰여 제의,
부탁, 명령, 재촉이나 의문의 어기를 나
타냄. | 美国人 Měiguórén 미국사람 |
不错 búcuò 맞다(정확하다), 괜찮다(좋다)

● 외국어 外语 wàiyǔ

· 汉语　　Hànyǔ 중국어
· 韩语　　Hányǔ 한국어
· 英语　　Yīngyǔ 영어
· 日语　　Rìyǔ 일본어
· 法语　　Fǎyǔ 프랑스어
· 西班牙语 Xībānyáyǔ 스페인어
· 阿拉伯语 Ālābóyǔ 아랍어
· 德语　　Déyǔ 독일어
· 越南语　Yuènányǔ 베트남어
· 汉字　　Hànzì 한자

● 주요 국가와 수도

· 韩国 Hánguó 한국 – 首尔 Shǒu'ěr 서울
· 中国 Zhōngguó 중국
　　– 北京 Běijīng 베이징
· 日本 Rìběn 일본 – 东京 Dōngjīng 도쿄
· 美国 Měiguó 미국
　　– 华盛顿 Huáshèngdùn 워싱턴
· 英国 Yīngguó 영국 – 伦敦 Lúndūn 런던
· 德国 Déguó 독일 – 柏林 Bólín 베를린
· 法国 Fǎguó 프랑스 – 巴黎 Bālí 파리
· 俄罗斯 Éluósī 러시아
　　– 莫斯科 Mòsīkē 모스크바

我是学生 학생이에요

택시기사
你 是 学生 吗?
Nǐ shì xuésheng ma?
니 ㅈ 쉬에셩 마

예리
是, 我 是 学生。
Shì, wǒ shì xuésheng.
ㅈ 워 ㅈ 쉬에셩

택시기사
在 中国 学习 什么?
Zài Zhōngguó xuéxí shénme?
짜이 중궈 쉬에시 션머

예리
在 中国 学习 汉语。
Zài Zhōngguó xuéxí Hànyǔ.
짜이 중궈 쉬에시 한위

택시기사
哪个 学校?
Nǎge xuéxiào?
나 거 쉬에씨아우

예리
北京 大学。
Běijīng dàxué.
베이징 따쒸에

택시기사 : 학생이세요?
예리 : 네, 학생이에요.
택시기사 : 중국에서 무슨 공부하세요?
예리 : 중국어 공부해요.
택시기사 : 어느 대학에서요?
예리 : 북경대학요.

你是
学生吗?

是，我
是 学生。

단어 Track 051

学生 xuésheng 명 학생 | 在 zài 개 ~
에서 동 ~에 있다 | 学习 xuéxí 동 공
부하다 | 哪个 nǎge 대 어느 것 | 学校
xuéxiào 명 학교 | 大学 dàxué 명 대학교

알아두기

● 중국 주요 대학들

• 북경대학교
北京大学 Běijīng dàxué 베이징 따쒸에

• 청화대학교
清华大学 Qīnghuá dàxué 칭화 따쒸에

• 북경어언문화대학교
北京语言文化大学
Běijīng yǔyán wénhuà dàxué
베이징 위옌 원화 따쒸에

• 복단대학교
复旦大学 Fùdàn dàxué 푸단 따쒸에

• 인민대학교
人民大学 Rénmín dàxué 런민 따쒸에

• 대외경제무역대학교
对外经济贸易大学
Duìwài jīngjì màoyì dàxué
뚜이와이 징지 마오이 따쒸에

• 북경 제2외국어대학교
北京第二外国语大学
Běijīng dì'èr wàiguóyǔ dàxué
베이징 띠 얼 와이궈위 따쒸에

• 남개대학교
南开大学 Nánkāi dàxué 난카이 따쒸에

我来中国旅游

중국에 여행 왔어요

단어

来 lái 동 오다 | 旅游 lǚyóu 동 여행하다

택시기사
你 在 中国 学习 吗？
Nǐ zài Zhōngguó xuéxí ma?
니 짜이 중궈 쉬에시 마

마이크
不是，我 来 中国 旅游。
Búshì, wǒ lái Zhōngguó lǚyóu.
부스 워 라이 중궈 뤼여우

택시기사 : 중국에서 공부하세요?
마이크 : 아니에요, 여행 왔어요.

알아두기

● **직업 및 신분**

- 学生 xuéshēng 학생
- 老师 lǎoshī 선생님
- 医生 yīshēng 의사
- 护士 hùshì 간호사
- 公司职员 gōngsī zhíyuán 회사원
- 公务员 gōngwùyuán 공무원
- 售货员 shòuhuòyuán 판매원
- 司机 sījī 기사
- 厨师 chúshī 요리사

1. 지시대명사

지시대명사는 단독 또는 명사와 함께 사용합니다. 명사와 함께 쓰일 때는 양사 수나 뒤에서 나오는 다른 양사들과 함께 사용합니다.

	단수	복수	장소
이/이것(가까운)	这 / 这个 zhè / zhège	这些 zhèxiē	这儿 zhèr
저/저것(먼)	那 / 那个 nà / nàge	那些 nàxiē	那儿 nàr
어떤/어떤 것(의문사)	哪 / 哪个 nǎ / nǎge	哪些 nǎxiē	哪儿 nǎr

2. 是 구문

동사 '是'는 '~이다'의 뜻을 가지고 있습니다.

주어 + 동사是 + 목적어

- 我是韩国人。 저는 한국인입니다.
  Wǒ shì Hánguórén. 워 스 한궈런

- 这是电脑。 이것은 컴퓨터야
  Zhè shì diànnǎo. 쪄 스 띠엔나오

3. 부정문 만들기

동사 앞에 不를 붙여 부정문을 만듭니다.

주어 + 不 + 是 + 목적어

- 他不是老师，是学生。 그는 선생님이 아니라 학생이야.
  Tā búshì lǎoshī, shì xuésheng. 타 부스 라오스 스 쉬에셩

- 那不是床。 그건 침대가 아닙니다.
  Nà búshì chuáng. 나 부스 츄앙

4. 의문문 만들기

주어 + 是 + 목적어 + 吗?

- 你是日本人吗? 일본인인가요?
  Nǐ shì Rìběnrén ma? 니 스 을번런

주어 + 是 + 不 + 是 + 목적어?

- 那是不是手机? 그거 휴대전화 아니니?
  Nà shì bu shì shǒujī? 나 스 부 스 쵸지

5. 의문사 활용방법

1) 谁 shuí

'누구'라는 뜻으로 주어나 목적어 자리에 위치할 수 있습니다.

- 她是谁? 그 여자분은 누구시죠?
  Tā shì shéi? 타 스 쉐이

- 谁是你爸爸? 누가 당신의 아버지인가요?
  Shéi shì nǐ bàba? 쉐이 스 니 빠바

2) 지시대명사 哪 nǎ

명사 앞이나 단독으로 사용될 수 있습니다.

- 你是哪国人? 어느나라 사람이에요?
  Nǐ shì nǎ guó rén? 니 스 나 궈 런

- 哪个学校好? 어떤 학교가 좋아?
  Nǎge xuéxiào hǎo? 나거 쉬에샤오 하오

■ 의문문에서는 "很'과 같이 정도를 표현해 주는 말은 생략합니다.

단어

电脑 diànnǎo 명 컴퓨터 | **床** chuáng 명 침대 | **日本人** Rìběnrén 일본사람 | **手机** shǒujī 명 휴대전화 | **谁** shéi 대 누구

不错 (부추어)

☆ 쟤 춤 잘 춰? 라는 질문에 '잘 춰' 라고 대답하려면?
☆ 이게 천안문 광장이지? 라는 질문에 '맞아' 라고 대답하려면?
☆ 걔네 커플 사이가 어때? 라는 질문에 '괜찮아' 라고 대답하려면?

이 모든 대답이 不错로 해결됩니다!

● 不错는 ① 맞다 ② 틀림없다 ③ 괜찮다 라는 의미를 가지고 있습니다.

A 他跳舞怎么样? 쟤 춤 잘춰?
Tā tiàowǔ zěnmeyàng? 타 탸오우 전머양

B 不错。 잘 춰.
Búcuò. 부추어

A 这就是天安门广场吧? 이게 천안문광장이지?
Zhè jiùshì Tān' ānmén guǎngchǎng ba? 쩌 찌우 티엔안먼 광쟝 바

B 不错。 맞아.
Búcuò. 부추어

A 他们俩的关系怎么样? 걔네 커플 사이가 어때?
Tāmen liǎ de guānxi zěnmeyang? 타먼 리아 더 꽌시 전머양

B 不错。 괜찮아.
Búcuò. 부추어

 알아두기

● 그렇다면 不错의 반대말은 무엇일까요? 바로 错겠죠?
틀렸다는 뜻입니다. 예를 들어 볼까요?

A 你是日本人吧? 일본인이시죠?
Nǐ shì Rìběnrén ba? 니 즈 을번런 바

B 错了，我是韩国人。 아니에요, 한국인입니다.
Cuò le, wǒ shì Hánguórén. 추어 러 워즈 한궈런

 단어

不错 búcuò 휑 맞다, 틀림없다. 괜찮다
| 跳舞 tiàowǔ 통 춤을 추다 | 就 jiù 분
바로 | 俩 liǎ 수 두 사람, 두 개 | 关系
guānxi 명 관계 | 错 cuò 통 틀리다

Chapter 07

손가락으로 숫자세기

중국에서는 시장의 상인이나 불법택시(黑车 hēichē) 기사들이 말은 하지 않고 손가락으로 가격을 알려주는 모습을 종종 볼 수 있답니다. 시끄러운 장소에서는 특히 유용한 표현 방법입니다. 그럼 중국인들이 즐겨 쓰는 손가락으로 숫자를 가리키는 방법을 살펴볼까요?

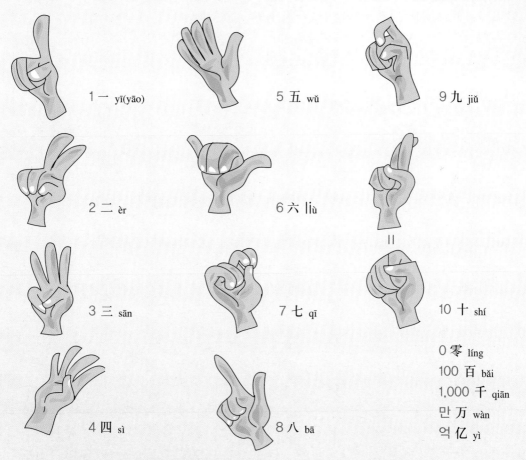

1 一 yī(yāo)

2 二 èr

3 三 sān

4 四 sì

5 五 wǔ

6 六 liù

7 七 qī

8 八 bā

9 九 jiǔ

10 十 shí

0 零 líng
100 百 bǎi
1,000 千 qiān
만 万 wàn
억 亿 yì

07

你有手机吗?

휴대전화 있어요?

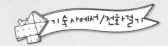기숙사에서/전화걸기

图书馆에서 中国朋友를 사귀게 된 예리양, 电话号码를 주고받다, 手机가 있냐는 말에 없다고 말하기 참 不好意思하다. 韩国엔 있는데…. 中国朋友는 예리양과 더 친해지고 싶은가 보다. 같이 香山을 가자는 电话가 걸려오다.

- 图书馆 túshūguǎn 도서관 ■ 中国朋友 Zhōngguó péngyou 중국친구
- 电话号码 diànhuà hàomǎ 전화번호 ■ 手机 shǒujī 휴대전화 ■ 不好意思 bùhǎoyìsi 창피하다
- 韩国 Hánguó 한국 ■ 香山 Xiāngshān 향산 ■ 电话 diànhuà 전화

图书馆 도서관
túshūguǎn

1	공중전화	公用电话	gōngyòng diànhuà
2	커피 자판기	咖啡自动售货机	kāfēi zìdòng shòuhuòjī
3	개인과외(푸다오)	辅导	fǔdǎo
4	친구 사귀기	交朋友	jiāo péngyou
5	휴대전화	手机	shǒujī
6	명함	名片	míngpiàn
7	열람실	阅览室	yuèlǎnshì
8	자습	自习	zìxí
9	전자사전	电子词典	diànzǐ cídiǎn
10	학생증	学生证	xuéshengzhèng

07 핵심회화 1  Track 057

你有手机吗? 휴대전화 있어요?

동리　你 有 手机 吗?
　　　Nǐ yǒu shǒujī ma?

예리　没有, 这 是 我 的 宿舍 电话 号码,
　　　Méiyǒu, zhè shì wǒ de sùshè diànhuà hàomǎ,

　　　是 82301537.
　　　Shì bā èr sān líng yāo wǔ sān qī.

동리　谢谢。
　　　Xièxie.

동리 : 휴대전화 있으세요?
예리 : 없어요, 제 기숙사 전화번호에요. 8230-1537 이에요.
동리 : 감사합니다.

 단어 Track 056

有 yǒu 圄 있다 | 手机 shǒujī 圄 휴대
전화 | 没 méi 圄 없다 = 没有 | 宿舍
sùshè 圄 기숙사 | 电话 diànhuà 圄 전
화 | 号码 hàomǎ 圄 번호

알아두기

● 1은 '야오'

중국어에서 전화번호, 방번호, 버스번
호 등의 숫자를 읽어줄 때, 1와 7의 발
음이 비슷하게 들리기 때문에 구분하기
위해서 1는 yāo(야오)로 읽어 준답니다.

● 전화 표현 1

중국에서 전화를 했는데 통화연결은
되지 않고 알아들을 수 없는 말이 나
오지요? 뭐라고 했을까요?

· 您拨打的电话已关机。
　Nín bōdǎ de diànhuà yǐ guānjī.
　전원이 꺼져 있습니다.

· 您拨打的电话正在通话中。
　Nín bōdǎ de diànhuà zhèngzài tōnghuà
　zhōng.
　통화중입니다.

您 nín 你의 존칭 | 拨打 bōdǎ 전화를 걸
다 | 已 yǐ 이미 | 关机 guānjī 전원을 끄
다 | 正在 zhèngzài 지금 ~하고 있다 |
通话 tōnghuà 통화하다 | 中 zhōng ~하
는 중

这是我的名片

제 명함입니다

동리　你 有 没有 手机?
Nǐ yǒu méiyǒu shǒujī?

태희　有，这 是 我 的 名片。
Yǒu, zhè shì wǒ de míngpiàn.

동리　谢谢。
Xièxie.

동리 : 휴대전화 있으세요 ?
태희 : 네 , 제 명함이에요 .
동리 : 감사합니다 .

名片 míngpiàn 명 명함

● 전화 표현 2

중국에서 전화를 했는데 통화연결은
되지 않고 알아들을 수 없는 말이 나
오지요? 뭐라고 했을까요?

· 您拨打的电话无法接通，
　Nín bōdǎ de diànhuà wúfǎ jiētōng,
　지금 거신 전화는 연결이 되지 않
　습니다.

· 请稍后再拨。
　qǐng shāohòu zài bō.
　조금 후 다시 걸어주세요.

无法 wúfǎ 할 수 없다 | **接通** jiētōng 연
결되다 | **稍后** shāohòu 잠시 뒤 | **拨** bō
전화를 걸다

07 _ 휴대전화 있어요?

73

喂，是留学生宿舍吗?

여보세요, 유학생 기숙사인가요?

동리　喂，是 留学生 宿舍 吗?
　　　Wéi, shì liúxuéshēng sùshè ma?

예리　是。
　　　Shì.

동리　请 问，睿莉 在 吗?
　　　Qǐng wèn, Ruìlì zài ma?

예리　是 我，你 哪 位?
　　　Shì wǒ, nǐ nǎ wèi?

동리　我 是 董丽。
　　　Wǒ shì Dǒng Lì.

예리　啊，是 董丽，你 好，有 事 吗?
　　　Ä, shì Dǒng Lì, nǐ hǎo, yǒu shì ma?

동리　这个 周末 我们 一起 去 香山，怎么样?
　　　Zhège zhōumò wǒmen yìqǐqù Xiāngshān, zěnmeyàng?

예리　太 好 了。
　　　Tài hǎo le.

동리 : 여보세요 , 유학생 기숙사인가요 ?
예리 : 맞습니다 .
동리 : 실례지만 , 예리양 있나요 ?
예리 : 전데요 , 누구세요 ?
동리 : 동리야 .
예리 : 아 , 동리 . 안녕 ! 무슨 일이야 ?
동리 : 이번 주말에 같이 향산에 가자 , 어때 ?
예리 : 좋아 .

단어 Track 060

喂 wéi 여보세요 | 留学生 liúxuéshēng 명
유학생 | 请问 qǐng wèn 말 좀 묻겠습니
다 | 位 wèi 양 사람의 수를 세는 단위 |
董丽 Dǒng Lì 인명 동리 | 事 shì 명 일 |
周末 zhōumò 명 주말 | 一起 yìqǐ 부 함
께 | 香山 Xiāngshān 지명 향산 | 怎么样
zěnmeyàng 대 어떻습니까 | 太 tài 부 아주,
너무 | 了 le 조사 문장 끝에서 감탄을 나
타냄

알아두기

● **실례합니다, 말씀 좀 물을게요.**
请问/打听/劳驾

'실례합니다'의 3가지 표현입니다.

· 请问(一下)。 Qǐng wèn yíxià.
　가장 많이 쓰이는 표현으로
　一下생략 가능

· 打听一下。 Dǎtīng yíxià.
　一下를 대부분 붙여줌

· 劳驾。 Láojià.
　'죄송합니다만'의 의미가 강함

● **一의 성조변화**

一는 1성이지만 뒷 음절의 성조에 따라
변화합니다. 뒷 음절이 1, 2, 3성일 경
우 4성으로 바뀌며, 4성일 경우 2성으
로 바뀝니다. 단독으로 쓰일 경우 원래
의 성조인 1성으로 발음합니다.

· 一天　yì tiān　· 一年　yì nián
· 一起　yì qǐ　· 一下　yí xià

你找谁?

누구 찾으세요?

단어 Track 062

找 zhǎo (동) 찾다 | **谁** shéi (대) 누구 | **晶晶** Jīngjīng (인명) 징징 | **洗手间** xǐshǒujiān (명) 화장실 | **暂时** zànshí (명) 잠깐

알아두기

● 화장실을 가리키는 말들

卫生间 wèishēngjiān 일반적으로 세면장이 딸려있는 화장실을 가리킵니다.
洗手间 xǐshǒujiān 손을 씻는 곳이란 뜻으로 화장실을 가리킵니다.
厕所 cèsuǒ 우리말의 '변소'란 어감이 강합니다. 최근 사용빈도는 낮습니다.

태희 **喂，学生 宿舍 吗?**
Wéi, xuésheng sùshè ma?

동리 **是，你 找 谁?**
Shì, nǐ zhǎo shéi?

태희 **请 问，晶晶 在 吗?**
Qǐng wèn, Jīngjīng zài ma?

동리 **她 去 洗手间，暂时 不 在 这儿。**
Tā qù xǐshǒujiān, zànshí bú zài zhèr.

태희 **谢谢。**
Xièxie.

태희 : 여보세요 , 유학생 기숙사인가요 ?
동리 : 네 , 누구 찾으세요 ?
태희 : 실례지만 징징 있나요 ?
동리 : 잠시 화장실 가고 없는데요 .
태희 : 감사합니다 .

07 기본문법

1. 的

的는 명사를 꾸며주는 말로 '～의, ～한' 이라고 해석합니다.

- 他是我的老师。 그 분은 저의 선생님입니다.
  Tā shì wǒ de lǎoshī.

- 他是我爸爸/我朋友。 그 분은 저의 아버지예요. / 걔는 내 친구예요.
  Tā shì wǒ bàba/ wǒ péngyou.
  가족, 친구와 같이 가까운 관계는 的를 생략할 수 있습니다.

- 这是很难的书。 이건 어려운 책이야.
  Zhè shì hěn nán de shū.

2. 有 구문

동사 '有는 '～있다'라는 존재의 뜻을 가지고 있습니다. 존재를 표현하는 또 다른 동사 在(있다)와 쓰임새가 다르니 주의합니다.
有의 경우 뒤의 목적어가 불특정한 사람이나 사물임에 반해. 在의 목적어는 특정한 장소가 옵니다.

1) 주어 + 동사有 + 목적어

- 我有三个中国朋友。 중국친구 세 명이 있어요.
  Wǒ yǒu sān ge Zhōngguó péngyou.

- 箱子里有一本笔记本。 상자 안에 노트 하나가 있어.
  Xiāngzi li yǒu yì běn bǐjìběn.

2) 주어(특정) + 동사在 + 목적어

- 你的书包在这儿。 너의 책가방 여기에 있어.
  Nǐ de shūbāo zài zhèr.

- 他的钥匙在电视上。 걔 열쇠, 텔레비젼 위에 있어.(서로 알고 있는 TV)
  Tā de yàoshi zài diànshì shang.

3. 부정문 만들기

동사 앞에 没를 붙여 부정문을 만듭니다.

주어 + 没 + 有 + 목적어

- 姜弦还没有女朋友。 강현이 아직 여자친구 없어.
  Jiāng Xián hái méiyǒu nǚ péngyou.

- 这儿没有卫生纸。 여기 휴지 없어요.
  Zhèr méiyǒu wèishēngzhǐ.

4. 의문문 만들기

1) 주어 + 有 + 吗？

娜润有笔记本电脑吗？ 나윤이 노트북 있니?
Nàrùn yǒu bǐjìběn diànnǎo ma？

2) 주어 + 有 + 没 + 有 + 목적어？

你现在有没有空？ 지금 시간 있니?
Nǐ xiànzài yǒu méiyǒu kòng？

5. 의문사 '几' 활용방법

의문사 '几'는 '몇'이라는 뜻으로 10 미만의 수가 예상될 때 쓰고, 10 이상의 수가 예상될 때는 多少 (몇, 얼마)란 표현으로 씁니다.

你有几个妹妹？ 여동생이 몇 명이에요?
Nǐ yǒu jǐ ge mèimei？

朋友 péngyou ⑲ 친구 | 难 nán ⑱ 어렵다 | 箱子 xiāngzi ⑲ 상자, 트렁크 | 里 lǐ ⑲⑳ 안 | 本 běn ⑳ 책을 세는 단위 | 笔记本 bǐjìběn ⑲ 노트 | 书包 shūbāo ⑲ 책가방 | 钥匙 yàoshi ⑲ 열쇠 | 电视 diànshì ⑲ 텔레비전 | 上 shàng ⑲⑳ 위 | 卫生纸 wèishēngzhǐ ⑲ 화장지 | 笔记本电脑 bǐjìběn diànnǎo ⑲ 노트북 컴퓨터 | 空 kòng ⑲ 틈, 여백

没有 (메이여우)

☆ 중국 여행에서 만난 친구, 나에게 만리장성을 가봤냐고 물어
볼 때 '안 가봤다'라고 대답하려면?

☆ 여자친구가 있냐는 말에 '없다'라고 말하려면?

☆ 룸메이트가 나에게 자신의 음료수를 마셔버렸다고 다그친다,
'안 먹었는데?'는 어떻게 말할까?

☆ 오랜만에 만난 친구가 예뻐졌다고 성형했냐고 물어본다, '성형
안 했어'는 어떻게 말할까?

이 모든 대답은 没有로 해결!

● 没有는 ① '없다' ② '하지 않았다(과거의 부정)'는 뜻을 가지고 있습니다.

A **你去过长城吗?** 만리장성 가봤어?
Nǐ qù guo Chángchéng ma?

B **没有。** 안 가봤는데.
Méiyǒu.

A **你有女朋友吗?** 여자친구 있어?
Nǐ yǒu nǚ péngyou ma?

B **没有。** 없어.
Méiyǒu.

A **你喝了我的饮料吗?** 내 음료수 마셨어?
Nǐ hē le wǒ de yǐnliào ma?

B **没有。** 안 마셨어.
Méiyǒu.

A **你整容了吧?** 너 성형했지?
Nǐ zhěngróng le ba?

B **没有。** 아니야.
Méiyǒu.

● '너보다 안 예뻐'는 어떻게 말할까요?

没有你漂亮。 Méiyǒu nǐ piàoliang.

이때 没有는 ③ '못미치다'라는 뜻이지요.

단어

喝 hē 통 마시다 | **饮料** yǐnliào 명 음료
| **整容** zhěngróng 통 얼굴을 성형하다

중국에서 대학가기

중국의 북경대학이나 청화대학은 세계 대학순위 100위 안에 드는 (각각 50위, 56위) 유명대학입니다. 상대적으로 이들 대학에 외국인의 입학이 중국학생의 입학보다 수월해 갈수록 많은 한국학생들이 중국대학으로 눈을 돌리고 있습니다. 하지만 최근 1, 2년간 중국대학의 외국인학생 입시에 화교와 국적을 한국인으로 국적을 바꾼 조선족이 대거 뛰어들면서 더 이상 중국의 명문대 가기는 이전처럼 수월하지는 않습니다. 하지만 중국에서 대학생이 되는 것은 충분히 매력적이고 가치 있는 일이랍니다. 첫째, 가장 큰 매력은 당연히 어학실력의 향상입니다. 중국어뿐만 아니라 중국대학에는 한국 국내대학보다 외국인 학생이 많아서 외국인과 친구가 될 수 있는 기회와 영어 사용의 기회도 많습니다. 둘째, 중국 대학생들은 한국 대학생들보다 열심히 공부하고 건전하게 생활합니다. 이런 분위기 속에서 함께 어울려 공부한다면 4년 후에는 더 많은 기회가 보일 것 입니다. 셋째, 중국 대학 졸업 후 한국에 돌아온다고 해서 성공이 보장되는 것은 아니지만 국내의 명문대학 졸업생들과 충분히 동등한 경쟁이 가능하며 중국에서의 생활을 장점으로 발휘할 수도 있습니다. 넷째는 국내 국립대 못지않은 크고 아름다운 캠퍼스입니다. 그리고 중국의 세계적인 위상이 갈수록 높아지면서 중국 대학들도 한층 더 높은 위치를 확보하게 될 것입니다. 그럼 우리 지금부터 열심히 공부해서 중국의 명문대에 한 번 도전해 볼까요?

08

我在公司工作

회사에서 일해요

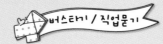 버스타기 / 직업묻기

 北京에 출장을 온 태희씨, 잠깐 틈을 내어 天坛公园에 가려는데, 公共汽车를 탈까 出租汽车를 탈까 호텔 직원에게 물어본다. 결국 公共汽车를 시도하기로 한다. 그런데 부모님께만 들어본 전설 속의 버스표 파는 차장아줌마를 중국에서 보게 되다니…

- 北京 Běijīng 베이징 ▪ 天坛公园 Tiāntán gōngyuán 천단 공원
- 公共汽车 gōnggòng qìchē 버스 ▪ 出租汽车 chūzū qìchē 택시

公共汽车 버스
gōnggòng qìchē

1	버스카드	汽车卡	qìchēkǎ
2	정류장	车站	chēzhàn
3	월정액권	月票	yuèpiào
4	노약자석	老幼病残孕专座	lǎoyòubìngcányùn zhuānzuò
5	서다	站	zhàn
6	앉다	坐	zuò
7	검표원	售票员	shòupiàoyuán
8	차표	车票	chēpiào
9	승객	乘客	chéngkè

天坛公园离这儿远吗?

천단 공원이 여기서 멀어요?

태희 请 问, 天坛 公园 离 这儿 远 吗?
Qǐng wèn, Tiāntán gōngyuán lí zhèr yuǎn ma?

호텔직원 不 远。
Bù yuǎn.

태희 坐 公共 汽车 还是 坐 出租 汽车?
Zuò gōnggòng qìchē háishi zuò chūzū qìchē?

호텔직원 都 可以。
Dōu kěyǐ.

태희 谢谢。
Xièxie.

 단어 Track 065

天坛 Tiāntán ⑲ 천단(명청 황제가 하늘에 제사 지내던 제단) | 公园 gōngyuán ⑲ 공원 | 离 lí ㉑ ~에서, ~로 부터 ⑧ 떨어지다, 떠나다 | 远 yuǎn ⑲ (시간, 공간적으로) 멀다 | 坐 zuò ⑧ 앉다, 타다 | 公共汽车 gōnggòng qìchē ⑲ 버스 | 还是 háishi ㉛ 또는, 아니면 | 出租汽车 chūzū qìchē ⑲ 택시

태희 : 말씀 좀 여쭐게요 , 천단 공원이 여기서 먼가요 ?
호텔직원 : 멀지 않아요 .
태희 : 버스 타고 가야 하나요 ?
  아니면 택시 타고 가나요 ?
호텔직원 : 둘 다 가능해요 .
태희 : 감사합니다 .

不远。

天坛公园离这儿远吗?

附近有地铁站吗?

부근에 지하철역 있나요?

예리　请 问，附近 有 地铁 站 吗?
　　　Qǐng wèn, fùjìn yǒu dìtiě zhàn ma?

행인　那边 有。
　　　Nàbiān yǒu.

예리　离 这儿 远 吗?
　　　Lí zhèr yuǎn ma?

행인　比较 远。
　　　Bǐjiào yuǎn.

예리　谢谢。
　　　Xièxie.

예리 : 실례합니다. 이 부근에 지하철 역 있나요?
행인 : 저쪽에 있어요.
예리 : 여기서 먼가요?
행인 : 조금 멀어요.
예리 : 감사합니다.

  단어　Track 067

附近 fùjìn 명 부근, 근처 | **地铁** dìtiě 명 지하철 | **那** nà 대 그, 저 (비교적 먼 곳의 사람이나 사물을 가리킴) | **边** biān 명 측, 방면 | **比较** bǐjiào 부 비교적

 알아두기

● 중국에 버스 월정액권이 있네?

중국에는 버스도 월정액권이 있답니다. 중국어로는 月票라고 부른답니다. 최근에는 카드형식으로 바뀌면서 月票卡 라고도 부르지요.

月票 yuèpiào 월정액권 | **卡** kǎ 카드

去天坛公园吗? 천단공원 가나요?

태희 去 天坛 公园 吗?
Qù Tiāntán gōngyuán ma?

버스차장 去, 请 上车。有 票 吗?
Qù, qǐng shàngchē, yǒu piào ma?

태희 没有。
Méiyǒu.

버스차장 请 买 票。
Qǐng mǎi piào.

태희 多少 钱?
Duōshao qián?

버스차장 一 块。你 是 哪 国 人?
Yí kuài. Nǐ shì nǎ guó rén?

태희 我 是 韩国人。
Wǒ shì Hánguó rén.

버스차장 你 是 大学生 吧?
Nǐ shì dàxuéshēng ba?

태희 不, 我 在 公司 工作。
Bù, wǒ zài gōngsī gōngzuò.

태희: 천단공원 가나요?
버스차장: 갑니다, 타세요.
　　　　 버스표 있으세요?
태희: 없는데요.
버스차장: 표 사세요.
태희: 얼마예요?
버스차장: 1위안이에요.
　　　　 어느 나라 사람이에요?
태희: 한국인이에요.
버스차장: 대학생인가 봐요?
태희: 아니에요, 회사원이에요.

 단어 Track 069

请 qǐng 동 부탁하다 | 上 shàng 동 오르다, 타다 | 车 chē 명 차 | 票 piào 명 표, 증서 | 多少 duōshao 얼마나(수량을 물을 때 쓰는 표현) | 钱 qián 명 돈 | 块 kuài 양 조각, 돈을 세는 단위(위안에 해당됨) | 大学生 dàxuéshēng 명 대학생 | 公司 gōngsī 명 회사 | 工作 gōngzuò 동 일하다 명 일, 업무

 알아두기

● **초중고생, 대학생, 대학원생**

· 幼儿园 / 幼儿园生
  yòu'éryuánshēng
  유치원 / 유치원생

· 小学 / 小学生 초등학교 / 초등학생
  xiǎoxuéshēng

· 初中 / 初中生 중학교 / 중학생
  chūzhōngshēng

· 高中 / 高中生 고등학교 / 고등학생
  gāozhōngshēng

· 大学 / 大学生 대학교 / 대학생
  dàxuéshēng

· 研究所 / 研究生 대학원 / 대학원생
  yánjiūsuǒ / yánjiūshēng

· 硕士 석사 shuòshì

· 博士 박사 bóshì

你爸爸做什么工作?

아버지는 무슨 일하세요?

做 zuò 동 하다, 종사하다, 제조하다 |
医院 yīyuàn 명 병원 | 医生 yīshēng
명 의사 | 律师 lùshī 명 변호사

버스차장 你 爸爸 做 什么 工作?
Nǐ bàba zuò shénme gōngzuò?

예리 我 爸爸 在 医院 工作, 是 医生。
Wǒ bàba zài yīyuàn gōngzuò, shì yīshēng.

버스차장 你 妈妈 也 是 医生 吗?
Nǐ māma yě shì yīshēng ma?

예리 不, 我 妈妈 是 律师。
Bù, wǒ māma shì lùshī.

버스차장 : 아버지 무슨 일 하세요?
예리 :　　아버지는 병원에서 근무하세요,
　　　　　의사세요.
버스차장 : 어머니도 의사신가요?
예리 :　　아니에요, 변호사에요.

● 多少와 几

多少와 几는 모두 '얼마, 몇'이라는 확
실하지 않은 수를 가리킵니다. 하지만
几는 주로 10 미만에, 10 이상은 多少
를 주로 쓴답니다.

1. 在 ~에서

在는 동사로 쓰일 때 존재를 표현하여 '~에 있다'라고 해석하지만, 개사(介詞, 전치사의 개념)로 쓰일 경우 '~에서'라는 의미로 사용됩니다.

주어 + 在 + 장소 + 동사 + 목적어

- 妈妈在客厅。 어머니는 마루에 계십니다.
  Māma zài kètīng.

- 妈妈在客厅喝茶。 어머니는 거실에서 차를 마셔요.
  Māma zài kètīng hē chá.

2. 선택의 还是

'还是'는 보통 두 개 이상에서 하나를 고르도록 하는 의문문에 사용하는 접속사로 '~아니면' 으로 해석합니다. 还是가 들어간 문장은 의문사 없이 의문문의 형태를 띕니다.

- 你买苹果还是买香蕉? 사과를 사겠습니까 아니면 바나나를 사겠습니까?
  Nǐ mǎi píngguǒ háishi mǎi xiāngjiāo?

- 妈妈来还是爸爸来? 엄마가 올꺼야 아니면 아빠가 올꺼야?
  Māma lái háishi bàba lái?

3. 还是와 或者

还是와 或者는 우리말로 모두 'A이거나 B'의 뜻을 가지지만 쓰임에 차이가 있습니다.
还是는 의문문에 쓰여 의문사의 역할을 하고, 或者는 평서문에만 쓰입니다.

- 你要什么饮料? 어떤 음료를 드릴까요?
  Nǐ yào shénme yǐnliào?

- 牛奶或者果汁儿。 우유나 주스요.
  Niúnǎi huòzhē guǒzhīr.

4. 양사

우리말에도 물건마다 세는 단위가 다르듯 중국어에서도 다양한 양사가 존재합니다. 가장 흔히 사용되는 양사는 '个'로 우리말에 '개'에 해당됩니다.

숫자 → 양사 → 명사의 순서대로 나옵니다.

수 + 양사 + 명사

- 我有三本汉语书。 나는 중국어 책 세 권이 있다.
  Wǒ yǒu sān běn Hànyǔ shū.

■ 숫자를 세어보세요.

一	二	三	四	五	六	七	八	九	十
yī	èr	sān	sì	wǔ	liù	qī	bā	jiǔ	shí

十一	二十	二十一	一百	一千
shí yī	èrshí	èrshí yī	yībǎi	yīqiān

● 100이상의 단위에서는 一를 생략하지 않고 읽어줍니다.

● 백자리 이상 숫자 읽기

· 백자리 이상의 숫자일 경우 주의해야 할 사항이 있습니다.

1. 숫자 사이의 0을 읽어줍니다.

   101 一百零一   1001 一千零一 (0이 두개 이상 있어도 한번만 읽습니다.)

2. 바로 뒷 자리의 단위는 생략할 수 있습니다.

   230 两百三（十）   5400 五千四（百）

   · 5040의 경우 생략할 수 없으며, 五千零四十라고 읽어야 합니다.

客厅 kètīng 몡 응접실, 거실 | 喝 hē 통 마시다 | 茶 chá 몡 차 | 还是 háishi 쩝 또는 뿐 여전히, 아직 | 或者 huòzhě 쩝 또는 뿐 어쩌면 | 饮料 yǐnliào 몡 음료 | 牛奶 niúnǎi 몡 우유 | 果汁儿 guǒzhīr 몡 주스

还可以 (하이커이)

☆ 요즘 장사 어때? 라는 친구의 말에 '그런대로 괜찮아' 라고 대답하려면?

☆ 이 자전거 10년 넘었지? 란 말에 '아직 쓸만해' 라고 대답하려면?

☆ 내가 한 밥이야 맛있어? 란 여자친구 말에 '먹을 만해' 라고 대답하려면?

모두 还可以로 대답하면 정답입니다!

● 还可以는 그런대로 괜찮다는 의미입니다.

A 最近生意怎么样? 요즘 장사 어때?
Zuìjìn shēngyi zěnmeyàng?

B 还可以。그런대로 괜찮아
Hái kěyǐ.

A 这辆自行车已经骑了10年吧? 이 자전거 10년 넘었지?
Zhè liàng zìxíngchē yǐjing qí le shí nián ba?

B 是，还可以吧。응, 아직 쓸만하지?
Shì, hái kěyǐ ba.

 단어

A 这是我做的饭，好吃吗? 내가 한 밥이야, 맛있어?
Zhè shì wǒ zuò de fàn, hǎochī ma?

B 还可以。먹을 만해.
Hái kěyǐ. 하이 커이

生意 shēngyi 명 장사 | 还 hái 부 그런대로 | 可以 kěyǐ 괜찮다 | 辆 liàng 양 (차량을 세는 단위) 대 | 自行车 zìxíngchē 명 자전거 | 已经 yǐjing 부 이미, 벌써 | 骑 qí 동 (동물이나 자전거 등에) 타다 | 年 nián 양 해, 년

중국으로 가는 주말 골프여행

요즘 중국에 골프장이 늘어나면서 한국과 비행시간이 2시간 이내인 동북지역으로 골프여행을 많이 갑니다. 한국에서도 골프장을 찾으려면 1시간 이상은 소요되고 가격도 비싸기 때문에 저렴한 중국을 찾는 골프 관광객이 갈수록 늘어나고 있죠.
중국 또한 외국 손님을 겨냥해 중국의 골프장도 종합 관광 리조트로 변모하고 있답니다. 회의장뿐만 아니라 쇼핑, 관광, 휴양까지 한 번에 할 수 있는 시설들이 갖추어지고 있습니다. 한국인들은 주로 연태, 위해, 청도를 많이 찾는답니다.

● 골프 관련 용어

- 나이스 샷! 好球! Hǎoqiú
- 캐디 球童 qiútóng
- 캐디피 球童费 qiútóngfèi
- 공을 치다 发球 fāqiú
- 홀 洞 dòng
- 깃대 旗帜 qízhì
- 클럽 球杆 qiúgǎn
- 카트 球车 qiúchē
- 스코어 分数 fēnshù
- 바람부는 방향 风向 fēngxiàng
- 코스 球场 qiúchǎng
- 페어웨이 球道 qiúdào
- 티 发球台 fāqiútái
- 티오프 开球 kāiqiú

- 그린 果岭 guǒlǐng
- 벙커 沙坑 shākēng / 沙池 shāchí
- 러프 长草 zhǎngcǎo
  你的球进了长草区。
  Nǐ de qiú jìn le zhǎngcǎoqū.
  공이 러프로 가다.
- 페널티 罚杆 fágān
- OB(out of bound)

  界外 jièwài
- 홀인원 一杆进洞 yì gǎn jìn dòng
- 우드 木杆 mùgǎn
- 아이언 铁杆 tiěgǎn
- 드라이버 一号木 yīhàomù

09

星期六我有约

토요일에 약속 있어요

교실에서 / 시간묻기, 날짜묻기

 周末에 同学们과 같이 长城에 가려는 예리양. 그런데 약속한 날 睡懒觉하다니 …

- 周末 zhōumò 주말
- 同学们 tóngxuémen 반친구들
- 长城 Chángchéng 만리장성
- 睡懒觉 shuì lǎnjiào 늦잠을 자다

生日 생일
shēngrì

1	케익	蛋糕	dàngāo
2	초	蜡烛	làzhú
3	생일선물	生日礼物	shēngrì lǐwù
4	생일파티	生日派对	shēngrì pàiduì
		生日宴会	shēngrì yànhuì
5	생일카드	生日贺卡	shēngrì hèkǎ
6	생일 축하해	祝你生日快乐	Zhù nǐ shēngrì kuàilè
	祝	zhù	축하하다, 빌다
	快乐	kuàilè	즐겁다, 행복하다

星期六我有约 토요일에 약속 있어요

예리 这个 星期六 你 有 时间 吗?
　　　Zhège xīngqīliù nǐ yǒu shíjiān ma?

데이빗 星期六 我 有 约。
　　　　Xīngqīliù wǒ yǒu yuē.

예리 星期天 呢?
　　　Xīngqītiān ne?

데이빗 可以。
　　　　Kěyǐ.

예리 我们 一起 去 长城 吧。　不到 长城 非 好汉!
　　　Wǒmen yìqǐ qù Chángchéng ba.　Bú dào Chángchéng fēi hǎohàn!

데이빗 好。
　　　　Hǎo.

예리: 이번 주 토요일에 시간 있어요?
데이빗: 토요일에 약속있어요.
예리: 일요일은요?
데이빗: 괜찮아요.
예리: 우리 같이 만리장성 가요. 만리장성에 가지 않으면 사내 대장부가 아니라잖아요.
데이빗: 좋아요.

단어 Track 074

星期 xīngqī 〈명〉 주, 주일(週日) | 星期六 xīngqīliù 〈명〉 토요일 | 时间 shíjiān 〈명〉 시간 | 有 yǒu 〈동〉 있다 | 约 yuē 〈동〉 약속하다 〈명〉 약속 | 星期天 xīngqītiān 〈명〉 일요일 | 长城 Chángchéng 〈명〉 만리장성 | 非 fēi ~이 아니다 | 好汉 hǎohàn 사내대장부

알아두기

● 만리장성에 가지 않으면 사내대장부가 아니라더라 不到长城非好汉!

중국의 유명한 속담입니다. 여기에 '베이징에 가서 오리구이를 먹지 않으면 유감스럽다'는 농담까지 짝을 이뤄 쓰인답니다.

· 不到长城非好汉!
　Bú dào Chángchéng fēi hǎohàn!
　不吃烤鸭真遗憾!
　bù chī kǎoyā zhēn yíhàn.

烤鸭 kǎoyā 오리구이 | 真 zhēn 정말로 | 遗憾 yíhàn 유감이다

今天 是 几 月 几 号?

오늘 몇 월 며칠이지?

예리　今天 是 几 月 几 号?
Jīntiān shì jǐ yuè jǐ hào?

메리　今天 是 10 月 27 号。
Jīntiān shì shí yuè èrshíqī hào.

예리　星期 几?
Xīngqī jǐ?

메리　星期二。怎么 了?
Xīngqī'èr.　　Zěnme le?

예리　今天 是 我 的 生日。
Jīntiān shì wǒ de shēngrì.

예리 : 오늘 몇 월 며칠이지?
메리 : 오늘은 10 월 27 일이야.
예리 : 무슨 요일이지?
메리 : 화요일이야. 왜?
예리 : 오늘 내 생일이거든.

今天 jīntiān 몡 오늘 | 几 jǐ (수사) 몇
(2~9 사이의 불특정한 수) | 月 yuè 몡
월, 달 | 号 hào 몡 일, 번호 | 怎么了
zěnme le 무슨 일이야 | 生日 shēngrì
몡 생일

 알아두기

● 생일 축하해 祝你生日快乐

친구의 생일을 축하해볼까요?
· 祝你生日快乐!
　Zhù nǐ shēngrì kuàilè!
　네 생일이 즐겁기를 빌어

祝 zhù 축하하다, 빌다 | 快乐 kuàilè 즐
겁다, 행복하다

现在几点? 지금 몇 시야?

예리
现在 几 点?
Xiànzài jǐ diǎn?

메리
八 点 三十 分。
Bā diǎn sānshí fēn.

예리
糟糕, 完了。
Zāogāo, wánle.

메리
怎么 了? 你 不是 今天 没有 课 吗?
Zěnme le?　Nǐ búshì jīntiān méiyǒu kè ma?

예리
今天 我们 班 同学们 要 一起 去 长城。
Jīntiān wǒmen bān de tóngxuémen yào yìqǐ qù Chángchéng.

메리
你 怎么 睡 懒觉 呢?
Nǐ zěnme shuì lǎnjiào ne?

예리 : 지금 몇 시야?
메리 : 8 시 반.
예리 : 이런, 큰일났다.
메리 : 왜? 오늘 수업 없는 날 아냐?
예리 : 오늘 반 친구들이랑 만리장성에 가기로 했거든.
메리 : 그런데 어쩌다가 늦잠을 잤어?

 단어 Track 078

现在 xiànzài 몡 현재, 지금 | 点 diǎn
몡 시, 점 | 分 fēn 몡 분 | 糟糕 zāogāo
휑 망치다, 못쓰게 되다 | 完了 wánle
동 끝장나다, 망하다 | 课 kè 몡 수업, 강
의 | 班 bān 몡 반, 조 | 同学 tóngxué
몡 같은 반 친구 | 要 yào 조동 원하다 |
怎么 zěnme 때 어째서 | 睡懒觉 shuì
lǎnjiào 늦잠을 자다

 알아두기

● 지금 뭐 한다고?
우리가 일상생활에서 하는 일들의
중국어 표현을 알아볼까요?
· 睡觉 shuìjiào 자다
· 洗澡 xǐzǎo 목욕하다
· 起床 qǐchuáng 기상하다
· 吃饭 chīfàn 밥먹다
· 散步 sànbù 산책하다
· 上网 shàngwǎng 인터넷하다
· 刷牙 shuāyá 이를 닦다
· 洗脸 xǐliǎn 세수하다
· 上学 shàngxué 학교 가다
· 做作业 zuò zuòyè 숙제하다
· 放假 fàngjià 방학하다, 휴가를 내다

糟糕,
完了。

怎么了?

为什么?

왜?

왕란	**现在 几 点?** Xiànzài jǐ diǎn?
태희	**差 十 分 十二 点。** Chà shí fēn shí'èr diǎn.
왕란	**我 开始 幸福 了。** Wǒ kāishǐ xìngfú le.
태희	**为什么?** Wèishénme?
왕란	**因为 十 分钟 以后 是 午饭 时间。** Yīnwèi shí fēnzhōng yǐhòu shì wǔfàn shíjiān.

왕란 : 지금 몇 시에요?
태희 : 12 시 10 분 전요.
왕란 : 행복해지기 시작하네요.
태희 : 왜요?
왕란 : 10 분 후면 점심시간이잖아요.

差 chà 图 부족하다, 모자라다 | 开始 kāishǐ 图 시작하다 | 幸福 xìngfú 圈 행복하다 | 了 le 변화를 나타내는 어기 | 为什么 wèishénme 图 왜 | 因为 yīnwèi 쩹 왜냐하면 | 分钟 fēnzhōng 阌 분 | 以后 yǐhòu 阌 이후 | 午饭 wǔfàn 阌 점심밥

 알아두기

● 식사 관련 단어들

· 早饭 zǎofàn 아침밥
· 早餐 zǎocān 조찬
· 午饭 wǔfàn 점심밥
· 午餐 wǔcān 오찬
· 晚饭 wǎnfàn 저녁밥
· 晚餐 wǎncān 만찬
· 晚会 wǎnhuì 만찬

1. 날짜 표현

시간, 나이, 수량을 표현할 때 是(~이다)를 생략할 수 있습니다.

年 nián(년), 月 yuè(월), 号 hào(일)를 써서 표현합니다. 질문할 때는 의문사 几를 활용하세요.

- 今天几月几号?

  Jīntiān jǐ yuè jǐ hào? 오늘은 몇 월 며칠이야?

- 今天(是)2008年五月二十号。

  Jīntiān (shì) 2008 nián wǔ yuè èrshí hào. 오늘은 2008년 5월 20일입니다.

그저께 前天 qiántiān	어제 昨天 zuótiān	오늘 今天 jīntiān	내일 明天 míngtiān	모레 后天 hòutiān

2. 요일 표현

월요일	화요일	수요일	목요일	금요일	토요일	일요일	무슨 요일
星期一 xīngqīyī	星期二 xīngqī'èr	星期三 xīngqīsān	星期四 xīngqīsì	星期五 xīngqīwǔ	星期六 xīngqīliù	星期天 xīngqītiān 星期日 xīngqīrì	星期几 xīngqī jǐ

- 昨天星期几?

  Zuótiān xīngqī jǐ? 어제 무슨 요일이었지?

- 后天星期天。

  Hòutiān xīngqītiān. 낼 모레가 일요일이야.

지난주(달) 上(个) 星期/月 shàng(ge) xīngqī/yuè	이번주(달) 这 (个) 星期/月 zhè(ge) xīngqī/yuè	다음주(달) 下 (个) 星期/月 xià(ge) xīngqī/yuè

지지난해 前年 qiánnián	지난해 去年 qùnián	올해 今年 jīnnián	다음해 明年 míngnián	다다음해 后年 hòunián

3. 시간 표현

点(diǎn), 分(fēn), 秒(miǎo)를 써서 표현합니다. 마찬가지로 几를 활용하여 의문문을 만들 수 있습니다.

1시	2시	3시	4시	5시	6시	7시
一点	二点	三点	四点	五点	六点	七点
8시	9시	10시	11시	12시	몇 시	
八点	九点	十点	十一点	十二点	几点	

기타 표현법으로 15분을 刻 kè, 30분을 半 bàn이라 할 수 있습니다.
差는 '부족하다'라는 뜻으로 '～분전'을 표현할 수 있습니다.

아침 早上 zǎoshang	오전 上午 shàngwǔ	정오 中午 zhōngwǔ	오후 下午 xiàwǔ	저녁 晚上 wǎnshang

- 现在几点?
  Xiànzài jǐ diǎn? 지금 몇 시야?
- 三点一刻。
  Sān diǎn yí kè. 3시15분이야.
- 差五分八点。
  Chà wǔ fēn bā diǎn. 8시 5분전이야.
- 晚上六点半。
  Wǎnshang liù diǎn bàn. 저녁 6시 반이야.

4. 不是……吗?　～ 아니었니?

부정형을 사용하여 강조하여 질문을 할 수 있습니다. 강조하고자 하는 내용을 不是와 吗사이에 넣어줍니다.

- 你不是韩国人吗?
  Nǐ búshi Hánguórén ma? 한국인 아니었어요?
- 他不是很认真吗?
  Tā búshi hěn rènzhēn ma? 그 애 진지한 애 아니었니?

年 nián (양) 해, 년 | 刻 kè (양) 15분 | 半 bàn (양) 절반, 30분 | 认真 rènzhēn (형) 진지하다, 성실하다

怎么了 (전머러)

☆ 아파 보이는 친구에게? '왜 그래?' 라는 말은 어떻게 할까?

☆ 수업에 나오지 않은 친구를 걱정하며 '걔 어떻게 된 거지?' 라는 말은 어떻게 할까?

☆ 갑자기 이상한 질문을 하는 친구에게 '무슨 일 있어?' 라는 말을 어떻게 할까?

怎么了? 를 이용해서 중국인처럼 말해 볼까요?

●怎么了는 어떻게 되었느냐? 라는 뜻을 가지고 있습니다.

A 你怎么了? 너 왜 그래?
　Nǐ zěnme le?

B 我有头疼。머리가 아파.
　Wǒ yǒu tóuténg.

A 他怎么了? 怎么不来上课? 걔 어떻게 된 거지? 왜 수업에 안 나왔지?
　Tā zěnme le?　Zěnme bù lái shàngkè?

A 今天我特别漂亮吧? 오늘 나 좀 예쁘지 않아?
　Jīntiān wǒ tèbié piàoliang ba?

B 你怎么了? 너 무슨 일 있어?
　Nǐ zěnme le?

 알아두기

●怎么了와 비슷하게 생긴 怎么样은 '어때?' 라는 의미를 가지고 있지요.

这件衣服怎么样? 이 옷 어때?
Zhè jiàn yīfu zěnmeyàng?

今天天气怎么样? 오늘 날씨 어때?
Jīntiān tiānqì zěnmeyàng?

他的性格怎么样? 그 사람 성격 어때?
Tā de xìnggé zěnmeyàng?

 단어

头疼 tóuténg 몡 두통 | 上课 shàngkè 동 수업을 듣다 | 特别 tèbié 부 특별히 | 怎么样 zěnmeyàng 어떠하다 | 天气 tiānqì 몡 날씨, 기상 | 性格 xìnggé 몡 성격

한국인이 좋아하는 중국 요리①

鱼香肉丝 yúxiāng ròusī
달달한 맛의 채 썰린 돼지고기 요리

鱼香茄子 yúxiāng qiézi
달달한 맛의 찐 가지 요리

가지가 이렇게 맛있을 수도 있군요.

京酱肉丝 jīngjiàng ròusī
자장면 맛의 채 썰린 돼지고기 요리

말린 두부피에 생파를 함께 넣어 싸서 먹습니다.

火锅 huǒguō 중국식 샤브샤브

육수를 끓인 탕에 각종 고기와 야채를 넣어 먹는 음식. 사천식 훠궈는 매운탕 선택 가능. 특색은 참깨를 갈아 만든 마지앙(麻酱 májiàng)에 찍어 먹는다는 것.

양고기를 많이 넣어 먹는다는 것. 그래서 涮羊肉 shuàn yángròu 라고도 부릅니다. 火锅는 샤브샤브처럼 계속 음식을 넣어서 끓여 먹는 것이 아닌 처음부터 음식을 锅에 넣어서 나오는 단품요리인 경우도 많답니다. 중국에서 식당에 가서 火锅를 시켰는데 샤브샤브가 아닌 탕요리가 나와서 당황하신 경험 있으시죠? 涮羊肉라고 하면 실수가 없겠죠?

香波古老肉 xiāngbō gǔlǎoròu
중국에서 맛있는 탕수육이 먹고 싶다면?

바로 파인애플이 함께 들어간 香波古老肉를 시켜 드세요.

10

我今年25岁

올해 25살 이에요

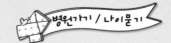 병원가기 / 나이묻기

갑작스런 头疼으로 医院을 찾은 태희씨, 중국 医院을 처음으로 가 보다. 중국도 의료수준이 계속 발전하고 있다는 걸 실감하게 되는군.

- 头疼 tóuténg 두통
- 医院 yīyuàn 병원

医院 병원
yīyuàn

1	의사	大夫	dàifu
2	환자	病人	bìngrén
3	진료실	诊疗室	zhěnliáoshì
	진료하다	诊疗	zhěnliáo
4	병상	病床	bìngchuáng
5	주사를 놓다	打针	dǎzhēn
6	간호사	护士	hùshi
7	링거	输液	shūyè
8	입원하다	住院	zhùyuàn
9	깁스	石膏绷带	shígāo bēngdài
10	퇴약을 먹다	吃药	chīyào
11	퇴원하다	出院	chūyuàn

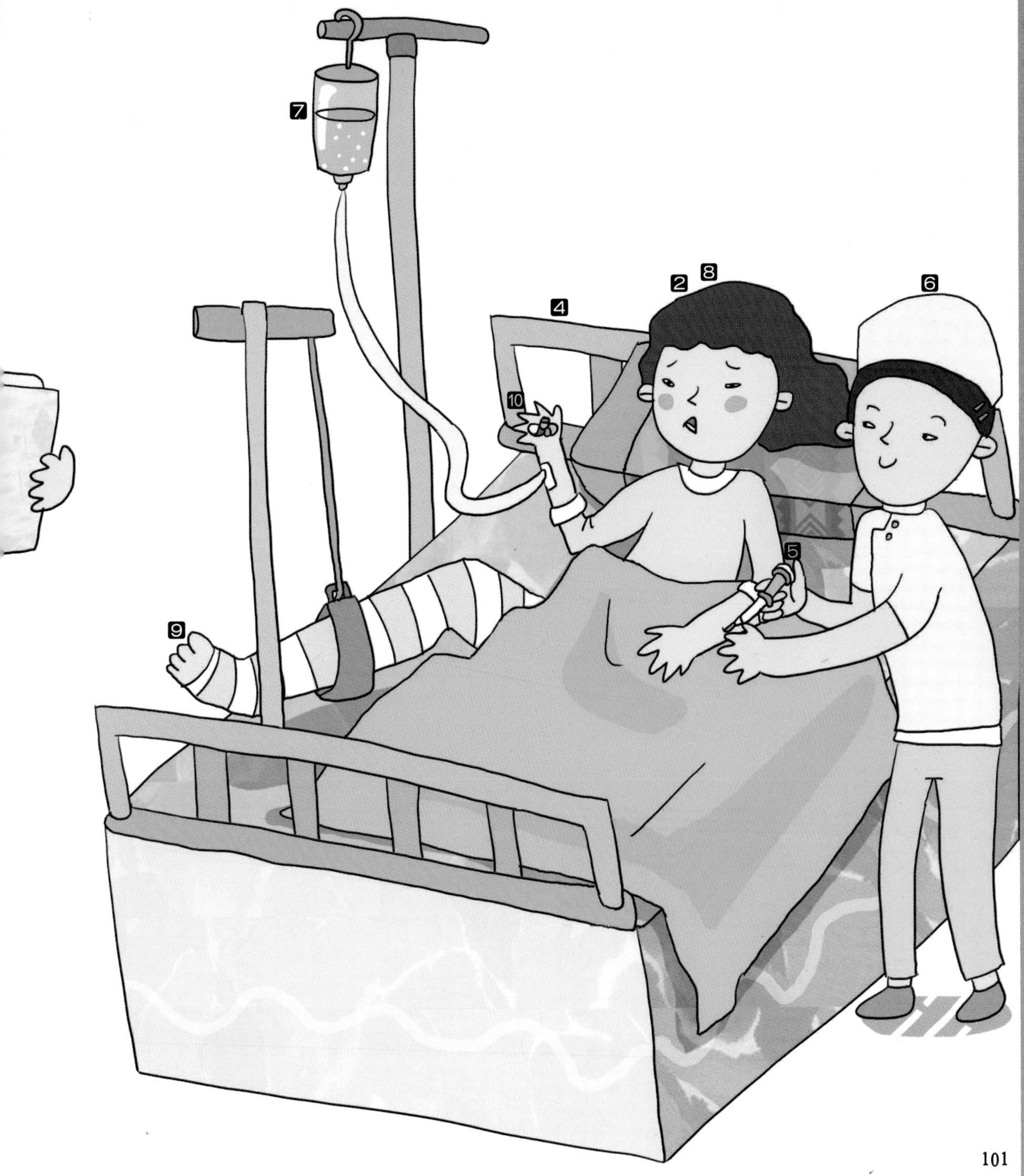
7
2
8
4
6
10
5
9

我头疼 머리 아파요

왕란 怎么了? 你的脸色不好。
Zěnme le? Nǐ de liǎnsè bù hǎo.

태희 我头疼。
Wǒ tóuténg.

왕란 你有头疼药吗?
Nǐ yǒu tóuténgyào ma?

태희 已经吃了,没有效。
Yǐjing chī le, méiyǒu xiào.

왕란 你去医院吧。
Nǐ qù yīyuàn ba.

단어 Track 083

脸色 liǎnsè 몡 안색 | 头疼 tóuténg 톙
머리가 아프다 | 药 yào 몡 약 | 已经
yǐjing 븟 이미 | 效 xiào 몡 효과

왕란 : 왜 그래요? 얼굴색이 안 좋아요.
태희 : 머리가 아파요.
왕란 : 두통약은 먹었어요?
태희 : 벌써 먹었는데 소용없어요.
왕란 : 병원에 가봐요.

是不是身体不好?

어디 안 좋은 거 아냐?

메리
怎么 了? 是 不 是 身体 不 好?
Zěnme le?　　Shì bú shì shēntǐ bù hǎo?

예리
肚子 疼。
Dùzi téng.

메리
今天 晚上 你 吃 了 什么?
Jīntiān wǎnshang nǐ chī le shénme?

예리
我 吃 了 鸡蛋 炒饭。
Wǒ chī le jīdàn chǎofàn.

메리
你 吃 药 了 没有?
Nǐ chī yào le méiyǒu?

예리
吃 药 也 没有 用。
Chī yào yě méiyǒu yòng.

메리
明天 早上 你 去 看病 吧。
Míngtiān zǎoshang nǐ qù kànbìng ba.

메리 : 왜 그래? 어디 안 좋은 거 아니에요?
예리 : 배가 아파요.
메리 : 저녁에 뭐 먹었어요?
예리 : 계란 볶음밥 먹었어요.
메리 : 약 먹었어요?
예리 : 약 먹었는데도 효과가 없네요.
메리 : 내일 오전에 병원 가봐요.

身体 shēntǐ 몡 신체, 몸 | **肚子** dùzi 몡 배 | **疼** téng 동 아프다 | **晚上** wǎnshang 몡 저녁, 밤 | **鸡蛋** jīdàn 몡 달걀 | **炒饭** chǎofàn 몡 볶음밥 | **没有用** méiyǒu yòng 쓸모가 없다, 소용 없다 | **早上** zǎoshang 몡 아침 | **看病** kànbìng 동 진료하다

 알아두기

● **걱정하지 마**

부정의 의미 别와 不用을 걱정하다 는 担心 앞에 붙여 쓰면 '걱정하지마' 라는 의미가 됩니다. 别를 조급해하 다는 着急 앞에 붙여도 비슷한 상황 에서 쓰인답니다.

• 别担心 걱정하지 마
  Bié dānxīn
• 不用担心 걱정할 필요 없어
  Búyòng dānxīn
• 别着急 조급해 하지 마
  Bié zháojí

你今年多大? 올해 몇 살이에요?

의사 **你 哪儿 不 舒服?**
Nǐ nǎr bù shūfu?

태희 **头疼 很 厉害。**
Tóuténg hěn lìhai.

의사 **发烧 呢?**
Fāshāo ne?

태희 **没有。**
Méiyǒu.

의사 **你 今年 多大?**
Nǐ jīnnián duō dà?

태희 **我 今年 25 岁。**
Wǒ jīnnián èrshíwǔ suì.

의사 **你 还 年轻, 没 什么 太 大 的 问题。**
Nǐ hái niánqīng, méi shénme tài dà de wèntí.

태희 **要 打针 吗?**
Yào dǎzhēn ma?

의사 **不用, 休息 休息 吧。**
Búyòng, xiūxi xiūxi ba.

의사 : 어디가 안 좋아요?
태희 : 두통이 너무 심해요.
의사 : 열은 있나요?
태희 : 없어요.
의사 : 올해 나이는요?
태희 : 25 살이에요.
의사 : 아직 나이도 젊고, 큰 문제 아니에요.
태희 : 주사 맞아야 하나요?
의사 : 아니요, 푹 쉬세요.

단어 Track 087

舒服 shūfu (형) 편안하다, 쾌적하다 | 厉害 lìhai (형) 심하다, 지독하다 | 发烧 fāshāo (동) 열이나다 | 今年 jīnnián (명) 올해 | 多大 duō dà 나이가 얼마인가, 얼마의 | 岁 suì (명) 세, 살 | 年轻 niánqīng (형) 젊다 | 没什么 méi shénme 상관없다, 문제없다 | 问题 wèntí (명) 문제, 결함 | 打针 dǎzhēn (동) 주사를 놓다/맞다 | 不用 búyòng (부) 필요 없다 | 休息 xiūxi (동) 쉬다

알아두기

● 무슨 띠예요? 你属什么?

· 저는 ~띠예요 我属……。Wǒ shǔ ~.
· 쥐　　　鼠 shǔ
· 소　　　牛 niú
· 호랑이　虎 hǔ
· 토끼　　兔 tù
· 용　　　龙 lóng
· 뱀　　　蛇 shé
· 말　　　马 mǎ
· 양　　　羊 yáng
· 원숭이　猴 hóu
· 닭　　　鸡 jī
· 개　　　狗 gǒu
· 돼지　　猪 zhū

Track 090

你的病好了吗?

아픈 곳은 괜찮아?

예리 **你 今年 多 大?**
Nǐ jīnnián duō dà?

메리 **我 今年 20 岁。**
Wǒ jīnnián èrshí suì.

예리 **我 25 岁，你 叫 我 姐姐。**
Wǒ èrshíwǔ suì, nǐ jiào wǒ jiějie.

메리 **大 五 岁，不算 姐姐。**
Dà wǔ suì, búsuàn jiějie.

예리 **在 韩国 大 一 岁 也 得 叫 姐姐。**
Zài Hánguó dà yí suì yě děi jiào jiějie.

메리 **好 了，姐姐，你 的 病 好 了 吗?**
Hǎo le, jiějie, nǐ de bìng hǎo le ma?

예리 **好 多 了。**
Hǎo duō le.

예리 : 너 올해 몇 살이야?
메리 : 20 살이야.
예리 : 나는 25 살이니까, 언니라고 불러.
메리 : 5 살 많은 게 무슨 언니야.
예리 : 한국에서는 한 살만 많아도 언니라고 불러.
메리 : 알았어, 언니, 아픈 곳은 괜찮아?
예리 : 많이 좋아졌어.

Track 089

단어

大 dà (형) 크다 | 姐姐 jiějie (명) 언니, 누나 | 算 suàn (동) 계산에 넣다, ~인 셈이다 | 不算 búsuàn (동) 계산하지 않다, ~라고 할 수 없다 | 得 děi (동) ~해야 한다 | 病 bìng (명) 병, 질병

알아두기

● 나이가 크고 작다?

중국어에서는 나이가 많고 적다는 표현을 할 때 大와 小를 쓴답니다.

• 年纪大 niánjì dà 나이가 많다
• 年纪小 niánjì xiǎo 나이가 적다

1. 완료를 나타내는 了

了는 동사 뒤에 쓰여 완료의 의미를 나타냅니다.
동사 뒤가 아닌 문장 끝에 사용될 때는 완료의 의미가 아닌 '~가 되다'라는 어기를 표현하기도 합니다.

주어 + 동사 + 了 (+ 목적어)

- 我看了。봤어
  Wǒ kàn le.

- 我吃了午饭。점심 먹었어요.
  Wǒ chī le wǔfàn.

- 娜润已经买了很多东西。나윤이는 이미 많은 물건을 샀어요.
  Nàrùn yǐjing mǎi le hěn duō dōngxi.

  已经은 '이미'라는 뜻을 가진 수식어로 了와 함께 잘 사용됩니다.

2. 부정문 만들기

부정을 나타내는 没 또는 没有를 동사 앞에 붙여서 아직 끝나지 않았음을 표현합니다.
이 때 了는 생략합니다.

주어 + 没 + 동사 (+ 목적어)

- 老师没来。선생님 안 오셨어요.
  Lǎoshī méi lái.

- 等一下，我还没穿衣服。기다려 줘, 아직 옷을 못 입었어.
  Děng yíxià, wǒ hái méi chuān yīfu.

- 姜弦还没看那部电影。강현인 아직 그 영화를 보지 못했어.
  Jiāng Xián hái méi kàn nà bù diànyǐng.

  还는 '아직'이라는 뜻으로 没 / 没有와 함께 '아직 ~하지 못했다'를 표현합니다.

3. 의문문 만들기

吗를 활용하거나 有没有를 사용하여 선택의문문을 만들 수 있습니다. 또한 의문사를 활용하여 의문문을 만들 수 있습니다.

주어 + 동사 (+ 목적어) + 了 + 吗?

주어 + 有没有 + 동사 (+ 목적어)?

- 晶晶唱歌了吗?
  Jīngjīng chànggē le ma? 징징이 노래했어?

- 董丽有没有喝啤酒?
  Dǒng Lì yǒu méiyǒu hē píjiǔ? 동리 맥주 마셨어?

4. 나이 묻기

나이를 묻는 표현에는 크게 세 가지가 있는데, 가장 무난한 표현은 你多大? 가 있습니다. 연령에 관계없이 사용할 수 있습니다. 어린 아이들에게는 你几岁? 라고 물을 수 있는데 几가 십 미만의 수를 표현하는 만큼 성인에게 쓰면 어색하겠죠? 나이가 많으신 분들에게는 您多大年纪? 라고 높여주는 센스!

- 你今年多大? – 我今年三十二岁。
  Nǐ jīnnián duō dà?　　Wǒ jīnnián sānshí èr suì.
  올해 몇 살이에요?　32살이에요.

- 你的女儿几岁? 真聪明。 – 六岁。
  Nǐ de nǚ'ér jǐ suì?　　Zhēn cōngming　Liù suì.
  당신 딸은 몇 살이에요? 정말 똑똑하네요. – 여섯 살이요.

- 你妈妈今年多大年纪了? – 我妈妈59岁。
  Nǐ māma jīnnián duō dà niánjì le?　　Wǒ māma 59 suì.
  어머니가 올해 연세가 얼마 되시나요? 엄마는 59세에요.

 단어

已经 yǐjing 🖣 벌써, 이미 | 东西 dōngxi 📄 물건, 것 | 穿 chuān 🖲 입다, 신다 | 衣服 yīfu 📄 옷 | 部 bù 🖲 서적, 영화를 세는
단위 | 电影 diànyǐng 📄 영화 | 唱歌 chànggē 🖲 노래하다 | 啤酒 píjiǔ 📄 맥주

没什么

☆ '고마워'라는 친구 말에 '별일 아니야' 라고 대답하려면?
☆ '공연 재밌었어?'란 질문에 '볼 것도 없더라' 라고 말하려면?
☆ '쇼핑 잘했어?'란 말에 '좋은 물건 없더라' 라고 말하려면?
☆ 친구를 욕하는 말에 '걔 나쁜 점 없는데?' 라고 말하려면?
☆ 부탁을 하는 친구에게 '그런 일은 쉬운 일이야' 라고 얘기하려면?

모두 没什么로 가능하답니다.

● 没什么는 ① 아무것도 아니다 ② 아무것도 없다 라는 의미랍니다.

A 谢谢。 고마워
Xièxie.

A 表演怎么样了? 공연 어땠어?
Biǎoyǎn zěnmeyàng le?

A 逛街好玩儿了吗? 쇼핑 재밌었어?
Guàngjiē hǎowánr le ma?

A 我真不喜欢他。 난 정말 걔가 싫어.
Wǒ zhēn bù xǐhuan tā.

A: 请拜托你。 부탁 좀 할게.
Qǐng bàituō nǐ.

B 没什么。 별일 아니야
Méi shénme.

B 没什么可看的。 볼 것도 없더라.
Méi shénme kěkàn de.

B 没什么好的。 좋은 것도 없더라.
Méi shénme hǎo de.

B 他没什么不好的。 걔 나쁜 점 없는데.
Tā méi shénme bù hǎo de.

B 那没什么。 그건 아무 일도 아니야.
Nà méi shénme.

● 눈치 채셨죠? 没什么 뒤에 형용사를 붙이면
'~ 것도 없다' 란 말이 된답니다.

没什么好玩儿的。 재밌는 것도 없다.
Méi shénme hǎowánr de.

 단 어

表演 biǎoyǎn (명) 공연 | **可** kě (동) ~할 만하다 | **逛街** guàngjiē
(동) 쇼핑하다 | **好玩儿** hǎowánr (형) 재미있다 | **真** zhēn (부) 진
짜 | **喜欢** xǐhuan (동) 좋아하다 | **拜托** bàituō (동) 부탁하다

한국인이 좋아하는 중국 요리 ②

锅包肉 guōbāoròu

바삭하게 튀긴 고기와 달달한 소스의 조합. 한국인 뿐 아니라 외국인 입맛에 맞는 일품요리입니다.

宫保鸡丁 gōngbǎo jīdīng

닭고기, 땅콩, 야채를 깍두기 크기로 썰어 볶은 요리로 한국인의 입맛에 맞아 한국인이 좋아하는 요리이지요.

辣子鸡丁 làzi jīdīng

닭고기를 깍두기 크기로 썰어 피망과 빨간 고추를 함께 넣고 볶은 매운 요리입니다.

拍黄瓜 pāihuángguā

오이를 으깨고 썰어서 상큼하게 파와 무친 요리입니다. 한국의 오이무침보다 맛있답니다.

拔丝 básī

여성들이 특히 좋아하는 맛탕입니다. 고구마 맛탕인 **拔丝地瓜** básī dìguā 와 사과 맛탕인 **拔丝苹果** básī píngguǒ로 크게 나뉩니다.

玉米羹 yùmǐgēng

달걀을 함께 넣어 걸쭉하게 만든 옥수수 수프입니다. 중국탕의 특유의 맛이 없고 달달해서 한국인이 좋아합니다.

11

你想吃什么?

뭐 먹을래요?

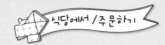 식당에서 / 주문하기

 말로만 듣던 북경오리구이를 第一次로 吃한 예리양. 茉莉花茶를 처음 접하고 맛에 감동하다. 그런데 중국 식당에선 水도 돈 주고 사먹어야 한다고?

- 第一次 dì yī cì 처음　- 吃 chī 먹다　- 茉莉花茶 mòlì huāchá 자스민차　- 水 shuǐ 물

餐厅 식당
cāntīng

1	손님	客人	kèrén
2	메뉴판	菜单	càidān
3	점원	服务员	fúwùyuán
4	숟가락	勺子	sháozi
5	젓가락	筷子	kuàizi
6	접시	碟子	diézi
7	차	茶	chá
8	냅킨	餐巾纸	cānjīnzhǐ
9	계산서	买单	mǎidān
10	더치페이	AA制	AAzhì
11	어서 오세요	欢迎光临	huānyíng guānglín

你想吃什么? 뭐 먹을래요?

동리 你 想 吃 什么?
Nǐ xiǎng chī shénme?

예리 来 个 鱼香 肉丝。
Lái ge yúxiāng ròusī.

동리 好。
Hǎo.

예리 来 点 什么 饮料?
Lái diǎn shénme yǐnliào?

동리 来 一 听 可口 可乐。你 呢?
Lái yì tīng kěkǒu kělè. Nǐ ne?

예리 我 要 一 瓶 矿泉水。
Wǒ yào yì píng kuàngquánshuǐ.

동리 : 뭐 먹을래?
예리 : 위샹로우스 먹자.
동리 : 좋아.
예리 : 음료수는 뭐 마실래?
동리 : 콜라 한 병 마실게. 너는?
예리 : 난 물 한 병 시킬게.

想 xiǎng ㉣ ~하려고 하다 | 鱼香肉丝 yúxiāng ròusī 위샹로우스 (중국음식 명) | 点 diǎn ㉞ 고르다, 주문하다 ㉠ 조금 | 听 tīng ㉠ 캔 | 可口可乐 kěkǒu kělè 코카콜라 | 瓶 píng ㉠ 병을 세는 단위 | 矿泉水 kuàngquánshuǐ ㉢ 생수

 알아두기

● 饮料 yǐnliào 음료

· 牛奶 niúnǎi 우유
· 果汁 guǒzhī 과일쥬스
· 橙汁 chéngzhī 오렌지 주스
· 咖啡 kāfēi 커피
· 水 shuǐ 물
· 酸奶 suānnǎi 요구르트
· 热巧克力 rè qiǎokèlì 핫쵸코
· 可乐 kělè 콜라
· 汽水 qìshuǐ 사이다
· 冰淇淋 bīngqílín 아이스크림

● 찬물은 싫어!

중국인들 중 찬 것(冰的)을 마시지 못하는 경우가 많답니다. 그래서 중국 식당에 가도 따뜻한 차가 나온답니다. 찬물은 달라고 해야 준답니다.

味道怎么样? 맛이 어때요?

동리   这 是 中国 地道 的 北京 烤鸭,
Zhè shì Zhōngguó dìdao de Běijīng kǎoyā,

味道 怎么样?
wèidao zěnmeyàng?

예리   这 是 第一次 吃 北京 烤鸭,
Zhè shì dìyīcì chī Běijīng kǎoyā,

很 好吃。
hěn hǎochī.

동리   请 多 吃 点。
Qǐng duō chī diǎn.

동리 : 이게 바로 그 유명한 정통 베이징 오리구이야, 맛이 어때?
예리 : 처음 먹어보는데 정말 맛있다.
동리 : 많이 먹어.

 단 어   Track 094

地道 dìdao 혱 진짜의, 제대로 된 | 烤
鸭 kǎoyā 몡 오리구이 | 味道 wèidao
몡 맛 | 怎么样 zěnmeyàng 때 어떠한
가 | 第一次 dìyīcì 맨 처음

 알아두기

● 많이 드세요
'많이 드세요'라는 말은 세 가지가
있는데요, 조금씩 상황에 따라 다르
답니다.

· 请多吃点。
   Qǐng duō chī diǎn. 많이 드세요.

· 请慢用。 Qǐng màn yòng.
   천천히 드세요.(가장 정중한 표현)

· 别客气。 Bié kèqi.
   사양말고 많이 드세요.(접대하는
   사람이 손님에게 사양하지 말고
   많이 드시라는 인사)

我不能吃辣的 매운 거 못 먹어

예리
今天 你 想 吃 什么?
Jīntiān nǐ xiǎng chī shénme?

동리
我们 去 吃 川菜 吧.
Wǒmen qù chī Chuāncài ba.

예리
我 不 能 吃 辣 的.
Wǒ bù néng chī là de.

동리
川菜 是 中国 八 大 菜系 之 一,
Chuāncài shì Zhōngguó bā dà càixì zhī yī,

你 一定 要 吃. 今天 试 一 试 吧.
nǐ yídìng yào chī.   Jīntiān shì yi shi ba.

我 请客.
Wǒ qǐngkè.

예리: 오늘 뭐 먹고 싶어?
동리: 우리 사천요리 식당 가자.
예리: 난 매운 거 못 먹는데.
동리: 사천요리는 중국 8대 요리 중 하나야, 반드시 먹어 봐야 한다구. 오늘 한번 시도해 봐. 내가 쏠게.

단어 Track 096

川菜 Chuāncài 사천요리 | 能 néng (조동) ~할 수 있다 | 不能 bù néng ~할 수 없다 | 辣 là (형) 맵다 | 八大 bā dà 8대 | 菜系 càixì (명) (각 지방의 특색을 띤 요리 방식이나 맛 등의) 계통 | 之一 zhī yī ~ 중의 하나 | 一定 yídìng (부) 필히, 꼭 | 要 yào (조) ~해야 한다 | 试 shì (동) 시험삼아 해 보다 | 请客 qǐngkè (동) 초대하다, 한턱내다

알아두기

● **중국의 8대 요리 中国的八大菜系**

중국의 요리는 크게 지역별로 나뉜 8대 요리로 분류됩니다. 이들은 그 지역의 기후, 자연지리, 특산물, 음식습관에 따라 자신만의 특색을 띠고 있답니다. 그럼 8대 요리는 무엇무엇일까요?

· 鲁菜 Lǔcài 산동요리
· 川菜 Chuāncài 사천요리
· 粤菜 Yuècài 광동요리
· 闽菜 Mǐncài 복건요리
· 苏菜 Sūcài 강소요리
· 浙菜 Zhècài 절강요리
· 湘菜 Xiāngcài 호남요리
· 徽菜 Huīcài 안휘요리

산동요리는 명청 시대의 수도가 있었던 동북지역을 중심으로 발전했기 때문에 궁중요리가 다수 포함되어 있답니다. 중국의 귀한 음식(만주풍 요리와 한족풍 요리)이 다 차려진 연회를 보고 만한전석(满汉全席 Mǎn-Hàn quánxí)이라고 하지요.

你想吃什么?

川菜

핵심회화4

好喝吗? 맛있어?

예리 　这 是 什么 茶?
Zhè shì shénme chá?

똥리 　茉莉花茶。
Mòlìhuāchá.

예리 　好 喝 吗?
Hǎo hē ma?

똥리 　好 极 了, 你 尝 一 尝。
Hǎo jíle, nǐ cháng yi cháng.

예리 : 이건 무슨 차야?
똥리 : 자스민차야.
예리 : 맛있어?
똥리 : 너무 맛있어, 마셔봐.

단어

茶 chá 몡 차 | 茉莉花茶 mòlìhuāchá 자스민차 | 喝 hē 동 마시다 | 极了 jíle 어떤 상황이나 정도가 극도로 높음을 표현할 때 쓰임 | 尝 cháng 동 맛보다, 체험하다

알아두기

● 중국의 차

중국인들은 물보다 茶를, 커피보다 茶를 많이 마신답니다. 기름기 많은 음식을 많이 먹고도 뚱뚱하지 않은 비결이라고 하지요. 그럼 중국의 차 종류를 알아볼까요?

• 녹차 绿茶 lǜchá
• 자스민차 茉莉花茶 mòlìhuāchá
• 용정차 龙井茶 lóngjǐngchá
　항저우 용정지역에서 생산되는 녹차
• 장미차 玫瑰花茶 méiguihuāchá
• 국화차 菊花茶 júhuāchá
• 홍차 红茶 hóngchá
• 우롱차 乌龙茶 wūlóngchá
　반쯤 발효시킨 흑갈색의 잎차

● 식당에서

• 맛있게 드셨어요?
　您吃得满意吗? Nín chī de mǎnyì ma?
• 계산해 주세요 请结账。 Qǐng jiézhàng.
• 추천해 주세요 你推荐一下吧。 Nǐ tuījiàn yíxià ba
• 음식이 다 나왔나요?
　菜都到齐了吗? Cài dōu dàoqí le ma?

满意 mǎnyì 만족하다 | 结账 jiézhàng 계산하다 | 推荐 tuījiàn 추천하다 | 到齐 dàoqí 모두 도착하다, 다 오다 |

1. 想 ~하고 싶다 (부정: 不想)

- 我想去三里屯。　나는 싼리툰에 가고 싶어요.
  Wǒ xiǎng qù Sānlǐtún.

- 我不想吃火锅。　나는 훠궈가 먹기 싫어요.
  Wǒ bù xiǎng chī huǒguō.

- 你想学习什么?　너는 무엇을 공부하고 싶니?
  Nǐ xiǎng xuéxí shénme?

■ 동사 想: 생각나다, 그립다.

- 我想你。　보고 싶어.
  Wǒ xiǎng nǐ.

2. 要

1) ~하려고 한다 (부정: 不想)

- 你要参加晚会吗?　저녁 모임 갈 거야?
  Nǐ yào cānjiā wǎnhuì ma?

- 我不想参加晚会。　저녁 모임에 가지 않을 거야.
  Wǒ bù xiǎng cānjiā wǎnhuì.

- 你要减肥吗?　다이어트 할 거에요?
  Nǐ yào jiǎnféi ma?

2) 반드시 ~해야 한다 (부정: 不用)

- 上课前，要预习。　수업 전에는 예습을 해야 한다.
  Shàngkè qián, yào yùxí.

- 你不用看这本书。　저는 이 책 볼 필요 없어요.
  Nǐ bú yòng kàn zhè běn shū.

■ 동사 要: 원하다, 희망하다 (부정: 不要)

- 这件衣服，你要吗?　이 옷, 살 거에요?
  Zhè jiàn yīfu, nǐ yào ma?

- 我不要。 원하지 않아요.
  Wǒ bú yào.

3. 会

1) (배워서)할 수 있다

- 我的儿子刚一岁就会走了。 우리 아들은 막 한 살이 되자 걸었다.
  Wǒ de érzi gāng yí suì jiù huì zǒu le.

2) 가능성이 많다. (추측)

- 明天会下雨。 내일 비가 올 것이다.
  Míngtiān huì xiàyǔ.

3) 잘하다

- 姜弦很会说话。 강현이는 언변이 뛰어나다.
  Jiāng Xián hěn huì shuōhuà.

4. 能

1) (원래부터/회복되어/조건이 갖추어져) 할 수 있다.

- 他病好了，能走路了。 그는 병이 나아서 걸을 수 있다.
  Tā bìng hǎo le, néng zǒulù le.

- 你们七点出发，八点能到北京站。 너희는 7시에 출발하면 8시에 북경역에 도착할 수 있다.
  Nǐmen qī diǎn chūfā, bā diǎn néng dào Běijīng zhàn.

2) ~해도 좋다(허락)

- 只有18岁以上的人才能喝酒。 18세 이상만 술을 마실 수 있다.
  Zhǐyǒu shíbā suì yǐshàng de rén cái néng hē jiǔ.

 단어

三里屯 Sānlǐtún **(지명)** 북경의 외국인 술집과 까페가 많은 거리 | 火锅 huǒguō **(명)** 훠궈, 중국식 샤브샤브 | 晚会 wǎnhuì **(명)** 파티, 저녁모임 | 减肥 jiǎnféi **(동)** 다이어트하다 | 预习 yùxí **(동)** 예습하다 | 刚 gāng **(부)** 방금, 막 | 走 zǒu **(동)** 걷다 | 下雨 xiàyǔ **(동)** 비가 오다 | 明天 míngtiān **(명)** 내일 | 姜弦 Jiāng Xián **(인명)** 강현 | 说话 shuōhuà **(동)** 말하다 | 出发 chūfā **(동)** 출발하다 | 到 dào **(동)** 도착하다 | 只有 zhǐyǒu **(접)** ~해야만 ~이다 | 才能 cái néng **(동)** 비로소 ~할 수 있다 | 喝酒 hē jiǔ 술을 마시다

够了 (꺼우러)

☆ '음식이 모자랄까 걱정이야 더 시키자'는 말에 '충분해, 먹어보고 시켜' 라고 대답하려면?
☆ 계속 화내는 친구에게 '그만하자'고 말하고 싶다면?
☆ '미안하다고 하면 다야?'
☆ '너 여자친구 꽤 예쁘네?'

모두 够 하나로 해결 가능하답니다.

● 够는 ① 충분하다(동사) ② 비교적, 꽤(부사)라는 의미를 가지고 있습니다.
够了는 ③ 충분하다(동사) ④ 지겹다, 됐다 라는 의미를 가지고 있습니다.

A 我担心菜不够，我们再点吧。
　Wǒ dānxīn cài búgòu, wǒmen zài diǎn ba.

A 你怎么 一直撒谎? 你真是……
　Nǐ zěnme yìzhí sāhuǎng?　　Nǐ zhēnshì~

A 说对不起就够了吗?
　Shuō duìbuqǐ jiù gòu le ma?

A 你的女朋友够漂亮。
　Nǐ de nǚ péngyou gòu piàoliang.

B 够了够了，吃完再点。
　Gòu le gòu le, chī wán zài diǎn.

B 够了，不要再说。
　Gòu le, bú yào zài shuō.

 알아두기

● 그렇다면 够의 부정은? 不够랍니다.

A 时间不够， 怎么办?　시간이 모자라, 어떡하지?
　Shíjiān búgòu, zěnmebàn?

A 对不起, 我不够爱你。미안해, 너를 별로 사랑하지 않아.
　Duìbuqǐ, wǒ búgòu ài nǐ.

 단 어

担心 dānxīn ⑧ 걱정하다 | 完 wán ⑧
마치다 | 一直 yìzhí ⑨ 줄곧 | 撒谎
sāhuǎng ⑧ 거짓말을 하다 | 怎么办
zěnmebàn 어떡하지

부시도 찾은 그곳, 대형 찍퉁 빌딩 秀水街

2008 베이징 올림픽에서 가장 많은 이목을 끌었던 관광지는 바로 秀水街 Xiùshuǐjiē라고 해도 과언이 아닐 것입니다. 秀水街는 20년 전 젊은 보따리상들이 길에서 외국옷이나 비단을 팔기 시작한 것이 시초이며 지금은 중국 최대의 짝퉁 시장으로 발전했습니다. 2008 베이징 올림픽 (北京奥运会 Běijīng àoyùnhuì)을 맞아 거리에 늘어져 있던 상가를 지하 3층, 지상 5층의 건물로 탈바꿈시켰으며 주차장을 구비해 외국 관광객 버스가 더욱 편리하게 접근할 수 있게 했습니다. 永安里 Yǒng'ānlǐ 지하철역과도 바로 연결되어 있어 교통도 매우 편리합니다. 중국 정부는 WTO에 가입 후 세계 유명 브랜드의 지적재산권 보호에 책임감을 느끼고 짝퉁 단속을 시작해 한동안 사라지는 듯 했지만 여전히 秀水街에서는 짝퉁이 성황리에 팔리고 있답니다. 2008년 베이징 올림픽 개최기간에는 부시 대통령뿐만 아니라 올림픽 대표단이 단체로 다녀가면서 더욱 큰 인기를 끌게 되었습니다. 秀水街의 명품 짝퉁은 이탈리아의 감정사도 판별하기 어렵다고 하니 이곳을 찾는 발길이 끊이지 않는 것은 당연하겠죠. 또한 명품 짝퉁뿐 아니라 치파오 (旗袍 qípáo) 등과 같은 중국 전통 상품도 살 수 있답니다. 秀水街의 판매원들은 영어는 기본이고 한국어와 일어 등 각종 외국어에 능해 이곳 저곳에서 다양한 외국어로 가격 흥정이 이뤄지는 장관을 볼 수도 있습니다.

〈현재〉

〈과거〉

12

便宜点儿吧

깎아 주세요

시장에서 / 물건사기

 동료들과 逛街에 나선 태희씨, 명품 모조품 钱包를 살 생각이다. 그런데 중국이 예전처럼 讨价还价가 쉽지 않군. 砍价를 해주지 않으니 너무 贵한 걸.

- 逛街 guàngjiē 쇼핑하다
- 钱包 qiánbāo 지갑
- 讨价还价 tǎojià huánjià 흥정하다
- 砍价 kǎnjià 가격을 깎다
- 贵 guì 비싸다

 逛街 쇼핑하기
guàngjiē

1	쇼핑하다	逛街	guàngjiē
2	고객	顾客	gùkè
3	비싸다	贵	guì
4	싸다	便宜	piányi
5	핸드백	皮包	píbāo
6	지갑	钱包	qiánbāo
7	구두	皮鞋	píxié
8	치마	裙子	qúnzi
9	바지	裤子	kùzi
10	T셔츠	T恤	Txù
11	모자	帽子	màozi

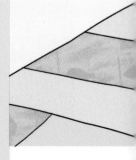

便宜点儿吧 깎아 주세요

태희 **这个 钱包 多少 钱?**
Zhège qiánbāo duōshao qián?

점원 **100 块。**
Yìbǎi kuài.

태희 **太 贵，便宜 点儿 吧。**
Tài guì, piányi diǎnr ba.

점원 **这 是 A 级 假货，不 能 砍价。**
Zhè shì A jí jiǎhuò, bù néng kǎnjià.

태희 **80 块 吧。**
Bāshí kuài ba.

점원 **90 块，不 能 再 便宜。**
Jiǔshí kuài, bù néng zài piányi.

태희 **来 一 个。**
Lái yí ge.

태희 : 이 지갑 얼마에요?
점원 : 100원이에요.
태희 : 너무 비싸요. 깎아 주세요.
점원 : 이건 A 급 모조품이라구요. DC 안 돼요.
태희 : 80원에 주세요.
점원 : 90원에 드릴게요. 더는 못 깎아요.
태희 : 하나 주세요.

 단어 Track 101

贵 guì (형) 비싸다 | **便宜** piányi (형) 싸다 | **级** jí (명) 등급 | **假货** jiǎhuò (명) 모조품 | **砍价** kǎnjià (동) 값을 깎다

알아두기

● **액세서리 饰品 shìpǐn**

· 핸드백　手提包 shǒutíbāo
· 귀걸이　耳环 ěrhuán
· 목걸이　项链 xiàngliàn
· 팔찌　　手镯 shǒuzhuó
· 스카프　丝巾/围巾 sījīn/wéijīn
· 반지　　戒指 jièzhi
· 손목시계 手表 shǒubiǎo
· 발찌　　脚链 jiǎoliàn
· 손수건　手帕 shǒupà

100块。

多少钱?

122

有没有别的颜色? 다른 색은 없어요?

태희	这 双 皮鞋 多少 钱? Zhè shuāng píxié duōshao qián?
점원	70 块。 Qīshí kuài.
태희	能 不 能 便宜 点儿? Néng bu néng piányi diǎnr?
점원	你 说 多少? Nǐ shuō duōshao?
태희	30 块。 Sānshí kuài.
점원	你 太 狠 了。40 块。 Nǐ tài hěn le. Sìshí kuài.
태희	好 吧, 有 没 有 别 的 颜色? Hǎo ba, yǒu méiyǒu biéde yánsè? 我 喜欢 红色。 Wǒ xǐhuan hóngsè.
점원	卖 光 了。 Mài guāng le.

태희: 이 구두 얼마에요?
점원: 70원이에요.
태희: 더 싸게 안되요?
점원: 얼마면 살건데요?
태희: 30원요.
점원: 너무하시네. 40원에 드릴게요.
태희: 좋아요, 근데 다른 색은 없나요?
　　　전 빨간색이 좋은데요.
점원: 다 팔렸어요.

 단어　Track 103

双 shuāng ⑱ 짝, 켤레 | 皮鞋 píxié
⑲ 구두 | 狠 hěn ⑲ 모질다, 악독하다 |
别的 biéde ⑪ 다른 것 | 颜色 yánsè
⑲ 색깔 | 喜欢 xǐhuan ⑧ 좋아하다 |
红色 hóngsè ⑲ 빨간색 | 光 guāng ⑲
빛 ⑲ 텅비다, 하나도 남아 있지 않다 |
卖 mài ⑧ 팔다

⭐ 알아두기

● 색깔 颜色 yánsè

- 빨강　　红色　hóngsè
- 주황　　朱黄　zhūhuáng
- 노랑　　黄色　huángsè
- 초록　　绿色　lǜsè
- 연두　　豆绿色　dòulǜsè
- 하늘　　淡蓝色　dànlánsè
- 파랑　　蓝色　lánsè
- 보라　　青紫色　qīngzǐsè
- 분홍　　粉红色　fěnhóngsè
- 흰색　　白色　báisè
- 검정　　黑色　hēisè

可以试穿吗? 입어 봐도 되나요?

태희 你 看，这件 裙子 怎么样?
　　 Nǐ kàn, zhè jiàn qúnzi zěnmeyàng?

왕란 挺 不错。
　　 Tǐng búcuò.

태희 可以 试穿 吗?
　　 Kěyǐ shìchuān ma?

점원 可以。
　　 Kěyǐ.

태희 怎么样?
　　 Zěnmeyàng?

왕란 很 配。
　　 Hěn pèi.

태희 但是 我 觉得 不 太 合适。
　　 Dànshì wǒ juéde bú tài héshì.

태희 : 이것 봐, 이 치마 어때?
왕란 : 예쁘다.
태희 : 입어 봐도 돼요?
점원 : 됩니다.
태희 : 어때?
왕란 : 잘 어울려.
태희 : 잘 안 어울리는 같은데

可以
试穿吗?

可以。

 Track 105

단 어

裙子 qúnzi (명) 치마 | 挺 tǐng (부) 꽤, 제법 | 不错 búcuò (형) 좋다 | 穿 chuān (동) 입다, 신다 | 配 pèi (동) 배합하다, 조합하다 | 但是 dànshì (접) 그러나 | 觉得 juéde (동) ~라고 여기다 | 合适 héshì (형) 적당하다

알아두기

● 내 생각에는……

중국어에서 나의 생각이나 느낌을 표현하는 방법을 알아볼까요?

· 我觉得…… 내 느낌으로는
我觉得这部电影不好看。
Wǒ juéde zhè bù diànyǐng bù hǎokàn.
이 영화 별로인 거 같아.

· 我想…… 내 생각에는
我想你应该早点儿回国。
Wǒ xiǎng nǐ yīnggāi zǎo diǎnr huíguó.
내 생각에 너는 조금 빨리 귀국해야 할 것 같아.

· 我认为…… 내 생각에는 ~
我认为我做得最好的。
Wǒ rènwéi wǒ zuò de zuì hǎo de.
내가 제일 잘한 거 같아.

· 我以为…… 나는 ~라고 잘못 알았다.
我以为你是中国人。
Wǒ yǐwéi nǐ shì Zhōngguó rén.
나는 네가 중국인인 줄 알았어.

觉得 jué de ~라고 여기다 | 部 bù 영화를 세는 양사 | 不好看 bù hǎokàn 재미없다 | 应该 yīnggāi 마땅히 ~해야 한다 | 点儿 diǎnr 조금 | 回国 huíguó 귀국하다 | 认为 rènwéi 여기다 | 以为 yǐwéi 여기다

可以换吗? 교환 되나요?

태희 麻烦 你, 这 是 昨天 买 的。
Máfan nǐ, zhè shì zuótiān mǎi de.

점원 有 问题 吗?
Yǒu wèntí ma?

태희 大小 不 合适, 太 大 了,
Dàxiǎo bù héshì,　　tài dà le,

可以 换 吗?
kěyǐ huàn ma?

점원 现在 没有 小 的。
Xiànzài méiyǒu xiǎo de.

태희 那, 可以 退钱 吗?
Nà, kěyǐ tuìqián ma?

점원 可以。
Kěyǐ.

태희 : 죄송한데요 , 이거 어제 산 건데요 .
점원 : 무슨 문제 있으세요 ?
태희 : 사이즈가 안 맞아요 , 너무 큰데 바꿀 수 있을까요 ?
점원 : 지금 작은 사이즈가 없어요 .
태희 : 그럼 , 환불 되나요 ?
점원 : 해 드릴게요 .

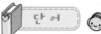 Track 107

麻烦 máfan 혱 귀찮다, 성가시다 | 昨
天 zuótiān 몡 어제 | 大小 dàxiǎo 몡
사이즈, 크기 | 换 huàn 동 교환하다 |
退钱 tuìqián 환불하다

● 카드로 하실래요, 현금으로 하
실래요?
刷卡还是现金?
Shuākǎ háishi xiànjīn?

중국도 갈수록 신용카드의 보급이
크게 증가하고 있답니다. 지불 수단
을 한번 알아볼까요?

・현금　　　　现金 xiànjīn
・현금으로 지불하다
　用现金支付 yòng xiànjīn zhīfù
・신용카드　　信用卡 xìnyòngkǎ
・카드를 긁다　刷卡 shuākǎ
・수표　　　　支票 zhīpiào
・위조지폐　　伪钞 wěichāo

기본문법

1. 중국어의 시제

중국어의 과거, 현재, 미래는 어떻게 표현할까요? 중국어는 한국어처럼 동사를 변화하지 않고 시제를 나타내줍니다. 첫째, 평서문에 시간명사(现在/昨天/明年 등)를 넣어 표현해 줄 수 있습니다.

- 现在我做饭。 지금 밥하고 있어.
  Xiànzài wǒ zuòfàn.

- 昨天，给她打电话。 어제 그녀에게 전화했어.
  Zuótiān, gěi tā dǎ diànhuà.

- 我明年3月份去韩国留学。 내년 3월쯤 한국에 유학 갈 거야.
  Wǒ míngnián sān yuèfèn qù Hánguó liúxué.

둘째, 동사의 앞이나 뒤에 부사 혹은 조사를 넣어 상태가 지속인지 완료인지 아니면 미래에 일어날 일인지를 표현해 줍니다. 조금 더 자세히 알아볼까요?

1) 진행형

현재 진행형일 경우 동사 앞에 시간부사 在/正在/正을 써줘서 동사의 상태가 진행임을 나타내줍니다. 문장 뒤에 呢를 붙여주는 경우가 많습니다.

- 我在看报纸呢。 나 지금 신문보고 있어.
  Wǒ zài kàn bàozhǐ ne.

- 姜弦正在读书呢。 강현이는 지금 책 읽고 있어.
  Jiāng Xián zhèngzài dúshū ne.

  ■ 正은 在/正在와 같이 진행중임을 나타내는 부사로도 사용되고, '때마침 어떤 상황에 맞닥뜨렸다'라는 의미로도 사용됩니다.

2) 완료의 了, 경험의 过

了는 조사로써 동사의 뒤에서 동사의 완료를 나타내줍니다. 이미 완료된 일이나 지나간 일을 표현하고 싶을 때는 동사 뒤에 了를 붙여주면 됩니다. (주의: 了는 반드시 과거뿐 아니라 현재와 미래에서 동사의 완료를 나타낼 때도 사용됩니다.)

·我已经看了那本书。 나 그 책 벌써 봤어.
Wǒ yǐjing kàn le nà běn shū.

过는 동사 뒤에 붙어서 '～한 적이 있다'는 경험을 나타내줍니다.

·我去过美国。 나는 미국에 가본 적이 있어.
Wǒ qù guo Měiguó.

3) 미래임박 将(将要)/快(快要)/就(就要)

将(将要)/快(快要)/就(就要)는 모두 시간부사이며, '장차, 곧 발생한다'는 미래의 의미를 나타내 줍니다.

谁将是中国的最佳美女? 누가 중국 최고의 미녀가 될 것인가?
Shéi jiāng shì Zhōngguó de zuìjiā měinǚ?

快要上课了。 곧 수업이 시작할 거야
Kuàiyào shàngkè le.

■ 将(将要)는 서면어에서 많이 사용하며 快보다 快要가, 就보다 就要가 시간이 더 긴박함을 나타내줍니다.

조동사 要 역시 '～할 것이다'라는 의미를 가지고 있습니다.

我下个月要去中国出差。 다음달에 중국으로 출장을 갈 것이다.
Wǒ xià ge yuè yào qù Zhōngguó chūchāi.

알아두기

● 주의하실 점은 在/正在/正/了/过/将(将要)/快(快要)/就(就要)/要가 있다고 해서 모두 현재/과거/미래를 나타내 주는 것이 아니라 현재/과거/미래를 표현하고 싶을 때 이들을 사용해 표현해 줄 수 있다는 것입니다.

단어

现在 xiànzài (명) 지금, 현재 | 做饭 zuòfàn (동) 밥을 하다 | 份 fèn (명) 부분, 정도 | 留学 liúxué (동) 유학하다 | 在 zài (부) 막 ～하고 있는 중이다 | 正在 zhèngzài (부) 지금 ～하고 있다 | 报纸 bàozhǐ (명) 신문 | 读书 dúshū (동) 책을 읽다 | 本 běn (양) (책의 양사) 권 | 将 jiāng (부) ～하게 될 것이다 | 就 jiù (부) 곧, 바로 | 要 yào (조) ～하려 한다 | 将要 jiāngyào (부) 장차 ～하려 한다 | 最佳 zuìjiā (형) 가장 좋다 | 美女 měinǚ (부) 미녀 | 出差 chūchāi (동) 출장 가다

不用 (부용)

☆ 제가 들어 드릴게요 란 중국인의 호의에 '괜찮아요'라고 대답하려면?

☆ 교과서를 잃어버렸다고 걱정하는 친구에게 '걱정할 필요 없어'란 말은 어떻게 할까?

☆ 고맙다는 친구에게 '고마워 할 필요 없어'는?

☆ 내일이 면접이라고 긴장하는 룸메이트에게 '긴장하지 마' 라고 어떻게 말해줄까?

모두 不用을 넣어서 말해 볼까요?

● 不用은 부사로 ① '〜할 필요 없다'는 뜻과 동사인 ② 사용하지 않다는 뜻이 있습니다.

A 我帮你拿。
Wǒ bāng nǐ ná.

B 不用, 谢谢。
Bú yòng, xièxie.

A 我丢了课本, 怎么办?
Wǒ diū le kèběn, zěnmebàn?

B 不用担心, 我可以借给你。
Bú yòng dānxīn, wǒ kěyǐ jiè gěi nǐ.

A 谢谢。
Xièxie.

B 不用谢。
Bú yòng xiè.

A 明天我有个面试, 紧张死了。
Míngtiān wǒ yǒu ge miànshì, jǐnzhāng sǐle.

B 你不用紧张。
Nǐ bú yòng jǐnzhāng.

不用担心/不用紧张은 别担心/别紧张과도 바꿔쓸 수 있답니다.

 단어

帮 bāng 통 돕다 | 拿 ná 통 쥐다, 집다 |
丢 diū 통 잃어버리다 | 课本 kèběn 명
교과서 | 借 jiè 통 빌리다 | 给 gěi 개
〜에게 | 面试 miànshì 명 면접 | 明天
míngtiān 명 내일 | 紧张 jǐnzhāng 형
긴장해 있다. 불안하다

중국의 야시장

한국의 밤에는 길거리 곳곳에서 먹거리를 파는 모습을 볼 수 있지만 중국은 한 곳에 모여서 불야성을 이루며 장사를 하는데요, 바로 이곳이 야시장 夜市 yèshì 이랍니다. 베이징의 대표적인 야시장은 바로 왕푸징 야시장이지요. 야시장에는 우리가 앞서 만나본 다양한 小吃 xiǎochī 들이 있지요, 이 밖에도 기념품, 옷, 가방 등 없는 것이 없습니다. 바로 应有尽有 (yīngyǒu jìnyǒu 모든 것이 갖추어져 있다) 이지요.

王府井 小吃街 이곳에서는 小吃를 파는 사람들뿐만 아니라 가게 앞에 테이블에서 앉아 먹는 사람들로 북적댄답니다. 다양한 먹거리들을 살펴볼까요?

굼벵이 蝉虫 chánchóng

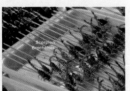

전갈 蝎子 xiēzi

불가사리 海星 hǎixīng

과일 水果 shuǐguǒ

이 밖에 한국인들이 잘 먹는 닭 모래주머니 鸡嗉子 jīsùzi, 닭발 鸡爪儿 jīzhuǎr, 양꼬치 羊肉串 yángròuchuàn, 닭꼬치 鸡肉串 jīròuchuàn 등도 있으니 너무 걱정마세요.

그 밖에 여러가지 기념품도 판답니다. 북경의 관광명소가 그려진 필통, 중국 전통 문양의 지갑 등 기념이 될 만한 물건이 많이 있답니다. 짝퉁 역시 빠질 수 없죠.

13

你喜欢什么运动?

무슨 운동 좋아하니?

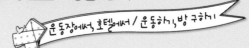

운동장에서 같은 반 同学와 乒乓球를 하던 예리양. 健美의 秘诀가 游泳이라구?

- 同学 tóngxué 반 친구　■ 乒乓球 pīngpāngqiú 탁구　■ 健美 jiànměi 건강미
- 秘诀 mìjué 비결　■ 游泳 yóuyǒng 수영

操场 운동장
cāochǎng

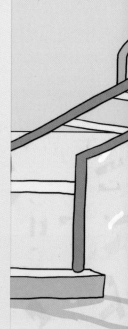

1	운동장	操场	cāochǎng
2	신체를 단련하다	锻炼身体	duànliàn shēntǐ
3	운동	运动	yùndòng
4	농구	篮球	lánqiú
5	시합	比赛	bǐsài
6	이기다	赢	yíng
7	지다	输	shū
8	산책	散步	sànbù
9	태극권	太极拳	tàijíquán
10	건강미	健美	jiànměi

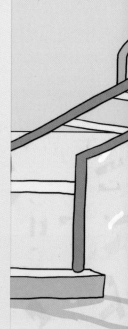

我现在正在看电视 지금 텔레비전 봐

예리 : 喂，大卫 在 吗?
Wéi, Dàwèi zài ma?

데이빗 : 是 我，睿莉 吗? 什么 事?
Shì wǒ, Ruìlì ma?　　Shénme shì?

예리 : 你 现在 做 什么 呢?
Nǐ xiànzài zuò shénme ne?

데이빗 : 我 现在 正在 看 电视，你 呢?
Wǒ xiànzài zhèngzài kàn diànshì, nǐ ne?

예리 : 我 很 无聊，我们 一起 去 操场 打 乒乓球 吧。
Wǒ hěn wúliáo,　wǒmen yìqǐ qù cāochǎng dǎ pīngpāngqiú ba.

데이빗 : 好。
Hǎo.

 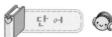
喂 wéi (전화상에서) 여보세요 | 大卫 Dàwèi (인명) 데이빗 | 正在 zhèngzài (부사) 지금(한창) ~하고 있다 | 看 kàn (동) 보다 | 电视 diànshì (명) 텔레비전 | 无聊 wúliáo (형) 무료하다, 심심하다 | 操场 cāochǎng (명) 운동장 | 打 dǎ (동) 하다 | 乒乓球 pīngpāngqiú (명) 탁구

예리 : 여보세요? 데이빗 있어요?
데이빗 : 전데요, 예리지? 무슨 일이야?
예리 : 지금 뭐 해?
데이빗 : 지금 텔레비전 보고 있었는데, 너는?
예리 : 심심한데, 우리 같이 운동장 가서 탁구 치자.
데이빗 : 좋아.

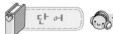
你喜欢什么运动? 무슨 운동 좋아해?

예리 **大卫，你很棒！**
Dàwèi, nǐ hěn bàng!

实力很不错。
Shílì hěn búcuò.

데이빗 **乒乓球是我最喜欢的运动。**
Pīngpāngqiú shì wǒ zuì xǐhuan de yùndòng.

你喜欢什么运动?
Nǐ xǐhuan shénme yùndòng?

예리 **我很喜欢游泳。**
Wǒ hěn xǐhuan yóuyǒng.

데이빗 **我很想学习游泳，有机会教我吧。**
Wǒ hěn xiǎng xuéxí yóuyǒng, yǒu jīhuì jiāo wǒ ba.

예리 **没问题。我每天晚上去游泳馆**
Méi wèntí.　　Wǒ měitiān wǎnshang qù yóuyǒngguǎn

游泳，锻炼锻炼身体。
yóuyǒng, duànliàn duànliàn shēntǐ.

예리: 데이빗, 너 정말 멋지다. 실력이 굉장하네.
데이빗: 농구는 내가 제일 좋아하는 운동이야.
　　　 넌 무슨 운동 좋아해?
예리: 난 수영 좋아해.
데이빗: 나 수영 배우고 싶은데, 기회 되면 나 좀 가르쳐 줘.
예리: 그래. 나는 매일 저녁에 수영장에 수영하러 가서 몸 단련해.

 단어 Track 112

棒 bàng (형) 좋다 | **实力** Shílì (명) 실력 | **最** zuì (부) 가장 | **运动** yùndòng (명) 운동 | **游泳** yóuyǒng (명) 수영 | **机会** jīhuì (명) 기회 | **教** jiāo (동) 가르치다 | **没问题** méi wèntí 문제없다 | **每天** měitiān (명) 매일 | **游泳馆** yóuyǒngguǎn (명) 수영장 | **锻炼** duànliàn (동) 몸을 단련하다

⭐ 알아두기

● 네 플레이가 아름답구나
　漂亮 / 精彩

중국어에서는 경기관람 중 훌륭한 플레이를 보면 漂亮이라고 한답니다. 같은 의미로 精彩가 있답니다.

漂亮 piàoliang 멋지다, 훌륭하다 | **精彩** jīngcǎi 뛰어나다, 훌륭하다

有空房吗? 빈방 있어요?

| 태희 | 请 问，有 空房 吗?
Qǐng wèn, yǒu kōngfáng ma? |

| 호텔직원 | 有，您 要 单人房 还是 双人房?
Yǒu, nín yào dānrénfáng háishi shuāngrénfáng? |

| 태희 | 双人房。
Shuāngrénfáng. |

| 호텔직원 | 要 两张 单人床 的 还是 一 张 双人床 的?
Nín yào liǎng zhāng dānrénchuáng de háishi yì zhāng shuāngrénchuáng de? |

| 태희 | 两 张 单人床 的。
Liǎng zhāng dānrénchuáng de. |

| 호텔직원 | 您 要 住 几 天?
Nín yào zhù jǐ tiān? |

| 태희 | 两 天。
Liǎng tiān. |

단어 Track 114

空房 kōngfáng 몡 빈방 | 单人房 dān-rénfáng 몡 1인실 | 双人房 shuāngrénfáng 몡 2인실 | 张 zhāng 양 책상, 탁자, 침대 등의 양사 | 单人床 dānrénchuáng 몡 싱글침대 | 双人床 shuāngrénchuáng 몡 더블침대 | 住 zhù 동 숙박하다, 거주하다 | 天 tiān 몡 날, 일

알아두기

● **영어가 안 통해요**

영어를 싫어하는 중국인, 중국의 5성급 호텔을 가도 프런트 데스크에서 영어가 안 통하는 경우가 많답니다. 우리가 쉽게 쓰는 영어의 중국어 표현도 알아 두어야겠네요.

· 체크인   入住登记 rùzhù dēngjì
· 체크아웃   退房 tuìfáng

● **호텔이 주점이라고? 반점이라고?**

호텔을 중국어로 酒店 jiǔdiàn 혹은 饭店 fàndiàn이라고 한답니다. 북경반점 北京饭店 Běijīng fàndiàn은 사실 중국집이 아니고 중국에서 가장 좋은 호텔이랍니다.
그렇다면 주점, 술집은 酒吧 jiǔbā랍니다. 반점, 식당은 饭馆 fànguǎn이랍니다. 헷갈리면 안되겠죠!

태희 : 빈방 있습니까?
호텔직원 : 있습니다. 1인실로요 아니면 2인실로요?
태희 : 2인실로요.
호텔직원 : 싱글침대 두 개로요 아니면 더블침대로 하나로 하실래요?
태희 : 싱글침대 두 개로 할게요.
호텔직원 : 며칠간 머물실겁니까?
태희 : 이틀입니다.

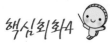

我来出差的　출장 왔어요

외국인　请 问，可以 一起 坐 吗？
Qǐng wèn, kěyǐ yìqǐ zuò ma?

태희　可以。
Kěyǐ.

외국인　不 好 意思，餐厅 里 没有 座位。
Bù hǎo yìsi, cāntīng li méiyǒu zuòwèi.

태희　没 关系。
Méi guānxi.

외국인　两 位 是 来 旅游 的 吗？
Liǎng wèi shì lái lǚyóu de ma?

태희　不，我们 来 出差 的。
Bù, wǒmen lái chūchāi de.

외국인 :　실례지만 , 같이 앉아도 될까요 ?
태희 :　네
외국인 :　미안합니다 , 식당에 좌석이 없네요 .
태희 :　괜찮습니다 .
외국인 :　두 분은 여행으로 오셨나요 ?
태희 :　아뇨 , 출장 왔습니다 .

不好意思 bù hǎo yìsi 미안합니다 ｜ 餐厅 cāntīng 몡 식당 ｜ 里 li 몡 안, 속 ｜ 座位 zuòwèi 몡 좌석 ｜ 出差 chūchāi 동 출장 가다

1. 연동문

연동문이란 한 문장이 두 개 이상의 동사 혹은 동사구로 이루어진 문장입니다.
이 때 동사들은 어떤 역할을 할까요?
동사가 두 개일 경우 (주어 + 동사1 + 동사2)

1) 동사1과 동사2는 동작이 연이어 발생했다는 선후관계를 나타냅니다.

- 他们吃过晚饭散步去了。 그들은 저녁밥을 먹고 산책하러 갔습니다.
  Tāmen chī guo wǎnfàn sànbù qù le.

2) 동사2는 동사1의 목적이 됩니다.

- 我去超市买东西。 나는 마트에 물건 사러 간다.
  Wǒ qù chāoshì mǎi dōngxi.

- 我们一起去吃饭吧。 우리 같이 밥 먹으러 가자.
  Wǒmen yìqǐ qù chīfàn ba.

3) 동사1은 동사2의 수단이나 방법입니다.

- 我们用汉语说吧。 우리 중국어로 말하자.
  Wǒmen yòng Hànyǔ shuō ba.

- 我每天骑自行车上班。 나는 매일 자전거 타고 출근해.
  Wǒ měitiān qí zìxíngchē shàngbān.

4) 연동문의 부정은 동사1앞에 不(没)를 써 줍니다.

- 我今天不去图书馆看书。 오늘 나는 도서관에 가서 공부 안 했어.

2. 형용사의 중첩

형용사를 중첩해서 쓸 경우 그 상태를 한층 강조할 수 있습니다. 단음절일 경우 AA로, 두음절일 경우 AABB로 중첩할 수 있습니다.

高→高高, 小→小小, 大大的眼睛, 短短的裙子

- 他过生日过得安安静静。 그는 생일을 조용히 보냈다.
  Tā guò shēngrì guò de ānān jìngjìng.

■ 형용사 자체에 묘사하는 의미가 담겨져 있는 경우 ABAB형으로 중첩합니다.

- 雪白 → 雪白雪白 눈처럼 새하얗다
  xuěbái

■ AABB와 ABAB가 모두 가능한 형용사: 高兴, 舒服, 漂亮, 热闹, 明白

3. 동사의 중첩

형용사의 중첩이 강조의 의미를 지니는 것과 달리 동사를 중첩하면 '좀, 한번'이라는 부드러운 의미가 더해져 부드러운 느낌을 주게 됩니다. 단음절 동사일 경우 AA나 중간에 '一'를 넣어 A一A 또는 '一下'를 넣어 A一下로, 두 음절 동사는 ABAB로 표현합니다.

- 你的作业,给我看一看。(看看,看一下) 네 숙제 좀 보여줘.
  Nǐ de zuòyè, gěi wǒ kàn yi kàn.
- 你回家休息休息。 집에 돌아가 좀 쉬렴.
  Nǐ huíjiā xiūxi xiūxi.

단어

晚饭 wǎnfàn 몡 저녁밥 | **散步** sànbù 통 산책하다 | **超市** chāoshì 몡 마트 | **东西** dōngxi 몡 물건 | **用** yòng 통 쓰다 | **骑** qí 통 (동물이나 자전거 등에) 타다 | **上班** shàngbān 통 출근하다 | **看书** kànshū 통 책보다, 공부하다 | **眼睛** yǎnjing 몡 눈 | **过** guò 통 보내다 | **安静** ānjìng 휑 조용하다 | **雪白** xuěbái 휑 눈처럼 희다 | **作业** zuòyè 몡 숙제 | **回家** huíjiā 통 집으로 돌아가다

没问题 (메이 원티)

☆ 내일 올 수 있냐는 질문에 '그럼!' 이라고 말한다면?
☆ '너 영어 괜찮아?'는 어떻게 말할까?
☆ 내일 시험 합격하는 거 문제 없겠지?
☆ '그는 인품이 훌륭한 사람이야'라고 말하고 싶다면?

모두 没问题로 표현해 볼까요?

● 问题는 문제라는 뜻입니다. 没问题는 순수하게 '문제없다' 라는 뜻보다는 '확신'할 때 많이 쓰인답니다. 영어의 no problem 이죠!

A 明天，你会来吗? 내일 너 올 수 있어?
　Míngtiān, nǐ huì lái ma?

B 没问题。그럼!
　Méi wèntí.

A 你的英语没问题吗? 너 영어 괜찮아?
　Nǐ de Yīngyǔ méi wèntí ma?

A 明天考试及格应该没问题吧?
　Míngtiān kǎoshì jígé yīnggāi méi wèntí ba?
　내일 시험 합격하는 거 문제 없겠지?

A 他的人品没问题。그는 인품이 훌륭한 사람이야.
　Tā de rénpǐn méi wèntí.

 알아두기

● 질문 있어요? / 문제 있어요? 는
有问题吗? Yǒu wèntí ma?

저 질문 있어요! 는
我有问题. Wǒ yǒu wèntí.

 단어

会 huì ⑧ ~할 가능성이 있다 | 英语 Yīngyǔ ⑲ 영어 | 考试 kǎoshì ⑲ 시험 | 及格 jígé ⑧ 합격하다 | 应该 yīnggāi ⑧ 반드시 ~할 것이다 | 人品 rénpǐn ⑲ 인품

중국의 한국 미용실

1990년 중반부터 진출하기 시작한 한국미용실은 현재 중국 대도시의 어느 곳에서나 쉽게 찾아볼 수 있습니다. 특히 한국인이 밀집해 있는 베이징의 거리에는 한국미용실(韩国美发室)이란 간판이 즐비합니다. 한중간 교류가 활발해지고 한국 드라마를 통해 韩流가 불기 시작하면서 '한국스타일'이 사랑을 받기 시작하였습니다. 게다가 개혁개방 후 빠른 경제성장과 함께 중국의 소비수준도 날로 높아져 고가의 비용에도 전성기를 구가하고 있습니다.

중국에 진출한 한국미용실에서 머리 깎는 비용이 150~300위안(우리 돈 30,000~60,000원), 머리 한번 '제대로'하면 1000~1500위안(20만~30만원)에 이르지만 그야말로 争先恐后(앞다투어 달려든다)라는 표현이 무색합니다.

14

Track 118

怎么走?

어떻게 갑니까?

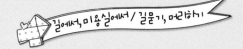
길에서, 미용실에서 / 길물기, 머리하기

 태희씨 오늘은 동리씨와 百货商店 앞에서 만나 烫发를 하기로 했다. 처음 가는 그 곳이 难하기만 한데, 용기를 내어 街头에 있는 사람에게 问해본다.

- 百货商店 bǎihuò shāngdiàn 백화점 ▪ 烫发 tàngfà 파마하다 ▪ 难 nán 어렵다
- 街头 jiētóu 길거리 ▪ 问 wèn 묻다

街头 큰 거리
jiētóu

1 큰 거리 街头 jiētóu

2 골목길 胡同 hútòng

3 행인 行人 xíngrén

4 횡단보도 人行横道 rénxínghéngdào

5 신호등 红绿灯 hónglǜdēng

6 가로등 路灯 lùdēng

7 사거리 十字路口 shízìlùkǒu

8 삼거리 丁字路口 dīngzìlùkǒu

9 육교 天桥 tiānqiáo

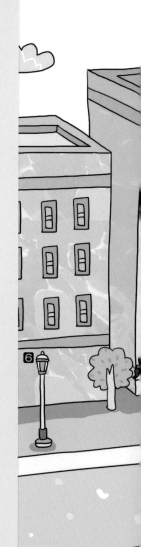

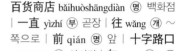

怎么走? 어떻게 갑니까?

태희 　请问，去 现代 百货商店 怎么 走?
　　　Qǐng wèn, qù Xiàndài bǎihuòshāngdiàn zěnme zǒu?

행인 　一直 往 前 走，到 十字路口 向 左 拐。
　　　Yìzhí wǎng qián zǒu, dào shízìlùkǒu xiàng zuǒ guǎi.

태희 　离 这儿 远 不 远?
　　　Lí zhèr yuǎn bu yuǎn?

행인 　有点儿 远。你 可以 打的 去 那儿。
　　　Yǒudiǎnr yuǎn.　Nǐ kěyǐ dǎdí qù nàr.

태희 　谢谢。
　　　Xièxie.

행인 　不 客气。
　　　Bú kèqi.

태희: 말씀 좀 여쭤보겠습니다. 시엔따이백화점에 어떻게 가나요?
행인: 앞으로 쭉 가시다 사거리에서 좌회전하세요.
태희: 여기서 멀어요?
행인: 약간 멉니다. 택시 타고 가도 돼요.
태희: 감사합니다.
행인: 천만에요.

📖 **단어** 🎧 Track 119

百货商店 bǎihuòshāngdiàn 몡 백화점
| **一直** yìzhí 뷔 곧장 | **往** wǎng 개 ~
쪽으로 | **前** qián 몡 앞 | **十字路口**
shízìlùkǒu 몡 사거리 | **向** xiàng 개 ~을
향하여 | **左** zuǒ 몡 왼쪽 | **拐** guǎi 동 방
향을 바꾸다 | **有点儿** yǒudiǎnr 조금 |
打的 dǎdí 택시 타다

📖 **알아두기**

● 走는 걷다는 뜻 외에 가다의 뜻이
있습니다. 去는 특정 장소에 감을 강
조하고, 走는 가는 행위를 강조합니
다. 去学校 (○) 走学校 (×)
到는 도착지점을 나타내는 반면 离는
기점에서부터의 거리를 나타냅니다.

离这儿远
不远?

有点儿远。

过来吧！ 이리 와!

태희	喂，董丽？
	Wéi, Dǒng Lì?

동리	是 泰希? 你 在 哪儿?
	Shì Tàixī?　Nǐ zài nǎr?

태희	我 在 百货商店 的 门口。你 呢?
	Wǒ zài bǎihuòshāngdiàn de ménkǒu.　Nǐ ne?

동리	我 在 你 的 对面。过来 吧!
	Wǒ zài nǐ de duìmiàn.　Guòlai ba!

태희	好。等 一会儿。
	Hǎo.　Děng yíhuìr.

태희 : 여보세요, 동리?
동리 : 태희니? 어디야?
태희 : 백화점 입구에 있어. 넌?
동리 : 네 맞은 편에 있어. 건너와.
태희 : 응, 잠시만 기다려.

단어　Track 121

门口 ménkǒu ⑲ 입구 | 对面 duìmiàn
⑲ 맞은편 | 过来 guòlai ⑧ 오다 | 一
会儿 yíhuìr ⑲ 짧은 시간

알아두기

● '在 + 장소 + 的 + 방위사'
방위사를 써서 위치를 표현하며, '~
의 ~쪽에 있다'로 해석합니다.

· 邮局在学校的右边。
　Yóujú zài xuéxiào de yòubian.
　우체국은 학교의 오른쪽에 있다.

· 上边(shàngbian, 위쪽)
　下边(xiàbian, 아래쪽)

· 左边(zuǒbian, 왼쪽)
　右边(yòubian, 오른쪽)

· 里边(lǐbian, 안쪽)
　外边(wàibian, 바깥쪽)

· 旁边(pángbiān, 옆쪽)

· 东边(dōngbian, 동쪽)
　西边(xībian, 서쪽)
　南边(nánbian, 남쪽)
　北边(běibian, 북쪽)

我要烫发 파마할 거에요

미용사
欢迎 光临! 你 要 剪 还是 烫?
Huānyíng guānglín! Nǐ yào jiǎn háishi tàng?

태희
我 要 烫发。
Wǒ yào tàngfà.

미용사
不好意思。 今天 人 太 多, 你 得 等
Bù hǎo yìsi. Jīntiān rén tài duō, nǐ děi děng

三十 分钟。
sānshí fēnzhōng.

태희
没 关系。
Méi guānxi.

미용사 : 어서오세요. 컷 하실건가요, 파마하실건가요?
태희 : 파마하려고요.
미용사 : 미안합니다. 오늘은 사람이 많아서 30분은 기다리셔야 합니다.
태희 :   괜찮습니다.

단어 Track 123

欢迎光临 huānyíng guānglín 방문해
주셔서 감사합니다 | **烫发** tàngfà (통) 파
마하다 | **得** děi (조동사) ~해야 한다

알아두기

● **미용실에 가면**
• 美容室 měiróngshì 미용실
• 剪头发 jiǎn tóufà 머리 자르다
• 染发 rǎnfà 염색하다
• 吹风 chuīfēng 드라이하다

● **得** děi
조동사로 '~해야 한다'의 뜻을 가
집니다. 부정형은 不用(~할 필요
없다)이며, 不得로는 쓰지 않습
니다.

不好意思!

没关系。

你要什么样的发型? 어떤 헤어스타일을 원하세요?

미용사 你 要 什么样 的 发型?
Nǐ yào shénmeyàng de fàxíng?

태희 我 觉得 李 英爱 的 发型 很 不错。
Wǒ juéde Lǐ Yīng'ài de fàxíng hěn búcuò.

我 要 那个。
Wǒ yào nàge.

미용사 好。 你们 先 上 去 吧。 那儿 有 舒适
Hǎo。 Nǐmen xiān shàngqù ba。 Nàr yǒu shūshì

的 沙发, 还 有 饮料。
de shāfā, hái yǒu yǐnliào.

태희 谢谢。 董丽, 我们 上去 吧。
Xièxie。 Dǒng Lì, wǒmen shàngqù ba.

미용사 : 어떤 헤어스타일을 원하세요?
태희 :   이영애의 헤어스타일이 참 예쁜 것 같아요. 그걸로요.
미용사 : 알겠습니다. 먼저 올라가십시오.
        거기 편안한 소파와 음료가 있습니다.
태희 :   고맙습니다. 동리야 우리 올라가자.

 단어 Track 125

什么样 shénmeyàng (대) 어떠한 모양 |
发型 fàxíng (명) 헤어스타일 | 李英爱
Lǐ Yīng'ài (인명) 이영애 | 上 shàng (명)
위 | 舒适 shūshì (형) 편안하다 | 沙发
shāfā (명) 소파

알아두기

● 什么样

什么样(어떤, 어떠한)은 명사를 수
식하는 구조로 쓰입니다.
· 他是什么样的人?
  Tā shì shénmeyàng de rén?
  그는 어떤 사람이니?

1. 방법을 묻는 怎么

怎么는 동사와 결합하여 방법을 묻습니다. '어떻게 ~해?' 라고 해석합니다.

怎么 + 동사

- 这个汉字真难，怎么读? 이 한자 정말 어렵다. 어떻게 읽니?
  Zhège hànzì zhēn nán， zěnme dú?

- 这道菜，怎么吃? 이 요리는 어떻게 먹어요?
  Zhè dào cài， zěnme chī?

2. 방향을 나타내는 往/向

往과 向은 모두 방향을 나타내는 말로 '~쪽으로' 라고 해석합니다. 向은 구체적 방향뿐 아니라 추상적인 의미로도 쓰여 往보다 더 포괄적입니다.

- 到第二个十字路口往右拐。두 번째 사거리에서 우회전하세요.
  Dào dì èr ge shízì lùkǒu wǎng yòu guǎi.

- 我向你道歉。당신에게 사과하겠습니다.
  Wǒ xiàng nǐ dàoqiàn。

3. 방향 + 来/去

1) 来와 去는 방향을 나타내는 말과 결합하여 방향성을 표현할 수 있습니다.

	上	下	进	出	回	过	起
来 오다	上来 올라오다	下来 내려오다	进来 들어오다	出来 나오다	回来 돌아오다	过来 건너오다	起来 일어나다
去 가다	上去 올라가다	下去 내려가다	进去 들어가다	出去 나가다	回去 돌아가다	过去 건너가다	

· 快下来！얼른 내려와!
　　Kuài xiàlai!

2) 목적어가 있는 경우

　　방향사 + 목적어 + 来/去

· 我妈妈已经回韩国去了。저희 어머니는 이미 한국으로 돌아가셨습니다.
　　Wǒ māma yǐjīng huí Hánguó qù le.

4. 정도를 나타내는 부사

太不	不太	有点儿	很	非常	太	最
tài bù	bú tài	yǒudiǎr	hěn	fēicháng	tài	zuì
정말 ~않다	그다지 ~않다	약간	(보통)	매우	너무	가장

· 你的想法太不好。네 생각 정말 나빠.
　　Nǐ de xiǎngfǎ tài bù hǎo.

· 我有点担心。약간 걱정돼.
　　Wǒ yǒudiǎn dānxīn.

 단어

汉字 hànzì 몡 한자 | 读 dú 동 읽다 | 道 dào 양 요리를 세는 양사 | 菜 cài 몡 요리 | 道歉 dàoqiàn 동 사죄하다 | 快 kuài 혱 빠르다 | 부 빨리 | 下 xià 몡 아래 | 回 huí 동 되돌아가다 | 想法 xiǎngfǎ 몡 생각

为什么 (웨이션머)

"우리 MT가 취소되었대", "짠돌이 왕 선생님이 밥을 사신대"
~ 라는 말을 들었을 때 그 이유가 궁금하지 않을 수 없습니다.
이럴 때 쓸 수 있는 표현으로 为什么가 있습니다.

● 为什么는 원인이나 목적을 물어볼 때 사용할 수 있는 단어로 '왜', '어째서' 라는 뜻을 가집니다.

A: 她不在，昨天去中国。안 계십니다. 어제 중국 가셨습니다.
　 Tā bú zài,　zuótiān qù Zhōngguó.

B: 为什么? 왜요?
　 Wèishénme?

A: 给我看你的作业。숙제 좀 보여줘.
　 Gěi wǒ kàn nǐ de zuòyè.

B: 为什么? 要抄我的? 왜? 내 것 베끼게?
　 Wèishénme? Yào chāo wǒ de?

A: 妈妈为什么生病? 엄마는 왜 병이 나셨어?
　 Māma wèishénme shēngbìng?

B: 昨天和爸爸吵架。어제 아빠와 다투셨어.
　 Zuótiān hé bàba chǎojià.

● 为什么는 단독으로 쓰이기도 하지만, 서술어 앞에 쓰여 구체적으로
질문을 할 수 있습니다.

단어

不在 bú zài ~에 있지 않다 | 给 gěi 개
~에게 | 作业 zuòyè 명 숙제 | 抄 chāo
동 베끼다 | 生病 shēngbìng 동 병이
나다 | 和 hé 개 ~와 | 吵架 chǎojià
동 말다툼하다

중국의 가정

중국의 가정은 대다수가 부부와 자녀로 이루어진 핵가족 형태 입니다. 중국은 우리와 달리 일찌감치 남존여비의 전통적 관념을 깨고 여성의 지위를 남성과 동등한 수준까지 끌어올렸습니다. 중국에서 半边天(하늘의 반쪽)이란 말은 이렇게 사회, 가정에서 남성과 같은 목소리를 내는 여성을 가리키는 말로 통하고 있습니다. 집안의 모든 일은 서로 의논하여 처리하고, 가사노동 역시 부부가 함께 해 나가는 것은 이미 보편적인 현상이 되었습니다.

중국은 1980년을 전후해서 산아제한 정책을 실시하기 시작하였습니다. 소수민족을 제외하고, 인구의 90% 이상인 한족에게 아들 딸 구분없이 한 자녀만 낳도록 강요하는 정책으로, 현대 중국 사회의 특징을 결정짓는데 중요한 역할을 하고 있습니다.

80년 대 이후 태어난 独生子女(외동아들, 외동딸)들은 경제성장과 더불어 풍족한 가정에서 지나치게 많은 사랑을 받으며 성장하여 자기 중심적이며 아낄 줄 모르는 경향이 강합니다. 이들의 성장과 함께 小皇帝(소황제)와 같은 말도 등장하였습니다.

你去过颐和园吗?

이화원 가봤니?

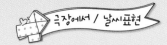
극장에서 / 날씨표현

징징이 예리에게 颐和园에 가자고 제안한다.

엥! 雨가 下하잖아.

이런 날은 电影院가서 爆玉米花 먹으며 电影 한 편 보는 것이 제격이지.

- 颐和园 Yíhéyuán 이화원 ▪ 雨 yǔ 비 ▪ 下 xià 내리다 ▪ 电影院 diànyǐngyuàn 극장
- 爆玉米花 bàoyùmǐhuā 팝콘 ▪ 电影 diànyǐng 영화

电影院 영화관
diànyǐngyuàn

1 영화관 电影院 diànyǐngyuàn
2 매표소 售票处 shòupiàochù
3 스크린 银幕 yínmù
4 좌석 座席 zuòxí
5 팝콘 爆玉米花 bàoyùmǐhuā
6 배우 演员 yǎnyuán
7 감독 导演 dǎoyǎn

没去过 안 가봤어

징징　睿莉，你 去 过 颐和园 吗？
Ruìlì, nǐ qù guo Yíhéyuán ma?

예리　没 去 过。
Méi qù guo.

징징　那么，这个 星期五 我们 一起 去 逛
Nàme, zhège xīngqīwǔ wǒmen yìqǐ qù guàng

颐和园 吧！
Yíhéyuán ba!

예리　好。现在 我们 先 去 吃饭 吧，饿 死 了。
Hǎo. Xiànzài wǒmen xiān qù chīfàn ba, è sǐle.

징징　走 吧。
Zǒu ba.

징징 : 예리야, 이화원에 가본 적 있니 ?
예리 : 가본 적 없어 .
징징 : 그럼 , 이번 주 금요일 이화원에 같이 가자 .
예리 : 좋아 , 먼저 밥부터 먹으러 가자 . 배고파 죽겠어 .
징징 : 가자 .

단어 Track 128

过 guo 조 ～한 적 있다 | 逛 guàng 동 (밖으로 나가) 거닐다. 노닐다 | 颐和园 Yíhéyuán 지명 이화원 | 饿 è 형 배고 프다 | 死了 sǐle 죽겠다

알아두기

● **死了 죽겠다**

死了는 형용사 뒤에 쓰여 정도가 심함을 표현하는데, '～해 죽겠다, 매우 ～하다'라고 해석하면 됩니다. 死了는 부정적 느낌을 전달하는 반면, 极了는 긍정적 느낌을 전달합니다.

· 好极了! 정말 좋다!
· 高兴极了! 아주 기뻐!

你去过颐和园吗?

没去过。

去过两次 두 번 가봤어

징징　泰希！你好！
Tàixī! Nǐ hǎo!

태희　晶晶！好久不见！
Jīngjīng!　Hǎojiǔ bú jiàn!

징징　我打算和睿莉一起去颐和园。
Wǒ dǎsuan hé Ruìlì yìqǐ qù Yíhéyuán.

　　　我们一起去吧。
Wǒmen yìqǐ qù ba.

태희　对不起，我已经去过两次了。
Duìbùqǐ, wǒ yǐjing qù guo liǎng cì le.

　　　你们两个人去吧。
Nǐmen liǎng ge rén qù ba.

 단어 Track 130

打算 dǎsuan 동 ～할 계획이다 명 계획

 알아두기

● 打算

打算은 동사로 '～할 계획이다' 라는 뜻 외에도, 명사로 '계획' 의 의미를 가집니다.

· 你有什么打算? 무슨 계획 있어?
Nǐ yǒu shénme dǎsuan?

징징 : 태희야 안녕 !
태희 : 징징 , 오랜만이야 .
징징 : 예리와 함께 이화원에 갈 계획이야 .
　　　 우리 함께 가자 .
태희 : 미안해 , 벌써 두 번 가봤어 . 너희 둘이 가렴 .

下着雨呢！ 비가 오잖아!

예리 糟糕 了！下 着 雨 呢！
Zāogāo le! Xià zhe yǔ ne!

징징 今天 我们 不 能 去 颐和园 了。
Jīntiān wǒmen bù néng qù Yíhéyuán le.

예리 那 怎么办?
Nà zěnmebàn?

징징 我们 还是 去 电影院 看 电影 吧。
Wǒmen háishi qù diànyǐngyuàn kàn diànyǐng ba.

예리 你 喜欢 看 什么样 的 电影? 动作片
Nǐ xǐhuan kàn shénmeyàng de diànyǐng? Dòngzuòpiàn

还是 科幻片?
háishi kēhuànpiàn?

징징 动作片 好。
Dòngzuòpiàn hǎo.

예리: 큰일났네. 비가 오잖아！
징징: 오늘 이화원에 못 가겠다.
예리: 그럼 어쩌지？
징징: 영화관 가서 영화나 보자.
예리: 어떤 영화를 좋아해？액션 아니면 SF？
징징: 액션이 낫겠다.

단어 · Track 132

下 xià (동) 내리다, 떨어지다 | 着 zhe (조) ～하고 있는 중이다. ～하고 있다 | 雨 yǔ (명) 비 | 怎么办 zěnmebàn 어떻게 하지 | 电影院 diànyǐngyuàn (명) 극장 | 电影 diànyǐng (명) 영화 | 动作片 dòngzuòpiàn (명) 액션영화 | 科幻片 kēhuànpiàn (명) SF영화

알아두기

● 영화 종류

· 恐怖片 kǒngbùpiàn 공포
· 爱情片 àiqíngpiàn 멜로
· 动画片 dònghuàpiàn 에니메이션
· 喜剧片 xǐjùpiàn 코메디
· 纪录片 jìlùpiàn 다큐멘터리

站着吃 서서 먹을래

징징 排队 的 人 太 多。
Páiduì de rén tài duō.

예리 我 在 这儿 排队，你 去 买
Wǒ zài zhèr páiduì, nǐ qù mǎi

爆玉米花 和 可乐 吧。
bàoyùmǐhuā hé kělè ba。

징징 好。
Hǎo.

예리 我们 还 得 等 30 分钟。
Wǒmen hái děi děng sānshí fēnzhōng.

징징 我 肚子 饿，我 要 站 着 吃
Wǒ dùzi è, wǒ yào zhàn zhe chī

爆玉米花。
bàoyùmǐhuā.

징징 : 줄을 서 있는 사람이 너무 많다.
예리 : 내가 줄 서 있을 테니, 팝콘과 콜라 사와.
징징 : 좋아.
예리 : 30 분 더 기다려야 돼.
징징 : 배고프다. 서서 팝콘이나 먹을래.

 단어 Track 134

排队 páiduì ⑧ 줄을 서다 | 爆玉米花
bàoyùmǐhuā ⑲ 팝콘 | 可乐 kělè ⑲
콜라 | 和 hé ㉙ ~와 | 站 zhàn ⑧ 서다

1. 경험을 나타내는 过

过는 동사 뒤에서 경험의 의미를 나타내어 '~한 적이 있다' 라고 해석합니다.

주어 + 동사 + 过 (+ 목적어)

- 我听过那首歌儿。
  Wǒ tīng guo nà shǒu gēr.
  그 음악 들어본 적 있어요.

- 我见过裴勇俊。
  Wǒ jiàn guo Péi Yǒngjùn.
  배용준을 본 적이 있어요.

2. 부정문 만들기

부정을 나타내는 没 또는 没有를 동사 앞에 붙여서 아직 경험이 없음을 표현합니다.

이 때 过는 생략하지 않습니다.

주어 + 没 + 동사 + 过 (+ 목적어)

- 智友没看过那部电影。
  Zhìyǒu méi kàn guo nà bù diànyǐng.
  지우는 그 영화를 본 적이 없습니다.

- 真奇怪，我还没看过他的缺点。
  Zhēn qíguài, wǒ hái méi kàn guo tā de quēdiǎn.
  정말 이상해, 아직 그의 단점을 본 적이 없어.

■ 회화에서는 목적어를 앞으로 빼내어 사용하는 경우가 많습니다.

- 上海，我还没去过。
  Shànghǎi, wǒ hái méi qù guo. 상하이는 아직 가보지 못했어요.

3. 의문문 만들기

吗를 활용하거나 有没有를 사용하여 선택의문문을 만들 수 있습니다. 또한 의문사를 활용하여 의문문을 만들 수 있습니다.

주어 + 동사 + 过 (+ 목적어) + 吗？

주어 + 有没有 + 동사 + 过 (+ 목적어)?

- 泰希来过这儿吗？
  Tàixī lái guo zhèr ma?
  태희가 여기 와본 적 있니?

- 叔叔，你有没有吃过上海菜？
  Shūshu, nǐ yǒu méiyǒu chī guo Shànghǎi cài?
  아저씨 상하이 요리를 드셔본 적 있어요?

4. 동작의 횟수

동사 뒤에 횟수나 시간을 나타내는 말을 써서 동작의 양을 표현할 수 있습니다.

- 我妈妈去过一次广州。
  Wǒ māma qù guo yí cì Guǎngzhōu.
  어머니는 광저우에 한 번 가신 적이 있습니다.

- 那本书，我看了两遍。
  Nà běn shū, wǒ kàn le liǎng biàn.
  그 책, 두 번 봤어.

- 她男朋友已经等了半个小时。
  Tā nán péngyou yǐjīng děng le bàn ge xiǎoshí. 그녀의 남자친구는 이미 30분이나 기다렸어.

次는 동작의 일회성을, 遍은 처음부터 끝까지 한 차례를 가리킵니다.
시간의 양을 나타낼 때는 小时(시간)와 分钟(분)을 써 표현합니다.

5. 지속을 나타내는 着

着는 동사 뒤에 쓰여 동사의 상태나 상황이 지속되고 있음을 표현합니다. 특히 지속되는 느낌을 전달해주는 어기조사 '呢'와 함께 쓰입니다.

- 他打着电话呢。
  Tā dǎ zhe diànhuà ne. 걔 전화하고 있어.

- 雪还下着呢。
  Xuě hái xià zhe ne. 눈이 아직 내리고 있어.

■ 着는 두가지 동작을 설명할 때도 사용합니다.

- 妈妈躺着看书。
  Māma tǎng zhe kànshū.
  엄마는 누워서 책을 봐.

- 我们俩吃着聊天儿吧！
  Wǒmen liǎ chī zhe liáotiānr ba!
  우리 먹으면서 이야기 하자!

단어

首 shǒu (양) '시'나 '노래'를 세는 양사 | 歌儿 gēr (명) 노래 | 裴勇俊 Péi Yǒngjùn (인명) 배용준 | 智友 Zhìyǒu (인명) 지우 | 部 bù (양) '서적'이나 '영화'를 세는 양사, 편, 부 | 奇怪 qíguài (형) 이상하다 | 缺点 quēdiǎn (명) 결점 | 上海 Shànghǎi (지명) 상하이 | 叔叔 shūshu (명) 삼촌 | 广州 Guǎngzhōu (지명) 꽝앙저우 | 遍 biàn (양) 번, 회 | 半 bàn (명) 절반 | 小时 xiǎoshí (명) 시간 | 雪 xuě (명) 눈 | 躺 tǎng (동) 눕다 | 俩 liǎ (수) 두 사람 | 聊天儿 liáotiānr (동) 수다 떨다 | 阿姨 āyí (명) 아주머니

请 (칭)

☆ 길을 찾아가다 묻고 싶을 때 '말씀 좀 묻겠습니다'
☆ 손님이 찾아왔을 때 '들어오세요'
☆ 누군가를 기다리게 할 때 '잠깐만 기다려 주세요'

일상생활에서 늘 남에게 부탁할 일이 생기게 마련이지요.
낯선 환경에서는 더 말할 것도 없을 것입니다.
그런데 정중히 부탁하는 말을 모른다면 눈앞이 캄캄해질 것입니다.
이럴 때 중국어에서는 '请(qǐng)' 한 글자면 OK!

● 请의 기본적인 의미는 ①부탁하다, 권유하다 ② 초대하다 입니다.
보통 请+동사, 请+사람+동사의 형식으로 쓰지만, 请이라 하면서 손으로 의자를 가리키면 请坐(qǐng zuò 앉으세요), 잔을 가리키면 请喝茶(qǐng hē chá 차 드세요)가 될 수 있는 간편하면서도 유용한 단어입니다.

A 请问，文化大学在哪儿?
말씀 좀 묻겠습니다 . 원화대학이 어디입니까 ?
Qǐng wèn, Wénhuà dàxué zài nǎr?

B 在那个公园后边。저 공원 뒤편에 있습니다 .
Zài nàge gōngyuán hòubian.

A 李先生在吗? 리 선생님 계십니까 ?
Lǐ xiānsheng zài ma?

B 在，请进。네 , 들어오세요 .
Zài, qǐng jìn.

A 我们现在上车吧。지금 차에 탑시다 .
Wǒmen xiànzài shàngchē ba.

B 请你等一等。조금만 기다려 주십시오 .
Qǐng nǐ děng yi děng.

 알아두기

● 请은 초대하다, 대접하다라는 뜻
으로도 쓰입니다.

今天谁请我们吃饭?
Jīntiān shéi qǐng wǒmen chīfàn?
오늘 누가 우리에게 밥을 삽니까?

他请您。그가 당신을 초청하였습니다.
Tā qǐng nín.

 단 어

先生 xiānsheng 명 선생 | 进 jìn 통 들
어오다 | 文化大学 Wénhuà dàxué 명
원화대학 | 公园 gōngyuán 명 공원 |
后 hòu 명 뒤 | 边 biān 명 측 | 谁 shéi
대 누구

중국인의 선물 예절

중국인에게 시계 선물은 하지 말아라, 중국친구와 배를 나눠 먹지 말아라. 중국에 관심이 있는 사람이라면 누구나 한번쯤 이런 얘기는 들어봤을 것입니다. 왜 그럴까요?

중국어의 시계는 钟(zhōng)으로 죽다는 뜻의 终(zhōng)과 발음이 같기 때문에 시계를 선물한다는 것은 상대방이 죽기를 바라는 뜻으로 비추어질 수 있습니다. 또한 배(梨, lí)는 떠남의 뜻을 지닌 离(lí)와 발음이 같습니다. 그래서 둘이 배를 나누어 먹는 것(分梨)은 이별함(分离)을 의미합니다.

문병을 갈 때는 복숭아를 많이 사가는데 복숭아(桃, táo)가 병이 빨리 도망(逃, táo)가길 바란다는 희망을 전달할 수 있기 때문입니다.

그 밖에 물고기(鱼, yú)는 여유로울 余(yú)와 발음이 같아 복을 나타냅니다. 식사할 때 생선을 뒤집는 것은 복을 쫓아내는 것으로 보기 때문에 절대 해서는 안 될 예절입니다.

요즘 젊은이들은 위와 같은 전통을 개의치 않지만, 연세가 높은 중국인들에게는 실례가 될 수 있는 예절이므로 주의하셔야 합니다.

16

我是从英国来的

영국에서 왔어

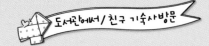
도서관에서/ 친구 기숙사방문

 태희, 예리에게 英国朋友 잭을 소개하는데, 예리가 紧张한다. '英语로 인사를 해야 하나, 汉语로 해야 하나' 괜찮아, 잭은 汉语를 잘한단다. 不要紧张！

- 英国朋友 Yīngguó péngyou 영국친구　■ 紧张 jǐnzhāng 긴장　■ 英语 Yīngyǔ 영어
- 汉语 Hànyǔ 중국어　■ 不要紧张 búyào jǐnzhāng 긴장하지 마

国家 나라
guójiā

1	한국	韩国	Hánguó
2	중국	中国	Zhōngguó
3	일본	日本	Rìběn
4	미국	美国	Měiguó
5	영국	英国	Yīngguó
6	독일	德国	Déguó
7	프랑스	法国	Fǎguó
8	러시아	俄罗斯	Éluósī
9	인도	印度	Yìndù
10	브라질	巴西	Bāxī

你会说汉语 중국어 할 줄 아네

태희　睿莉，这是杰克。
　　　Ruìlì, zhè shì Jiékè.

예리　Hi! Jack!

태희　杰克，这是我朋友睿莉。
　　　Jiékè, zhè shì wǒ péngyou Ruìlì.

잭　你好！认识你很高兴。
　　Nǐ hǎo!　Rènshi nǐ hěn gāoxing.

예리　你会说汉语？
　　　Nǐ huì shuō Hànyǔ?

잭　是的。用汉语更方便。
　　Shì de.　Yòng Hànyǔ gèng fāngbiàn.

태희: 예리야, 잭이야.
예리: Hi, Jack!
태희: 잭, 제 친구 예리에요.
잭: 안녕하세요. 알게 되어 기쁩니다.
예리: 중국어를 하시네요?
잭: 네, 중국어가 더 편해요.

단어 Track 137

杰克 Jiékè [인명] 잭 | 会 huì [조동] ~
할 수 있다 | 更 gèng [부] 더욱 | 方便
fāngbiàn [형] 편리하다

알아두기

● '这是~'
소개를 할 때 자주 사용되는 표현
입니다.

● 부사 更
'더욱'이라는 뜻으로 비교의 의미
를 갖습니다.

你好！

Hi, Jack!

这是杰克！

162

我是从英国来的 영국에서 왔어요

예리 **你 是 从 哪儿 来 的?**
Nǐ shi cóng nǎr lái de?

잭 **我 是 从 英国 伦敦 来 的。**
Wǒ shi cóng Yīngguó Lúndūn lái de.

예리 **你 也 是 韩国人 吧?**
Nǐ yě shi Hánguórén ba?

잭 **是 的。**
Shì de.

예리 **在 中国 待 了 多 长 时间?**
Zài Zhōngguó dāi le duō cháng shíjiān?

잭 **我 是 两 个 月 前 来 的。**
Wǒ shi liǎng ge yuè qián lái de.

예리 : 어디에서 오셨어요?
잭 : 영국 런던에서 왔어요.
예리 : 당신도 한국인이시죠?
잭 : 네.
예리 : 중국에 얼마나 계셨어요?
잭 : 두 달 전에 왔어요.

 단어 Track 139

从 cóng 〔개〕 ~로 부터 | **英国 Yīngguó** 〔지명〕 영국 | **伦敦 Lúndūn** 〔지명〕 런던 | **待 dāi** 〔동〕 머무르다, 체류하다 | **长 cháng** 〔형〕 길다

알아두기

● **어기조사 吧**

吧는 권유나 제의의 의미도 있지만, 추측의 의미로도 쓰이는 어기조사입니다.

· 你去医院吧。병원에 가보렴.(제의)
  Nǐ qù yīyuàn ba.

· 你去过那个医院吧。
  Nǐ qù guo nàge yīyuàn ba.
  그 병원에 가본 적 있지? (추측)

● **多 얼마나**

多는 '많다'는 의미의 형용사이기도 하지만, 일반적으로 多大, 多远 등 단음절 형용사와 함께 의문문을 구성하여 '얼마나'의 뜻을 가지기도 합니다.

我给你一张名片 명함 드릴게요

예리 **你 在 哪儿 工作?**
Nǐ zài nǎr gōngzuò?

잭 **我 在 北京 大学 教 英文。我 在 那儿**
Wǒ zài Běijīng dàxué jiāo Yīngwén.　Wǒ zài nàr

　　读 博士。一边 挣钱，一边 学习。
dú bóshì.　Yìbiān zhèngqián, yìbiān xuéxí.

예리 **是 吗? 我 也 在 北京 大学 学 汉语。**
Shì ma?　Wǒ yě zài Běijīng dàxué xué Hànyǔ.

잭 **我 给 你 一 张 名片。有 空 的 时候，**
Wǒ gěi nǐ yì zhāng míngpiàn.　Yǒu kòng de shíhou,

　　给 我 打 电话。我们 一起 吃 一 顿 饭 吧。
gěi wǒ dǎ diànhuà.　Wǒmen yìqǐ chī yí dùn fàn ba.

예리 **好!**
Hǎo!

예리 : 어디에서 일해요?
잭 : 베이징 대학에서 영어를 가르치고 있어요.
　　거기서 박사과정에 있어요. 돈도 벌면서 공부도 하지요.
예리 : 그래요? 저도 베이징 대학에서 중국어를 배우고 있어요.
잭 : 명함 한장 드릴게요. 시간 있을 때 전화주세요. 같이 한 끼 해요.
예리 : 좋습니다.

📖 단어 Track 141

北京大学 Běijīng dàxué 명 베이징 대학 | **英文** Yīngwén 명 영어 | **读** dú 동 공부하다 | **博士** bóshì 명 박사 | **一边** yìbiān A **一边** B 부 한편으로 A하면서 B하다 | **挣钱** zhèngqián 동 돈을 벌다 | **张** zhāng 양 종이를 세는 양사 | **空** kòng 명 틈, 겨를 | **的时候** de shíhou ~일 때 | **给** gěi 개 ~에게 | **打电话** dǎ diànhuà 전화하다 | **顿** dùn 양 번, 차례, 끼

📖 알아두기

● **给**

给는 '주다'는 의미의 동사 이외에도, 개사(전치사)로 쓰여 '~에게' 라고 해석하고 뒤에 대상이 나옵니다.

给你添麻烦了。 폐를 끼쳤습니다.
Gěi nǐ tiān máfan le.

我们一起去吃饭吧！

好！

快要国庆节了 곧 국경절이네요

예리 请 问, 杰克 在 吗?
Qǐng wèn, Jiékè zài ma?

잭 睿莉, 你 好, 你 来 找 我 吧?
Ruìlì, nǐ hǎo, nǐ lái zhǎo wǒ ba?

请 进, 欢迎 你。
Qǐng jìn, huānyíng nǐ.

예리 我 是 不 是 耽误 你 的 时间?
Wǒ shì bu shì dānwu nǐ de shíjiān?

잭 没有。
Méiyǒu.

예리 快要 国庆节 了, 你 有 没有 打算?
Kuàiyào guóqìngjié le, nǐ yǒu méiyǒu dǎsuan?

잭 我 要 暂时 回国, 下 星期三 是 我
Wǒ yào zànshí huíguó, xià xīngqīsān shì wǒ

妈妈 的 生日。 你 去 过 英国 吗?
māma de shēngrì.　Nǐ qù guo Yīngguó ma?

예리 我 一 次 也 没 去 过。
Wǒ yí cì yě méi qù guo.

예리 : 저기, 잭 있어요?
잭 : 예리씨 안녕하세요. 절 찾아오셨죠?
들어오세요, 반가워요.
예리 : 제가 시간을 뺏은 것은 아닌지.
잭 : 아니에요.
예리 : 곧 국경절인데, 계획 있으세요?
잭 : 잠깐 귀국하려고요. 다음주 수요일이 어머니 생신이에요.
영국에 오신 적 있어요?
예리 : 한번도 가본 적 없어요.

단어 Track 143

找 zhǎo 동 찾다 | **欢迎** huānyíng 동
환영하다 | **耽误** dānwu 동 시간을 허비
하다 | **快要** kuàiyào 부 곧, 머지않아 |
国庆节 guóqìngjié 명 국경절 | **暂时**
zànshí 명 잠시

알아두기

●一次也没

한번도 없다는 것을 강조하고 있습
니다. 양사를 바꾸어 응용하여 쓸
수 있습니다.
・一个人也没来。
Yí ge rén yě méi lái.
한 명도 오지 않았어.

1. 会와 能

会와 能은 모두 가능을 나타내는 말로 '할 수 있다'라고 해석합니다. 하지만 쓰임에 차이가 있습니다. 会는 노력을 기울이거나 배워서 할 수 있는 경우에, 能은 능력이나 조건이 갖추어진 경우 혹은 어떤 능력을 잃어버렸다 되찾은 경우에 사용합니다.

> 我会打乒乓球。 탁구 칠 수 있어.
> Wǒ huì dǎ pīngpāngqiú.

> 丽丽能买那辆汽车。 리리는 그 차를 살 수 있습니다.
> Lìli néng mǎi nà liàng qìchē.

■ 会를 사용한다면, 가능성을 나타냅니다.

> 丽丽会买那辆汽车。 리리가 그 차를 살 수도 있다
> Lìli huì mǎi nà liàng qìchē.

> 今天身体有点不舒服，不能去工作。 오늘 몸이 좀 안 좋아서 일하러 갈 수 없습니다.
> Jīntiān shēntǐ yǒudiǎn bù shūfu, bù néng qù gōngzuò.

2. 강조의 是……的 용법

강조하고자 하는 내용을 是와 的 사이에 위치시켜 강조의 뜻을 전합니다. 일반적으로 시간, 장소, 목적, 방법이나 대상을 강조할 때 사용됩니다.

긍정문일 경우 是가 생략되기도 하지만, 부정문일 경우는 생략할 수 없습니다.

> 我是1980年出生的。 저는 1980년 생입니다. (시간)
> Wǒ shì yī jiǔ bā líng nián chūshēng de.

> 你是怎么做的? 어떻게 한 겁니까? (방법)
> Nǐ shì zěnme zuò de?

> 我不是跟爸爸来的。 저는 아버지와 함께 오지 않았어요. (대상)
> Wǒ búshi gēn bàba lái de.

3. 두 개의 목적어를 갖는 给

给(gěi 주다), 教(jiāo 가르치다), 问(wèn 묻다), 告诉(gàosu 알리다) 등의 동사는 목적어를 두 개 취하는데, 동사 + 대상 + 내용(물) 의 순서로 쓰이며, '～에게 ～하다'로 해석합니다.

> 王芳昨天告诉我这个消息。 왕팡이 어제 이 소식을 나에게 알려줬어.
> Wáng Fāng zuótiān gàosu wǒ zhège xiāoxi.

> 昨天我给我的老婆生日礼物。 어제 아내에게 생일선물을 했어.
> Zuótiān wǒ gěi wǒ de lǎopo shēngrì lǐwù.

4. 곧 일어날 일을 표현할 때 快……了

快……了는 어떤 상황이 곧 일어날 것을 표현하는 말로 '막 ～하려고 한다'고 해석합니다.
'快要……了', '就要……了' 역시 같은 뜻입니다.

> 飞机快要起飞了。 비행기가 이륙하려고 합니다.
> Fēijī kuàiyào qǐfēi le.

> 考试就要到了。 시험이 곧 닥친다.
> Kǎoshì jiùyào dào le.

● 她是我爱人。 세상에! 결혼한 사람이 애인이 있다니?

중국어의 爱人 àiren은 애인이 아니라 배우자를 지칭하는 말입니다. 남편이 아내를, 아내가 남편을 가리킬 수 있습니다.

그 밖에 아내를 가리키는 말로 妻子 qīzi, 老婆 lǎopo, 남편을 가리키는 말로 丈夫 zhàngfu, 老公 lǎogōng이 있습니다. 남의 아내에게 夫人 fūren이란 표현을 쓰면 상대를 높일 수 있지만, 남에게 자신의 아내를 소개할 때는 쓰지 않습니다.

辆 liàng 영 차를 세는 양사 | 汽车 qìchē 영 차 | 跟 gēn 개 ～와 | 王芳 Wáng Fāng 인명 왕팡 | 消息 xiāoxi 영 소식 | 老婆 lǎopo 영 아내 | 礼物 lǐwù 영 선물 | 飞机 fēijī 영 비행기 | 起飞 qǐfēi 동 이륙하다

祝你 (쭈 니)

☆ 오늘 생일이라구? '생일 축하해'
☆ 오늘 중요한 축구 시합이 있는 친구에게 '승리하길 바래'
☆ 주말마다 하는 인사, '주말 즐겁게 보내세요'

祝你 zhù nǐ~ 는 '당신이 ~하길 바랍니다'의 뜻으로 쓰입니다.
남의 축복을 기원해주는 말 한마디로 따뜻한 인상을 전달해 보세요.

A 已经十点了。我们回家吧。 벌써 10시다. 집에 가자.
　 Yǐjing shí diǎn le.　　Wǒmen huíjiā ba.

B 好。祝你做个好梦。 그래. 좋은 꿈 꿔.
　 Hǎo.　　Zhù nǐ zuò ge hǎo mèng.

A 今天我有一个重要的考试。 오늘 중요한 시험이 하나 있어요.
　 Jīntiān wǒ yǒu yí ge zhòngyào de kǎoshì.

B 祝你成功。 성공하길 바래요.
　 Zhù nǐ chénggōng.

 알아두기

● 祝 뒤에 你们、大家 등 기원하는 대상이 올 수 있습니다.

A 祝你们周末愉快! 여러분 주말 즐겁게 보내세요.
　 Zhù nǐmen zhōumò yúkuài!

A 老师，星期五我们回国。 선생님, 금요일에 저희 귀국합니다.
　 Lǎoshī, xīngqīwǔ wǒmen huíguó.

B 祝大家一路平安。 다들 가시는 길이 평안하길 바래요.
　 Zhù dàjiā yílù píng'ān.

 단어

回家 huíjiā (동) 집으로 돌아가다 | 做梦 zuòmèng (동) 꿈을 꾸다 | 重要 zhòngyào (형) 중요하다 | 周末 zhōumò (명) 주말 | 愉快 yúkuài (형) 즐겁다, 기쁘다 | 一路平安 yílù píng'ān 가시는 길이 평안하길 빕니다.

중국인의 색깔과 숫자

중국인이 가장 좋아하는 숫자는 무엇일까요? 바로 8(八, bā)! 8은 중국인에게 재물을 거둬들임(发财, fācái)을 의미합니다. 그 밖에 중국인이 좋아하는 숫자로는 9(九, jiǔ)와 6(六, liù)가 있는데, 9는 久(jiǔ, 오래 가다), 6은 流(liú, 순조롭다)와 발음이 비슷하기 때문입니다. 반면 三(sān)은 散(sàn, 헤어지다)을, 四(sì)는 死(sǐ, 죽다)를, 七(qī)는 气(qì, 성나다)를 연상시켜 좋아하지 않습니다.

중국인들은 붉은 색을 좋아합니다. 어디에서나 붉은 간판과 인테리어를 쉽게 볼 수 있습니다.

중국인들이 그토록 붉은 색을 선호하는 이유는 무엇일까요. 바로 붉은 색이 귀신을 물리쳐 준다고 생각하기 때문입니다. 그 외, 중국인에게 금색은 행운과 재물을, 은색은 장수를 의미합니다.

이와 반대로 노란 색은 음탕함을, 검정색은 죽음을 상징하여 부정적인 의미를 담고 있습니다.

17 我帮助你

내가 도와줄게

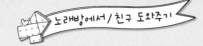 노래방에서 / 친구 도와주기

 오랜만에 동리와 통화한 예리,

동리가 곧 **搬家**를 한다니, 당연히 친한 친구로 **帮助**해야겠지.

뒷풀이로 **卡拉OK**? 동리가 한국문화를 좀 아는구나.

- **搬家** bānjiā 이사하다 ▪ **帮助** bāngzhù 돕다 ▪ **卡拉OK** kǎlā ok 노래방

超市 수퍼마켓
chāoshì

1	수퍼마켓	超市	chāoshì
2	과자	饼干	bǐnggān
3	초코렛	巧克力	qiǎokèlì
4	라면	方便面	fāngbiànmiàn
5	아이스크림	冰淇淋	bīngqílín
6	빵	面包	miànbāo
7	음료수	饮料	yǐnliào
8	채소	蔬菜	shūcài
9	고기	肉	ròu

那天见个面吧 그날 봐

예리	喂，董丽。我 是 睿莉。 Wéi, Dǒng Lì. Wǒ shì Ruìlì.
동리	啊，睿莉。好久 不 见。 Ā, Ruìlì. Hǎojiǔ bú jiàn. 最近 怎么样? Zuìjìn zěnmeyàng?
예리	很 好。你 呢? Hěn hǎo. Nǐ ne?
동리	我 很 忙。星期天 要 搬家。 Wǒ hěn máng. Xīngqītiān yào bānjiā.
예리	我 那天 可以 帮 你。 Wǒ nà tiān kěyǐ bāng nǐ.
동리	谢谢! Xièxie!
예리	不 谢!星期天 见 吧。 Bú xiè! Xīngqitiān jiàn ba.

예리 : 여보세요. 동리? 예리야.
동리 : 아, 예리. 오랜만이다. 요즘 어때?
예리 : 좋아. 너는?
동리 : 바빠. 일요일에 이사하려고.
예리 : 그날 도와줄 수 있어.
동리 : 고마워.
예리 : 고맙긴. 일요일날 봐.

 단어 Track 146

搬家 bānjiā 동 이사하다 | 帮 bāng 동
돕다 | 不谢 bú xiè 고맙긴

알아두기

● **이합동사** 搬家, 帮忙, 见面
모두 '동사+목적어'로 이루어진
동사입니다.

我要搬家。

我可以
帮你。

可以帮我搬一下吗? 옮기는 것 좀 도와줄 수 있니?

예리 晶晶, 你也来了。
Jīngjīng, nǐ yě lái le.

징징 睿莉, 你好。
Ruìlì, nǐ hǎo.

예리 这个桌子很脏, 可以帮我
Zhège zhuōzi hěn zāng, kěyǐ bāng wǒ

擦一下吗?
cā yíxià ma?

징징 好。还有别的吗?
Hǎo.　Hái yǒu bié de ma?

예리 没有。谢谢!
Méiyǒu.　　xièxie!

예리 : 징징도 왔네.
징징 : 예리야 안녕.
예리 : 이 테이블 더러운데 닦는 것 좀 도와줄 수 있겠니?
징징 : 좋아. 또 있어?
예리 : 아니. 고마워.

 단어  Track 148

搬 bān (동) 옮기다 | 桌子 zhuōzi (명) 탁자 | 脏 zāng (형) 더럽다 | 擦 cā (동) 닦다 | 别的 biéde (대) 다른 것

알아두기

● 帮/帮助 + 사람 + 동사구

帮/帮助는 뒤에 바로 목적어를 취할 수 있습니다. '누가 ~하게 도와주다'로 해석합니다.

・我帮你写信。
Wǒ bāng nǐ xiěxìn.
편지 쓰는 것을 돕겠습니다.

写 xiě 쓰다 | 信 xìn 편지

过得怎么样? 어떻게 지냈니?

동리
谢谢 晶晶、睿莉!
Xièxie jīngjīng、Ruìlì!

你们 帮 我 收拾 得 干干 净净!
Nǐmen bāng wǒ shōushi de gāngān jingjing!

태희
你们 好! 不 好 意思! 迟到 了。
Nǐmen hǎo! Bù hǎo yìsi! Chídào le.

동리
没 关系。
Méi guānxi.

징징
好久 不 见, 泰希! 过 得 怎么样?
Hǎojiǔ bú jiàn, Tàixī! Guò de zěnmeyàng?

태희
过 得 很 好。
Guò de hěn hǎo.

동리
我们 四 个 人 一起 去 卡拉 OK 唱歌,
Wǒmen sì ge rén yìqǐ qù kǎlāOK chànggē,

怎么样?
zěnmeyàng?

태희
好 主意!
Hǎo zhǔyi!

동리 : 징징, 예리 고마워. 깔끔하게 정리했구나.
태희 : 안녕 얘들아. 늦어서 미안해.
동리 : 괜찮아.
징징 : 오랜만이다 태희야. 어떻게 지내?
태희 : 잘 지내고 있어.
동리 : 우리 넷 함께 노래방 가서 노래하는 것 어때?
태희 : 굿아이디어!

 단어 Track 150

收拾 shōushi 동 정돈하다 | 得 de 조사
동사 및 형용사와 정도를 나타내어주는
보어를 연결 | 干净 gānjing 형 깨끗하
다 | 迟到 chídào 동 지각하다 | 过 guò
동 보내다 | 卡拉OK kǎlāOK 명 노래
방 | 唱 chàng 동 부르다 | 歌 gē 명 노
래 | 主意 zhǔyì 명 생각

알아두기

● '노래하러 노래방 가다'

우리말은 보통 목적을 앞에 위치시
키지만 중국어에서는 일반적으로 동
작의 발생 순서대로 위치시킵니다.

· 我妈妈去超市买东西。
  Wǒ māma qù chāoshì mǎi dōngxi.
  어머니는 물건을 사러 수퍼마켓에
  가십니다.

我们一起去卡拉OK!

好主意!

我唱得不太好 나 노래 별로야

동리　我 听说，你 唱 得 很 不错。
　　　Wǒ tīngshuō, nǐ chàng de hěn búcuò.

　　　你 先 来 唱 一 首 歌 吧！
　　　Nǐ xiān lái chàng yì shǒu gē ba!

예리　谁 说 的，我 唱 得 不 太 好。
　　　Shuí shuō de, wǒ chàng de bú tài hǎo.

징징　我 很 想 听 韩国 的 流行
　　　Wǒ hěn xiǎng tīng Hánguó de liúxíng

　　　歌曲。给 我 听 一 听。
　　　gēqǔ. Gěi wǒ tīng yi tīng.

예리　那 好，我 先 唱 吧。
　　　Nà hǎo, wǒ xiān chàng ba.

단어 Track 152

先 xiān (부) 먼저 | 首 shǒu (양) '시'나 '노래'를 세는 양사 | 流行歌曲 liúxíng gēqǔ (명) 유행가

동리: 너 노래 정말 잘한다고 들었어.
　　　먼저 한 곡 불러!
예리: 누가 그래? 나 노래 별로야.
징징: 한국 유행가 듣고 싶은데, 좀 들려 줘.
예리: 그럼 좋아. 먼저 부르지.

1. '동사 + 목적어'로 이루어진 동사

중국어 가운데에는 '동사 + 목적어' 구조로 이루어진 동사들이 있습니다. 동사 자체에 목적어가 포함되어 있기 때문에 목적어를 다시 취하지 못하니 주의해야 합니다.

见(보다) + 面(얼굴) → 见面(만나다)

帮(돕다) + 忙(바쁨) → 帮忙(돕다)

照(찍다) + 相(사진) → 照相(사진을 찍다)

结(맺다) + 婚(혼인) → 结婚(결혼하다)

목적어 성분을 변화시키거나 전치사를 사용하여 뜻을 전달할 수 있습니다.

- 我明天要见他。　내일 그를 만나려고 합니다.
  Wǒ míngtiān yào jiàn tā.

  我明天要见面他。 （×）

  → 我明天要见他的面。 （○）

- 王景和她结婚。　왕징은 그녀와 결혼합니다.
  Wáng Jǐng hé tā jiéhūn.

2. 정도보어

상태나 정도를 표현하기 위해서는 동사나 형용사 뒤에 '得'를 붙이고 정도를 나타내 주는 말(정도보어)을 씁니다. 정도보어 자리에는 간단한 단어뿐 아니라 복잡한 문장까지 들어갈 수 있습니다.

주어 + 동사 + 목적어 + 동사 + 得 + 정도보어

동사/형용사 + 得 + 정도보어

- 他写汉字写得很好。　그는 한자를 잘 씁니다.
  Tā xiě hànzì xiě de hěn hǎo.

- 你跑得很快。 빨리 뛰는구나.
  Nǐ pǎo de hěn kuài.

- 我累得快要死了。 죽을 것 같이 피곤해.
  Wǒ lèi de kuàiyào sǐle.

정도보어의 부정형은 不/不太등 부정의 표현을 정도보어 앞에 위치시킵니다.

- 她最近过得不太好。 그녀는 요즘 잘 지내지 못했습니다.
  Tā zuìjìn guò de bú tài hǎo.

의문문은 보어 부분에 의문사를 넣거나 정반의문문 혹은 吗를 붙여 표현합니다.

- 他打高尔夫球打得好不好? 그는 골프 잘 치니?
  Tā dǎ gāo'ěrfūqiú dǎ de hǎo bu hǎo?

- 你弹钢琴弹得怎么样? 피아노 잘 쳐?
  Nǐ tán gāngqín tán de zěnmeyàng?

 단어

帮忙 bāngmáng (동) 돕다 | 照相 zhàoxiàng (동) 사진 찍다 | 结婚 jiéhūn (동) 결혼하다 | 王景 Wáng Jǐng (인명) 왕징 | 跑 pǎo (동) 뛰다 | 快要 kuàiyào (부) 곧 ~이다 | 高尔夫球 gāo'ěrfūqiú (명) 골프 | 弹 tán (동) (악기를) 연주하다 | 钢琴 gāngqín (명) 피아노

真的? (쩐 더)

☆ 뭐? 구짜가 70% 세일을 한다구? 정말?
☆ 네 허리 사이즈가 22인치라고? 정말?
☆ 장 선생님이 어제 떠나셨다고요? 정말이세요?

놀랄만한 소식을 접했을 때, 믿지 못할 얘기를 들었을 때
우리는 반사적으로 이런 말을 합니다. '정말?', '진짜요?'
중국어 역시 '真的 zhēnde'를 써서 표현합니다.

● 真的의 기본적인 의미는 ① 진짜의(형용사) ② 정말, 진짜로(부사) 입니다.

A 听说你是张丽的男朋友，真的? 네가 장리의 남자친구라며, 진짜니?
　Tīngshuō nǐ shì Zhāng Lì de nán péngyou, zhēnde?

B 谁说的? 누가 그래?
　Shéi shuō de?

a 妈妈，我要买几本书。给我钱。 엄마 책 몇 권 사게 돈 좀 주세요.
　Māma, wǒ yào mǎi jǐ běn shū.　Gěi wǒ qián.

b 真的吗? 진짜야?
　Zhēnde ma?

 알아두기

● 되묻는 말이기 때문에 끝을 올려서 발음하거나 의문사를 만드는 '吗'를 붙입니다.
　A 看起来，你的皮包是假的。 네 핸드백 가짜처럼 보인다.
　　Kàn qǐlai, nǐ de píbāo shì jiǎ de.
　B 这是真的皮包。 이 핸드백 진짜야.
　　Zhè shì zhēnde píbāo.
● 真的는 형용사로도 쓰여 서술어나 명사를 수식하는 역할을 할 수 있습니다.

 단어

张丽 Zhāng Lì 인명 장리 | 男朋友
nán péngyou 명 남자친구, 애인 | 皮包
píbāo 명 가죽 핸드백 | 假 jiǎ 형 가짜의

이화원

청나라 왕실의 여름 별궁이었던 이화원은 건륭황제가 어머니의 환갑을 기념하여 만든 정원입니다. 그 후 측천무후와 더불어 중국을 통치했던 두 여인 가운데 하나인 서태후가 이화원을 재건하면서 지금의 웅장하고 화려한 면모를 갖추게 되었습니다. 전체 290헥타르에 이르는 방대한 규모의 정원 안에는 아름다운 인공호수와 인공 산, 누각, 전당, 교각이 절묘하게 어우러져 있습니다.

이화원의 호수 곤명호는 전체 면적의 2/3를 차지하는데, 호수를 만들기 위해 퍼낸 흙으로만 인공산을 쌓을 수 있었습니다. 호수를 끼고 이어져 있는 장랑(长廊)은 중국 내 가장 긴 복도로 기둥 사이에 14,000여 점에 이르는 풍경화가 그려져 있어 문화적 가치를 더하고 있습니다.

〈곤명호〉

〈장랑〉

18

你看得了吗?

다 읽을 수 있니?

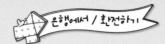은행에서 / 환전하기

 예리와 징징, 工作가 많은 태희를 기다리며 书店에서 이야기를 나눈다.

- 工作 gōngzuò 일　■ 书店 shūdiàn 서점

钱包 지갑
qiánbāo

1	지갑	钱包	qiánbāo
2	지폐	纸币	zhǐbì
3	동전	硬币	yìngbì
4	신용카드	信用卡	xìnyòngkǎ
5	사진	照片	zhàopiàn
6	신분증	身份证	shēnfènzhèng
7	현금	现金	xiànjīn
8	상품권	礼券	lǐquàn

我要换钱 환전할게요

예리
我 要 换钱。
Wǒ yào huànqián.

은행직원
你 要 换 多少?
Nǐ yào huàn duōshao?

예리
100 美元。
Yìbǎi měiyuán.

은행직원
请 填写 兑换单, 出示 您 的 护照。
Qǐng tiánxiě duìhuàndān, chūshì nín de hùzhào.

예리
填 好 了。
Tián hǎo le.

은행직원
请 稍 等。
Qǐng shāo děng.

예리 : 환전하겠습니다.
은행직원 : 얼마나 하시겠습니까?
예리 : 100 달러요.
은행직원 : 환전표 좀 작성해주시고, 여권 보여주세요.
예리 : 다 썼습니다.
은행직원 : 잠시 기다리세요.

단어 Track 155

换钱 huànqián 동 환전하다 | 美元 měiyuán 명 달러 | 填 tián 동 기입하다 | 写 xiě 동 쓰다 | 兑换单 duìhuàndān 명 환전신청서 | 出示 chūshì 동 제시하다 | 护照 hùzhào 명 여권 | 稍 shāo 부 약간, 조금

알아두기

● 세계의 돈

・人民币 Rénmínbì 인민폐
・美元 Měiyuán 달러
・韩元 Hányuán 원화
・日元 Rìyuán 엔화
・英镑 Yīngbàng 파운드

请稍等。

填好了。

工作做完了吗? 일 다했니?

징징   泰希, 工作 做 完 了 吗?
      Tàixī, gōngzuò zuò wán le ma?

태희   不 好 意 思, 我 还 没 做 完。
      Bù hǎo yìsi, wǒ hái méi zuò wán.

징징   你 不 要 着 急, 我 和 睿莉 在 一
      Nǐ bú yào zháojí, wǒ hé Ruìlì zài yī

      楼 的 书店 等 你, 慢慢儿 做 吧。
      lóu de shūdiàn děng nǐ, mànmānr zuò ba.

태희   真 不 好 意 思。
      Zhēn bù hǎo yìsi.

징징   没 关 系。
      Méi guānxi.

징징 : 태희야, 일 다했니?
태희 : 미안해, 아직 다하지 못했어.
징징 : 걱정하지 마, 예리와 함께 1층 서점에서 기다릴게,
      천천히 해.
태희 : 정말 미안해.
징징 : 괜찮아.

 단어   Track 157

着急 zháojí 동 조급해 하다 | 楼 lóu
양 층 | 慢 màn 동 천천히 하다

 알아두기

● 慢慢儿

慢이라는 형용사가 중첩하여 '천천히'라는 부사의 뜻을 갖습니다.
이 때 두 번째 음절의 성조가 1성으로 바뀝니다. 이런 예로 好好儿(잘)이 있는데 역시 두 번째 음절이 1성으로 바뀝니다.

· 你得好好儿休息。
  잘 쉬셔야 합니다.
  Nǐ děi hǎohāor xiūxi.

看得懂吗? 읽을 수 있어?

징징
睿莉，这本书你看过了没有?
Ruìlì, zhè běn shū nǐ kàn guo le méiyǒu?

예리
那本书，我已经看完了。
Nà běn shū, wǒ yǐjing kàn wán le.

징징
看 得 懂 吗?
Kàn de dǒng ma?

예리
看 得 懂 是 看 得 懂，可是 有点儿 难。
Kàn de dǒng shì kàn de dǒng, kěshì yǒudiǎnr nán.

징징
我 可以 帮 你 解释。
Wǒ kěyǐ bāng nǐ jiěshì.

예리
谢谢。
Xièxie.

징징 : 예리야, 이 책 본 적 있어?
예리 : 그 책, 이미 다 봤어.
징징 : 이해할 수 있었어?
예리 : 읽기는 읽겠는데 조금 어렵더라.
징징 : 내가 설명해 줄 수 있어.
예리 : 고마워.

단어 Track 159

懂 dǒng 동 알다. 이해하다 | 解释 jiěshì 동 해석하다

알아두기

● 一点儿과 有点儿

一点儿은 동사나 형용사 뒤에 쓰여 '약간, 조금 ~해 주세요'의 뜻으로 사용되며, 有点儿은 형용사 앞에서 부정적인 의미로 '약간'이란 뜻을 전달합니다. 마음에 들지 않을 경우, 정중하게 자신의 의사를 표현할 수 있습니다.

• 快一点儿! 좀 서둘러요.
　Kuài yìdiǎnr!

• 有点儿快。약간 빠르네요.
　Yǒudiǎnr kuài.

看得懂吗?

看得懂。

你们吃得了吗？ 다 먹을 수 있니?

태희
这么 多 菜，你们 吃 得 了 吗?
Zhème duō cài, nǐmen chī de liǎo ma?

 단어 Track 161

징징
我们 饿 了 半天，没 问题。
Wǒmen è le bàntiān, méi wèntí.

태희
你们 吃 好 了 没有?
Nǐmen chī hǎo le méiyǒu?

예리
吃 好 了！很 好吃。
Chī hǎo le!　Hěn hǎochī.

태희
不够 的话 我们 再 点。
Búgòu dehuà wǒmen zài diǎn.

예리
够 了 够 了！
Gòu le gòu le!

징징
那么，我们 回去 喝 着 茶 聊聊天 吧。
Nàme, wǒmen huíqù hē zhe chá liáoliáotiān ba.

태희
今天 我 迟到 了，我 来 请客。
Jīntiān wǒ chídào le, wǒ lái qǐngkè.

了 liǎo 得와 不 뒤에서 가능과 불가능을 나타냄 | 半天 bàntiān 명 한나절, 한참 | 不够 búgòu 형 부족하다 | 的话 dehuà 조 만일 ~하다면 | 够 gòu 형 충분하다 | 那么 nàme 접 그러면 | 聊天 liáotiān 동 이야기하다

태희 : 이렇게 많은 요리를 너희가 다 먹을 수 있어 ?
징징 : 우리 반나절 동안 굶어서 문제없어 .
태희 : 다 먹었니 ?
예리 : 다 먹었어 . 맛있다 .
태희 : 부족하다면 더 시키자 .
예리 : 충분해 , 충분해 !
징징 : 그럼 , 돌아가 차 마시며 이야기하자 .
태희 : 오늘 늦게 왔으니까 내가 쏠게 .

1. 결과보어

결과보어는 동사 뒤에서 동작의 결과를 보충해 줍니다.

- 听懂 들은 결과 알게 되다. (알아 듣다)
  tīngdǒng

- 做好 한 결과 마치다. (끝내다)
  zuòhǎo

■ 보통 동사 뒤에 동사나 형용사가 오지만 시간이나 장소 등 다양한 보어가 올 수 있습니다.

- 你走到哪儿? 어디까지 갔어요?
  Nǐ zǒu dào nǎr?

- 我常常住在酒店。 난 가끔 호텔에서 묵어.
  Wǒ chángcháng zhù zài jiǔdiàn.

결과보어의 부정형은 没나 没有를 동사 앞에 씁니다.

- 你的话，我没听懂。 당신의 말을 못 알아 들었습니다.
  Nǐ de huà,　wǒ méi tīngdǒng.

- 小丽还没有看完那本书。 샤오리씨는 아직 그 책을 다 보지 못했습니다.
  Xiǎolì hái méiyǒu kànwán nà běn shū.

의문문은 긍정형 뒤에 没有를 혹은 긍정과 부정을 함께 써 정반의문문을 만들거나 吗를 붙여 표현합니다.

- 你看见了他没有? 그를 봤습니까?
  Nǐ kànjiàn le tā méiyǒu?

- 那个声音你听见没听见? 그 소리 들었습니까?
  Nàge shēngyīn nǐ tīngjiàn méi tīngjiàn?

■ 见은 시각이나 청각적으로 보이거나 들림을 표현합니다.

2. 가능보어

가능함과 불가능을 표현하기 위해 能과 같은 조동사를 쓰는 것 이외에 가능보어를 사용할 수 있습니다.

동사/형용사 + 得 + 결과보어

听懂 (알아 듣다) → 听得懂 (알아 들을 수 있다)
tīngdǒng　　　　　　tīng bu dǒng

做完 (끝내다) → 做得完 (끝낼 수 있다)
zuòwǎo　　　　　　zuò de wǎo

■ 가능 보어에 자주 사용하는 了는 '마치다'라는 의미를 지니며, le로 읽지 않고 liǎo로 읽습니다.

- 我吃惊了。这份工作，你办得了。 놀랐어요. 이 일을 당신이 처리할 수 있다니.
  Wǒ chījīng le.　Zhè fen gōngzuò, nǐ bàn de liǎo.

가능보어의 부정형은 得의 자리를 不로 대체하면 됩니다.

- 这件衣服太贵，我买不了。 이 옷은 너무 비싸서, 살 수 없어요.
  Zhè jiàn yīfu tài guì,　wǒ mǎi bù liǎo.

- 作业很多，我做不完。 숙제가 많아 끝낼 수 없어요.
  Zuòyè hěn duō,　wǒ zuò bù wán.

의문문은 긍정형과 부정형을 함께 써서 정반의문문을 만들거나 吗를 붙여 표현합니다.

- 他们的对话，你听得懂听不懂？ 그들이 하는 말 알아들을 수 있니?
  Tāmen de duìhuà,　nǐ tīng de dǒng tīng bù dǒng?

- 排队这么长，你看得见看不见？ 줄이 이렇게 긴데, 볼 수 있겠니?
  Páiduì zhème cháng,　nǐ kàn de jiàn kàn bú jiàn?

단어

常常 chángcháng (부) 늘, 항상 ｜酒店 jiǔdiàn (명) 호텔 ｜小丽 Xiǎolì (인명) 샤오리 ｜声音 shēngyīn (명) 음성, 소리 ｜吃惊 chījīng
(동) 놀라다 ｜份 fèn (양) 조각, 일부, 몫 ｜办 bàn (동) 하다 ｜对话 duìhuà (명) 대화 ｜这么 zhème (대) 이렇게

当然了 (땅르안 러)

☆ 네가 나보다 예쁘다고? ──── 물론이지!
☆ 중국어를 잘하고 싶습니까? ──── 당연하죠!
☆ 당연히 날씬해지고 싶지.

일상에서 자주 사용하는 '당연하지', 중국어로는 어떻게 표현할까요?
당연히 当然了 dāngrán le입니다.

● 当然의 기본 의미는 '물론, 당연히' 입니다.
형용사로 '당연하다, 당연한'의 의미로도 쓰이지만 제한적으로 쓰이기 때문에 주의해야 합니다.
了는 별 의미 없이 말의 뉘앙스를 전달하는 역할을 하기 때문에 생략해도 무방합니다.

A 你不喜欢小晶吗? 샤오징이 싫어?
　Nǐ bù xǐhuan Xiǎojīng ma?

B 当然了。她经常吹牛。 당연하지. 걔는 늘 허풍만 떨어.
　Dāngrán le.　Tā jīngcháng chuīniú.

A 昨天的工作，你做完了吗? 어제 일은 다 했습니까?
　Zuótiān de gōngzuò nǐ zuò wán le ma?

B 当然了。已经做完了。 물론이죠. 벌써 다 마쳤어요.
　Dāngrán le. Yǐjing zuò wán le.

A 你喜欢看韩国电影还是喜欢看美国电影?
　Nǐ xǐhuan kàn Hánguó diànyǐng háishi xǐhuan Měiguó diànyǐng?
　한국영화를 좋아하니, 미국영화를 좋아하니?

B 当然喜欢看韩国的。 당연히 한국 것이 좋지.
　Dāngrán xǐhuan kàn Hánguó de.

当然은 단독으로 쓰이기도 하지만 서술어 앞에서 꾸며주는
역할도 합니다.

 단어

小晶 Xiǎojīng 인명 샤오징 | **经常** jīng
-cháng 부 항상, 종종 | **吹牛** chuīniú 동
허풍을 떨다

188

Chapter 19

중국 문화 엿보기

중국의 만두

TIP

우리가 자주 쓰는 용어인 '딤섬'은 앞서 배운 중국의 간식거리 点心(diǎnxin)의 광저우 지역 사투리랍니다. 그러니까 우리가 만두라고 생각했던 딤섬이 간식거리를 가리키는 말이었군요.

馒头 mántou

한자 그대로 읽으면 만두이지만 중국에서는 속이 빈 찐빵을 가리켜 馒头라고 한답니다.

炸馒头 zhá mántou

바삭바삭하게 튀긴 부드러운 빵이랍니다. 연유와 함께 먹으면 눈 깜짝할 사이에 사라진답니다.

饺子 jiǎozi

그렇다면 그 유명한 중국 만두는 뭐라고 할까요? 바로 교자, 즉 饺子입니다. 종류도 정말 다양하지요. 해산물만두 海鲜饺子 hǎixiān jiǎozi, 쇠고기만두 牛肉饺子 niúròu jiǎozi, 돼지고기만두 猪肉饺子 zhūròu jiǎozi, 부추만두 韭菜饺子 jiǔcài jiǎozi, 계란만두 鸡蛋饺子 jīdàn jiǎozi, 새우시금치 鲜虾菠菜饺子 xiān xiā bōcài jiǎozi 등등 어느 것 하나 놓칠 게 없답니다. 모두 꼭 드셔 보세요.

水饺子 shuǐjiǎozi 물만두

小笼包 xiǎolóngbāo

중국 만두의 꽃으로 육수가 만두 속에 들어가 있지요. 원조는 상하이와 쑤저우 지역입니다. 笼이라는 대나무 원통에 쪄서 나온답니다. 그래서 추가 주문할때는 再来一笼! 한판 더요! 이라고 합니다. 종류는 饺子의 종류와 거의 비슷합니다.

狗不理 gǒubùlǐ

狗不理包子

그런데 중국 텐진에 갔더니 왕만두 크기의 小笼包도 있던데요? 이건 이름이 다르지요? 바로 狗不理(뜻: 개도 아는 척 안 한다)랍니다. 원조는 텐진이지요. 개도 아는 척 안 한다는 나쁜 성격 때문에 狗不理라는 별명을 가졌던 어린 소년이 만두를 맛있게 만드는 기술을 익혀 차린 것이 시작이 되어 주인의 별명을 따서 만두 이름도 狗不理가 되었다지요. 안의 육즙을 먼저 빨아 먹으라고 두꺼운 빨대를 狗不理에 끼워 주는 곳도 있답니다.

19

比昨天暖和

어제보다 따뜻해

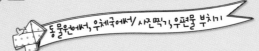
동물원에서, 우체국에서 / 사진찍기, 우편물 부치기

태희양 주말을 맞아 动物园을 방문! 중국을 상징하는 熊猫를 직접 보다. 정말 소문 대로 可爱하네. 남는 건 照片뿐! 照相机는 필수지. 그런데 같이 간 晶晶과 合影을 찍고 싶은데 어디 지나가는 사람 없나? 앗! 邮局에 가야하는 걸 깜빡했는걸?

- 动物园 dòunwùyuán 동물원　- 熊猫 xióngmāo 판다　- 可爱 kě'ài 귀엽다
- 照片 zhàopiàn 사진　- 照相机 zhàoxiàngjī 카메라　- 晶晶 jīngjīng (인명) 징징
- 合影 héyǐng 단체사진 (2인 이상)　- 邮局 yóujú 우체국

动物园 동물원
dòngwùyuán

1	매표소	售票处	shòupiàochù
2	입장권	门票	ménpiào
3	사진 찍다	照相	zhàoxiàng
4	사진기	照相机	zhàoxiàngjī
5	판다	熊猫	xióngmāo
6	우리	笼子	lóngzi
7	토끼	兔子	tùzi
8	사육사	饲养员	sìyǎngyuán
9	모이	饲料	sìliào

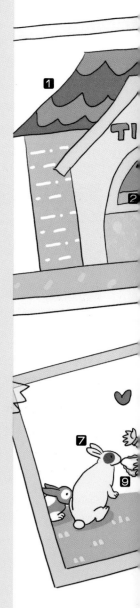

今天比昨天更暖和 오늘이 어제보다 따뜻해

징징   不 好 意 思，我 来 晚 了。
Bù hǎo yìsi, wǒ lái wǎn le.

태희   没 关系，我 也 刚 到。走 吧。
Méi guānxì, wǒ yě gāng dào.   Zǒu ba.

징징   今天 比 昨天 更 暖和，春天 来 了。
Jīntiān bǐ zuótiān gèng nuǎnhuo, chūntiān lái le.

       我们 骑车 去 吧，怎么样？
Wǒmen qíchē qù ba, zěnmeyàng?

태희   好主意。
Hǎo zhǔyi.

징징 : 미안해, 늦었어.
태희 : 괜찮아, 나도 방금 왔어. 가자.
징징 : 오늘이 어제보다 따뜻하네. 봄이 왔나봐, 우리 자전거
      타고 가자, 어때?
태희 : 좋은 생각이야.

今天比昨天更暖和

春天来了。

📖 단어 Track 164

晚 wǎn (형) 늦다 | 刚 gāng (부) 방금, 막 |
到 dào (동) 도달하다 | 比 bǐ (동) 비교하다 (개) ~에 비해 | 暖和 nuǎnhuo (형) 따뜻하다 | 春天 chūntiān (명) 봄 | 骑 qí (동) (동물이나 자전거 등에) 타다

📖 알아두기

● 늦었네요 我迟到了 / 我来晚了

'늦다'는 형용사 迟(chí)와 晚(wǎn)을 사용해서 늦었다는 의미를 표현해 줍니다.
같은 형용사인데 위치가 다르죠?
迟와 到는 붙어서 하나의 동사로 쓰였고, 晚은 来뒤에서 보어로 쓰였기 때문이랍니다.

● 봄 여름 가을 겨울

중국어로 4계절은?
春天(chūntiān) 夏天(xiàtiān) 秋天(qiūtiān) 冬天(dōngtiān)
아하, '春夏秋冬'에 天만 붙이면 되는군요.

一、二、三，茄子！ 하나, 둘, 셋, 치에즈!

태희 | 这 就 是 象征 中国 的 熊猫。
Zhè jiù shì xiàngzhēng Zhōngguó de xióngmāo.

징징 | 幸亏 两 只 都 不 睡觉。
Xìngkuī liǎng zhī dōu bú shuìjiào.

태희 | 我们 在 这儿 拍 合影 吧。
Wǒmen zài zhèr pāi héyǐng ba.

징징 | 好, 找 个 人 帮 我们 照相 吧。
Hǎo, zhǎo ge rén bāng wǒmen zhàoxiàng ba.

태희 | 不 好 意思, 可以 请 你 帮 我们
Bù hǎo yìsi, kěyǐ qǐng nǐ bāng wǒmen

拍照 吗?
pāizhào ma?

행인 | 没 问题。
Méi wèntí.

태희 | 谢谢。
Xièxie.

행인 | 一、二、三，茄子！
Yī、èr、sān, qiézi!

태희 : 이게 바로 중국을 상징하는 판다구나 .
징징 : 다행히 두 마리 전부 안 자네 .
태희 : 우리 여기서 같이 사진 찍자 .
징징 : 그래 , 다른 사람에게 부탁하자 .
태희 : 죄송합니다 . 사진 한 장 부탁드려도 될까요 ?
행인 : 그럼요 .
태희 : 감사합니다 .
행인 : 하나 , 둘 , 셋 , 치에즈 !

 단어 🎧 Track 166

象征 xiàngzhēng 몡 상징 | 熊猫 xióng-māo 몡 판다 | 幸亏 xìngkuī 🖣 다행히 | 只 zhī 먱 마리 | 拍 pāi 동 찍다 | 合影 héyǐng 몡 (2인 이상) 단체사진 | 照相 zhàoxiàng 동 사진을 찍다 | 拍照 pāizhào 동 사진을 찍다 | 茄子 qiézi 몡 가지 | 胶卷 jiāojuǎn 몡 필름

 알아두기

● 하나 둘 셋, 김치~!
　一、二、三，茄子！

중국에서는 사진 찍을 때 뭐라고 말하면서 입을 벌릴까요?
바로 茄子(qiézi, 치에즈), '가지'랍니다!
발음이 '치즈'랑 비슷하군요!

● 다행히 幸亏 / 幸好 / 幸运

幸亏我不是有钱人。
Xìngkuī wǒ bú shì yǒu qián rén.
내가 부자가 아니라 다행이야.

幸好我有准备。
Xìnghǎo wǒ yǒu zhǔnbèi.
내가 준비해놔서 다행이다.

我真幸运。 나는 정말 행운아야.
Wǒ zhēn xìngyùn.

幸亏와 幸好는 부사이므로 문장 앞에, 幸运은 형용사이므로 서술어로 쓴답니다.

你把门票给我吧 입장권 나 줘

태희
你 把 门票 给 我 吧。
Nǐ bǎ ménpiào gěi wǒ ba.

징징
干吗 给 你?
Gànmá gěi nǐ?

태희
我 要 留下 门票 作 纪念。
Wǒ yào liúxià ménpiào zuò jìniàn.

징징
你 这个 人, 真 喜欢 收集。
Nǐ zhège rén, zhēn xǐhuan shōují.

태희
对 了, 我 得 去 邮局。 邮局 几 点 下班?
Duì le, wǒ děi qù yóujú. Yóujú jǐ diǎn xiàbān?

징징
五 点, 现在 还 来得及, 快 走 吧。
Wǔ diǎn, xiànzài hái láidejí, kuài zǒu ba.

태희 : 입장권 나 줘.
징징 : 뭐하게?
태희 : 기념으로 간직할거야.
징징 : 수집 좋아하는 건 알아줘야 해.
태희 : 맞다, 나 우체국 가야 해. 우체국 몇 시까지 해?
징징 : 5시, 지금 가면 안 늦겠다, 빨리 가자.

我要留下门票作纪念。

干吗给你?

📖 단어 Track 168

把 bǎ (개) ~을 | 门票 ménpiào (명) 입장권 |
干吗 gànmá (대) 뭐 하러 | 留 liú (동) 보관하
다, 간수하다 | 作 zuò (동) 하다 | 纪念 jìniàn
(동) 기념하다 | 收集 shōují (동) 수집하다 |
邮局 yóujú (명) 우체국 | 下班 xiàbān (동) 근
무가 끝나다, 퇴근하다 | 来得及 láidejí (동)
늦지 않다 | 快 kuài (부) 빨리

📖 알아두기

● 정말이지, 너~ 你这个人……
친한 사이에 농담처럼 친근감있게
쓰이는 말입니다.

· 你这个馋鬼。이 먹보야!
Nǐ zhège chánguǐ.

부정적인 상황에서도 쓰인답니다.

· 你这个人怎么这么自私?
Nǐ zhège rén zěnme zhème zìsī?
넌 어쩌면 이렇게 이기적이니?

● 来得及 / 来不及

여기서 及는 '도달하다'는 뜻입니다.

· 来得及. 시간이 충분해요.
Lái de jí.

· 来不及. 시간이 부족해요.
Lái bu jí.

馋鬼 chánguǐ 먹보, 식충이 | 拿 ná 손으
로 쥐다 | 办法 bànfǎ 방법 | 这么 zhème
이렇게 | 自私 zìsī 이기적이다

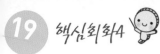
我想往韩国寄一个包裹 한국으로 소포 보낼 거에요

태희　你好, 我想往韩国寄一个包裹。
Nǐ hǎo, wǒ xiǎng wǎng Hánguó jì yí ge bāoguǒ.

우체국직원　里面 的 东西 是 什么?
Lǐmiàn de dōngxi shì shénme?

태희　一些 书。
Yìxiē shū.

우체국직원　你 要 海运 还是 空运?
Nǐ yào hǎiyùn háishi kōngyùn?

태희　空运。
Kōngyùn.

우체국직원　邮费 是 150 块 3 毛。
Yóufèi shì yìbǎi wǔshí kuài sān máo.

태희 :	안녕하세요 , 한국으로 소포 하나 보내려 하는데요 .
우체국직원:	소포 내용물이 뭔가요 ?
태희 :	책이에요 .
우체국직원:	배편으로 보내실건가요 , 항공편으로 보내실 건가요 ?
태희 :	항공편요 .
우체국직원:	150위안 3마오입니다 .

 단 어 Track 170

寄 jì ⑧ 부치다 | 包裹 bāoguǒ ⑨ 소포 | 面 miàn ⑨ 부위, 방면 | 东西 dōngxi ⑨ 물건 | 些 xiē ⑱ 조금, 약간 | 海运 hǎiyùn ⑧ 해상으로 운송하다 | 空运 kōngyùn ⑧ 항공으로 운송하다 | 邮费 yóufèi ⑧ 우편료

 알아두기

● 우표를 붙이다 / 편지를 부치다
贴邮票 / 寄信

· 贴五块的邮票。
Tiē wǔ kuài de yóupiào.
5위안짜리 우표를 붙이다.

· 我要寄一封信到英国。
Wǒ yào jì yì fēng xìn dào Yīngguó.
편지를 한 통 영국으로 부치고 싶다.

贴 tiē 붙이다 | 邮票 yóupiào 우표 | 寄 jì 붙이다 | 封 fēng 편지의 양사 | 信 xìn 편지

195

비교문

중국어에서는 비교문의 형식이 아주 다양합니다. 크게 5가지로 나누어서 살펴 보겠습니다.

1. 比를 사용한 비교문

형태: A 比 B 비교내용 (A는 B보다 ~하다)

- 她比你漂亮。그녀는 너보다 예쁘다.
  Tā bǐ nǐ piàoliang.

■ 비교 내용 앞에 还/更을 붙여줄 수 있습니다.

- 她比你还漂亮。그녀는 너보다 더 예쁘다.
  Tā bǐ nǐ hái piàoliang.

[부정}

형태: A 不比 / 没有 B 비교내용 (A는 B보다 ~하지 않다)

- 她不比你漂亮。그녀가 너보다 예쁘지는 않다. 她≤你
  Tā bù bǐ nǐ piàoliang.

- 她没有你漂亮。그녀는 너보다 못났다. 她<你 (你가 확실히 예쁘다는 것을 강조)
  Tā méiyǒu nǐ piàoliang.

2) 有를 사용한 비교문

형태: A 有 B (这么/那么) 비교내용 (A는 B만큼 (이렇게/저렇게) ~하다)

주로 의문과 부정으로 많이 쓰입니다.

[의문]

- 他有姜弦那么聪明吗? 그가 강현이만큼 그렇게 똑똑하니?
  Tā yǒu Jiāng Xián nàme cōngming ma?

[부정]

- 我没有你这么用功。 나는 너만큼 이렇게 열심히 하지 못해.
  Wǒ méiyǒu nǐ zhème yònggōng.

3. 跟……一样 gēn ~ yíyàng

형태①: A 跟 B 一样 (A는 B와 같다)

- 这件衣服跟那件衣服一样。 이 옷과 그 옷은 같다.
  Zhè jiàn yīfu gēn nà jiàn yīfu yíyàng.

형태②: A 跟 B 一样 비교내용(형용사/동사구) (A는 B와 같이 ~하다)

- 我跟你一样大。 나 너랑 나이 같아. (형용사)
  Wǒ gēn nǐ yíyàng dà.

- 他跟我一样是大学生。 그는 나와 같이 대학생이야. (동사구)
  Tā gēn wǒ yíyàng shì dàxuéshēng.

[부정]

형태①: A 跟 B 不一样 (A와 B는 같지 않다)

- 我的意见跟你的意见不一样。 내 의견은 너와 달라.
  Wǒ de yìjiàn gēn nǐ de yìjiàn bù yíyàng.

형태②: A 不跟 B 一样 (A는 B와 같지 않게 ~하다)

- 我不跟你一样大，跟你的哥哥一样大。 나는 너와 나이가 같지 않고 너의 형과 나이가 같아.
  Wǒ bù gēn nǐ yíyàng dà, gēn nǐ de gēge yíyàng dà.

4. 越来越…… yuèláiyuè ~

형태: 越来越 변화내용 (갈수록 ~해진다)

- 你越来越漂亮。 너는 갈수록 예뻐지는구나.
  Nǐ yuèláiyuè piàoliang.

5. 不如 bùrú

형태: A 不如 B 비교내용 (A는 B보다 못하다.)

- 她不如你漂亮。 그녀는 너보다 안 예쁘다.
  Tā bùrú nǐ piàoliang.

 단 어

比 bǐ 동 비교하다 | 聪明 cōngming 형 똑똑하다 | 跟 gēn 개 ~와 | 意见 yìjiàn 명 의견 | 不如 bùrú ~만 못하다

干嘛 (깐마)

☆ 기숙사에 돌아와 룸메이트에게 가장 먼저 뭐라고 할까요?
'뭐해?'겠죠?
☆ 너 뭐하러 아직도 나를 좋아하니?
☆ 봄이 왔어요, 모두들 뭐할 계획이에요?
☆ 너 왜 아직도 결혼 안 했어?
☆ 기분이 안 좋은 친구에게 '왜 그래? 무슨 일이야?'라고 말하려면?

모두 干嘛를 넣어서 표현할 수 있답니다.

● 干嘛는 ①뭐하러 ②왜, 어째서 라는 뜻이 있습니다.

A 你干嘛呢? 뭐해?
Nǐ gànmá ne?

A 你干嘛还喜欢我呢? 너 뭐하러 아직도 나를 좋아하니?
Nǐ gànmá hái xǐhuan wǒ ne?

A 春天到了，大家都打算干嘛? 봄이 왔어요, 모두들 뭐할 계획이에요?
Chūntiān dào le, dàjiā dōu dǎsuan gànmá?

A 干嘛还不结婚? 너 왜 아직도 결혼 안 했어?
Gànmá hái bù jiéhūn?

A 干嘛，什么事? 왜 그래? 무슨 일이야?
Gànmá, shénme shì?

중국의 술

중국의 술은 종류가 매우 다양합니다. 각 지역에 지역 특산 술이 있으니 정말 종류가 많겠죠? 우선 중국의 술은 제조 방법에 따라 황주 黄酒 huángjiǔ, 백주 白酒 báijiǔ, 약주 药酒 yàojiǔ, 과실주 果实酒 guǒshíjiǔ, 맥주 啤酒 píjiǔ로 나눌 수 있답니다. 황주는 곡류가 원료인 발효주입니다. 도수는 20도 안팎으로 다른 중국술에 비해 낮은 편이죠. 대표적인 술은 샤오싱 绍兴 Shàoxīng 지역에서 생산된 샤오싱주 绍兴酒 Shàoxīngjiǔ 입니다. 백주 역시 곡류가 원료이며 한번 만든 술을 다시 증류하여 알코올 성분을 강화한 증류주입니다. 수수라는 뜻의 고량 高粱 gāoliáng이 원료로 들어간 백주는 고량주 高粱酒 gāoliángjiǔ 라고도 불리며 우리나라에서는 배갈로 통하지요. 알코올 도수는 50~60도로 매우 독한 술입니다. 대표적인 것이 꿰이저우성 贵州省 Guìzhōu Shěng 에서 생산되는 마오타이주 茅台酒 Máotáijiǔ입니다. 약주는 약초를 넣어 만든 것으로 대표적인 것이 대나무잎을 넣어 만든 죽엽청주 竹叶青酒 zhúyè qīngjiǔ 입니다.

중국의 8대 명주 중 우리와 가장 친숙한 세 가지를 살펴볼까요?

마오타이주 茅台酒 Máotáijiǔ
중국 남방 귀저우성에서 생산되며 마오타이촌의 물로 생산했기 때문에 마오타이주라고 불립니다.

우리앙이에 五粮液 Wǔliángyè
다섯 가지 곡물과 약간의 약재를 넣어 만든 술로 마오타이주와 함께 중국을 대표하는 2대 명주 중 하나입니다.

죽엽청주 竹叶青酒 zhúyè qīngjiǔ
대나무 잎 및 다수의 약재를 넣어 만든 술로 대나무의 향을 느낄 수도 있으며 최고급 스테미너 술로 알려져 있습니다. 간과 위를 튼튼히 하고 혈액순환을 도와줍니다.

수정방 水井坊 shuǐjǐngfáng
술 제조를 위한 천혜의 지리적 조건을 갖추고 있는 증류주 제조소 成都의 수정로에서 생산된 술로 600여년의 역사를 가지고 있습니다. 수정처럼 맑고 은은하면서 고운 향이 장시간 지속되어 오천 년 중국 문화를 느낄 수 있는 술입니다. 물, 수수, 밀, 옥수수, 찹쌀, 쌀을 원료로 만들어졌으며 최근 한국인들이 가장 좋아하는 중국술로 꼽고 있답니다.

20

Track 172

我要办理登机手续

탑승 수속하려는데요

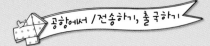

공항에서 / 전송하기, 출국하기

语言进修를 마치고 한국으로 돌아가는 예리양. 机场에서 登机手续라는 마지막 관문을 만난다. 빨리 끝내고 免税店에 가야되는데~~. 정들었던 朋友们, 老师们, 모두 万事如意하시길.

- 语言进修 yǔyán jìnxiū 어학연수 ▪ 机场 jīchǎng 공항 ▪ 登机手续 dēngjī shǒuxù 탑승수속
- 免税店 miǎnshuìdiàn 면세점 ▪ 朋友们 péngyoumen 친구들 ▪ 老师们 lǎoshīmen 선생님들
- 万事如意 wànshìrúyì 만사형통

机场 공항
jīchǎng

	한국어	중국어	병음
1	출국수속	出境手续	chūjìng shǒuxù
2	여권	护照	hùzhào
3	짐	行李	xíngli
4	작별	告别	gàobié
5	면세점	免税店	miǎnshuìdiàn
6	보딩패스	登机牌	dēngjīpái
7	환승	转机	zhuǎnjī
8	환전	换钱	huànqián
9	게이트	登机口	dēngjīkǒu

200

핵심회화 1  Track 174

我明天回国 나 내일 귀국해

동리 睿莉，下 个 学期 你 继续 学习 吗?
Ruìlì, xià ge xuéqī nǐ jìxù xuéxí ma?

예리 不，我 明天 回国。
Bù, wǒ míngtiān huíguó.

동리 真的? 你 怎么 没 告诉 我?
Zhēnde? Nǐ zěnme méi gàosu wǒ?

예리 我 原来 想 今晚 向 你 告别。
Wǒ yuánlái xiǎng jīnwǎn xiàng nǐ gàobié.

동리 我 明天 去 机场 送 你。
Wǒ míngtiān qù jīchǎng sòng nǐ.

예리 不用，不用。
Búyòng, búyòng.

동리 东西 收拾 好 了 吗?
Dōngxi shōushi hǎo le ma?

예리 都 收拾 好 了。
Dōu shōushi hǎo le.

단어 Track 173

下 xià 명 다음 | 学期 xuéqī 명 학기 | 继续 jìxù 동 계속하다 | 回国 huíguó 동 귀국하다 | 告诉 gàosu 동 말하다 | 原来 yuánlái 부 원래 | 今晚 jīnwǎn 명 오늘 밤 | 告别 gàobié 동 작별 인사하다 | 送 sòng 동 보내다 | 机场 jīchǎng 명 공항

동리 : 예리야 , 다음 학기에도 계속 공부하니 ?
예리 : 아니야 , 나 내일 귀국해 .
동리 : 정말 ? 왜 말 안 했니 ?
예리 : 오늘 저녁에 인사하러 갈 생각이었어 .
동리 : 내일 내가 공항에 전송갈게 .
예리 : 아니야 , 괜찮아 .
동리 : 짐은 다 챙겼어 ?
예리 : 전부 다 챙겼어 .

真舍不得你走 네가 가는 게 섭섭해

동리
真 舍不得 你 走。
Zhēn shěbude nǐ zǒu.

예리
我 也 不 想 离开 你们。
Wǒ yě bù xiǎng líkāi nǐmen.

징징
这 是 我们 的 心意。
Zhè shì wǒmen de xīnyì.

예리
你们 真是的, 是 我 应该 谢谢 你们。
Nǐmen zhēnshìde, shì wǒ yīnggāi xièxie nǐmen.

因为 有 了 你们, 我 在 中国 留下 了
Yīnwèi yǒu le nǐmen, wǒ zài Zhōngguó liúxià le

美好 的 回忆。
měihǎo de huíyì.

데이빗
睿莉, 你 打开 吧。
Ruìlì, nǐ dǎkāi ba.

예리
这 是 什么?
Zhè shì shénme?

동리
你 猜 一 猜。
Nǐ cāi yi cāi.

동리 : 네가 가니까 너무 섭섭하다.
예리 : 나도 헤어지기 싫어.
징징 : 이건 우리 성의야.
예리 : 너희도 참, 감사해야 할 사람은 나야.
너희 덕분에 중국에서 정말 좋은 추억 만들었어.
데이빗 : 예리야, 열어 봐.
예리 : 이게 뭐야?
동리 : 맞춰 봐.

 단어 Track 175

舍不得 shěbude (동) 헤어지기 섭섭하다 |
离开 líkāi (동) 떠나다 | **心意** xīnyì (명)
성의 | **应该** yīnggāi (조동) 마땅히 ~할
것이다 | **美好** měihǎo (형) 좋다, 아름답
다 | **回忆** huíyì (명) 추억 | **打开** dǎkāi
(동) 열다 | **猜** cāi (동) 추측하다

알아두기

● **좋은 시간 보내세요**

우리가 여행을 할 때 일행에게 혹은 한
국에 여행 온 중국인에게 많이 쓸 수
있는 말인데요, 다양하게 배워볼까요?

· 留下美好的时光。
  Liúxià měihǎo de shíguāng.
  좋은 시간 보내세요.

· 留下美好的回忆。
  Liúxià měihǎo de huíyì.
  좋은 추억 남기세요.

· 玩儿得愉快。 즐겁게 보내세요.
  Wánr de yúkuài.

· 玩儿得开心。 즐겁게 보내세요.
  Wánr de kāixīn.

· 痛痛快快地玩儿。 마음껏 즐기세요.
  Tòngtong kuàikuài de wánr.

留下 liúxià 남기다 | **时光** shíguāng 세월,
광음 | **玩儿** wánr 놀다 | **愉快** yúkuài 즐겁
다, 기쁘다 | **开心** kāixīn 즐겁다, 기쁘다 |
痛快 tòngkuài 통쾌하다, 즐겁다

被别人拿走 다른 사람이 가져 갈라

동리
我 怕 你 时间 紧张，快 进去 吧。
Wǒ pà nǐ shíjiān jǐnzhāng, kuài jìnqù ba.

예리
好。
Hǎo.

동리
今天 人 太 多，小心 你 的 行李，
Jīntiān rén tài duō, xiǎoxīn nǐ de xíngli,

不然 被 别人 拿走。
bùrán bèi biérén názǒu.

예리
知道 了。
Zhīdào le.

징징
你 别 把 我们 忘 了。
Nǐ bié bǎ wǒmen wàng le.

예리
那 当然 了，谢谢 各位 对 我 的 照顾。
Nà dāngrán le, xièxie gèwèi duì wǒ de zhàogù.

동리
祝 你 一路顺风，路上 小心。
Zhù nǐ yílùshùnfēng, lùshang xiǎoxīn.

동리 : 시간 촉박할까 봐 걱정이다. 어서 들어가.
예리 : 그래.
동리 : 오늘 사람이 많네, 짐 조심해. 다른사람이 가져갈라.
예리 : 알았어.
징징 : 우리 잊으면 안 돼.
예리 : 당연하지, 그동안 고마웠어.
동리 : 조심해서 잘 가.

 단어 Track 177

怕 pà (동) 두렵다 | 紧张 jǐnzhāng (형) 바쁘다, 긴박하다 | 进去 jìnqù (동) 들어 가다 | 小心 xiǎoxīn (동) 조심하다 | 行李 xíngli (명) 짐 | 不然 bùrán (접) 그렇지 않으면 | 被 bèi (개) ~에게 (당하다) | 别人 biérén (대) 다른사람 | 拿 ná (동) 손으로 쥐다 | 知道 zhīdào (동) 알다 | 忘 wàng (동) 잊다 | 对 duì (개) ~을 향하여 | 照顾 zhàogù (동) 보살피다 | 一路顺风 yílù shùnfēng 가시는 길이 순조롭기를 빕니다 | 路上小心 lùshang xiǎoxīn 조심히 가세요

알아두기

● 시간도 일도 긴장?

紧张은 '긴장하다'는 뜻 외에도 '긴박하다, 바쁘다'라는 뜻이 있답니다.

· 时间紧张 시간이 빠듯하다
  shíjiān jǐnzhāng
· 工作紧张 일이 바쁘다
  gōngzuò jǐnzhāng
· 关系紧张 관계가 불안하다
  guānxi jǐnzhāng

我要办理登机手续 탑승 수속 할건데요

예리 我 要 办理 登机 手续。
Wǒ yào bànlǐ dēngjī shǒuxù.

공항직원 给 我 看 你 的 护照。 要 托运
Gěi wǒ kàn nǐ de hùzhào. Yào tuōyùn

行李 吗?
xíngli ma?

예리 是, 大 的 要 托运, 小 的 要 手提。
Shì, dà de yào tuōyùn, xiǎo de yào shǒutí.

공항직원 请 五 点 之前 到 九 号 登机口。
Qǐng wǔ diǎn zhīqián dào jiǔ hào dēngjīkǒu.

예리 好, 谢谢。
Hǎo, xièxie.

예리 : 비행기 탑승 수속하려고 하는데요.
공항직원 : 여권 보여주세요. 짐 부치실 건가요?
예리 : 네, 큰 건 부치고 작은 건 핸드캐리할 거에요.
공항직원 : 5시 전에 9번 게이트로 가세요.
예리 : 네, 감사합니다.

办理 bànlǐ (동) 처리하다 | 登机 dēngjī (동) 탑승하다 | 手续 shǒuxù (명) 수속 | 托运 tuōyùn (동) 짐을 부치다 | 手提 shǒutí (동) 손에 들다, 휴대하다 | 之前 zhīqián (명) ~이전 | 登机口 dēngjīkǒu (명) 게이트

● **짐이 초과되었네요**

超重은 기준을 초과하다는 뜻입니다. 공항에서 자주 쓰이는 말이죠?

· 你的 行李 超重 了。
Nǐ de xíngli chāozhòng le.
짐이 초과되었네요.

1. 把자문

동사 뒤의 목적어를 강조하기 위해 把를 이용해 목적어를 동사 앞으로 도치시키는 문형입니다.

형태: 주어 + 把 + 목적어 + 동사 + 기타성분

- 姜弦把这本书看完了。 강현이는 그 책을 다 봤어. (**看完** 강조)
  Jiāng Xián bǎ zhè běn shū kàn wán le.

- 把厨房窗户关好。 주방의 창문을 잘 닫으세요. (**关好** 강조)
  Bǎ chúfáng chuānghu guān hǎo.

■ 목적어는 반드시 화자와 청자가 알고 있는 한정적인 것이어야 합니다.
 (一个人(×) 那个人(○))
■ 동사 뒤에 반드시 기타성분이 붙습니다. (예외: 过와 가능보어 불가)

2. 把자문 부정

형태: 주어 + 没/不+把 + 목적어 + 동사 + 기타성분

- 我没把钱包带来。 나 지갑을 안 가져왔어.
  Wǒ méi bǎ qián bāo dài lái.
■ 이밖에 조동사, 시간사도 일반적으로 把 앞에 위치합니다.

3. 반드시 把자문으로 써야 하는 경우

술어 뒤에 在, 到, 成, 给가 붙은 경우
都, 全, 全部 등이 빈어의 범위를 나타내는 경우

- 你一定要把这封信寄给他。 너 반드시 이 편지 그에게 부쳐야 돼.
  Nǐ yídìng yào bǎ zhè fēng xìn jì gěi tā.

- 他把所有的菜都吃光了。 그는 모든 음식을 다 먹었다.
  Tā bǎ suǒyǒu de cài dōu chī guāng le.

4. 被자문

피동문이란 주어가 행위를 당하는 사람 혹은 사물인 문형으로 의미는 '주어가 목적어에 의해 동사 당했다'입니다. 목적어 앞에 주로 被/叫/让을 사용해 피동을 나타내며, 이 중 대표적인 피동문이 바로 被자문입니다.

형태: 주어(피행동자) + 被(叫/让) + 목적어(행동자) + 동사 + 기타성분

- 我的电子词典被小偷偷走了。　내 전자사전이 도둑에게 도둑맞았다.
  Wǒ de diànzi cídiǎn bèi xiǎotōu tōu zǒu le.

■ 被 뒤의 목적어(행동자)는 밝힐 필요가 없는 경우 생략 가능합니다.

- 我的手机不小心被偷走了。　부주의해 나의 핸드폰이 도둑맞았다.
  Wǒ de shǒujī bù xiǎoxīn bèi tōu zǒu le.

■ 주어는 반드시 화자와 청자가 알고 있는 한정적인 것이어야 합니다. (一本书(×) 我的书(○))

5. 被자문의 부정

형태: 주어(피행동자) + 没(有)+被(叫/让) + 목적어(행동자) + 동사 + 기타성분

- 小时候没有被父母打过。　어렸을 때 부모님께 맞아본 적이 없다.
  Xiǎoshíhòu méiyǒu bèi fùmǔ dǎ guo.

■ 이밖에 조동사도 일반적으로 被 앞에 위치합니다.

■ 앞서 언급한 叫, 让은 구어에서 많이 쓰이고, 被는 서면어에 많이 쓰입니다.

 단어

厨房 chúfáng 명 주방, 부엌 | 窗户 chuānghu 명 창문 | 关 guān 동 닫다 | 钱包 qiánbāo 명 지갑 | 带 dài 동 가지다 | 全 quán 부 형 모두, 모두의 | 全部 quánbù 형 전부의 | 封 fēng 형 편지의 양사 | 所有 suǒyǒu 형 모두의 | 光 guāng 형 하나도 남아있지 않다 | 电子 diànzǐ 명 전자 | 词典 cídiǎn 명 사전 | 小偷 xiǎotōu 명 도둑 | 偷 tōu 동 훔치다 | 小心 xiǎoxīn 동 조심하다 | 小时候 xiǎoshíhou 명 어린 시절 | 父母 fùmǔ 명 부모님

差不多 (차부뚜어)

☆ 숙제 다 했니? '거의 다 했어.'
☆ 얼마나 더 가야 되냐는 질문에 '거의 다 왔어'
☆ 네가 가진 MP3가 이것이랑 비슷하지?
☆ 지금 몇 시야? '2시 다 됐어'
☆ 한국 여자연예인들은 대부분 다 성형한거야?
☆ 시험 잘 봤어? 란 질문에 '듣기 성적은 그런대로 괜찮아.'

다재다능한 差不多에 대해서 한 번 알아볼까요?

● 差不多는 ① 거의(부사) ② 비슷하다(형용사) ③ 대부분(형용사) ④ 그런대로 괜찮아(형용사)라는 많은 뜻을 가지고 있습니다. 그만큼 일상생활에서도 아주 많이 쓰이죠.

A 作业做好了吗?
　　Zuòyè zuò hǎo le ma?

B 差不多。
　　Chàbuduō.

A 还要走多久?
　　Hái yào zǒu duōjiǔ?

B 差不多到了。
　　Chàbuduō dào le.

A 你的 MP3 跟这个差不多吧?
　　Nǐ de MP3 gēn zhège chàbùduō ba?

A 现在几点?
　　Xiànzài jǐ diǎn?

B 差不多两点。
　　Chàbuduō liǎng diǎn.

A 韩国女星差不多都是整容的吗?
　　Hánguó nǚxīng chàbuduō dōu shì zhěngróng de ma?

A 考试考得怎么样?
　　Kǎoshì kǎo de zěnmeyàng?

B 我听力成绩差不多。
　　Wǒ tīnglì chéngjì chàbuduō.

단 어

多久 duōjiǔ 때 얼마나 오래 | **跟** gēn 깨 ~와 | **女星** nǚxīng 명 여자 연예인 | **整容** zhěngróng 통 성형하다 | **听力** tīnglì 명 리스닝 | **成绩** chéngjì 명 성적

● 差不多를 자세히 살펴보면
差는 '차이가 나다'는 뜻입니다. 여기에 부정의 不를 붙이고 '많다'라는 뜻인 多를 붙여 '차이가 별로 없다'는 뜻입니다. 중국에는 差不多先生传(차부뚜어 선생전)이라는 이야기도 있답니다. 모든 일에 '대충 비슷하지 뭐~,' 라는 습관을 가진 선생 이야기로 '별차이 없다, 그럭저럭'이라는 말로 구체적인 평가를 회피하고 함축적인 말을 좋아하는 중국인의 국민성을 희화한 이야기랍니다.

부록

연상단어

4과 "기숙사에서 하는 일 기숙사 물건 표현하기"	청소하다 打扫 dǎsǎo 따싸오	시끄럽다 吵闹 chǎonào 츠아오나오
세수하다 洗脸 xǐliǎn 시리엔	좁다 狭窄 xiázhǎi 시아자이	5과 "가게에서 하는 말"
목욕하다 洗澡 xǐzǎo 시쟈오	넓다 宽 kuān 쿠안	사다 买 mǎi 마이
이를 닦다 刷牙 shuāyá 수아야	편안하다 舒服 shūfu 수푸	팔다 卖 mài 마이
빨래하다 洗衣服 xǐ yīfu 시 이푸	조용하다 安静 ānjìng 안찡	비싸다 贵 guì 꿰이

싸다 便宜 piányi 피엔이	작다 小 xiǎo 샤오	지하철 地铁 dìtiě 띠티에
재다 称 chēng 츠엉	6과 "탈 것"	자전거 自行车 zìxíngchē 쯔싱츠어
많다 多 duō 뚜어	기차 汽车 qìchē 치츠어	오토바이 摩托车 mótuōchē 뭐투어츠어
적다 少 shǎo 샤오	비행기 飞机 fēij 페이지	택시 出租汽车 chūzū qìchē 츠우쭈 치츠어
크다 大 dà 따	버스 公共汽车 gōnggòng qìchē 꽁꽁 치츠어	배 船 chuán 츠우안

헬리콥터
直升机
zhíshēngjī
즈성지

학생식당
学生食堂
xuésheng shítáng

강당
礼堂
lǐtáng

7과
"학교의 곳곳들"

기숙사 데스크
宿舍服务台
sùshè fúwùtái

8과
"베이징에서는 어디를
가봐야 할까요?"

도서관
图书馆
túshūguǎn

학생서비스센터
学生服务中心
xuésheng fúwù zhōngxīn

천안문
天安门
Tiān'ānmén

기숙사
宿舍
sùshè

운동장
操场
cāochǎng

고궁(자금성)
故宫
Gùgōng

유학생기숙사
留学生宿舍
liúxuéshēng sùshè

체육관
体育馆
tǐyùguǎn

쯔진초엉
(중국 청나라 때의 궁전)
紫禁城
Zǐjìnchéng

만리장성
长城
Chángchéng

왕푸징
王府井
Wángfǔjǐng

케익
蛋糕
dàngāo

이호원
颐和园
Yíhéyuán

천단공원
天坛公园
Tiāntán gōngyuán

초
蜡烛
làzhú

유리창
(베이징 골동품 거리)
琉璃厂
Liúlíchǎng

후퉁
(중국의 골목길)
胡同
hútòng

생일선물
生日礼物
shēngrì lǐwù

북해공원
北海公园
Běihǎi gōngyuán

노사차관
(노사의 옛집으로 경극을 볼 수 있는 찻집)
老舍茶馆
Lǎoshè cháguǎn

생일파티
生日派对 · 生日宴会
shēngrì pàiduì · shēngri yànhuì

후해
(북해공원 뒷편 호수가 까페거리)
后海
hòuhǎi

9과
"생일파티 준비,
기념일들"

생일카드
生日贺卡
shēngrì hèkǎ

생일
生日
shēngrì

국경절
国庆节
Guóqìngjié

감기
感冒
gǎnmào

결혼기념일
结婚纪念日
jiéhūn jìniànrì

노동절
劳动节
Láodòngjié

설사
腹泻
fùxiè

성탄절
圣诞节
Shèngdànjié

추석(중추절)
中秋节
Zhōngqiūjié

설사하다
拉肚子
lā dùzi

새해
新年
xīnnián

10과
"병원에 가면? 의사도
있고 간호사도 있고…"

메스껍다
恶心
ěxin

음력설
春节
Chūnjié

병/질병
疾病
jíbìng

두통
头痛
tóutòng

발열 发烧 fāshāo	콧물이 흐르다 流鼻涕 liú bítì	퇴원하다 出院 chūyuàn
복통 肚子痛 dùzitòng	알레르기 过敏 guòmǐn	입원하다 住院 zhùyuàn
요통 腰痛 yāotòng	의사 大夫 dàifu	주사를 놓다 打针 dǎzhēn
위장병 肠胃病 chángwèibìng	간호사 护士 hùshi	약을 먹다 吃药 chīyào
기침 咳嗽 késou	환자 病人 bìngrén	진료하다 诊疗 zhěnliáo

215

11과

"맛"

맵다
辣
là

12과

"옷 종류"

맛
味道
wèidao

짜다
咸
xián

정장
西裝
xīzhuāng

시다
酸
suān

싱겁다
淡
dàn

넥타이
领带
lǐngdài

달다
甜
tián

담백하다
清淡
qīngdàn

바지
裤子
kùzi

쓰다
苦
kǔ

느끼하다
油腻
yóunì

구두
皮鞋
píxié

모자 帽子 *màozi*	티셔츠 T恤 *T xù*	하이힐 高跟鞋 *gāogēnxié*
셔츠 衬衫 *chènshān*	치마 裙子 *qúnzi*	13과 "스포츠"
스웨터 毛衣 *máoyī*	스타킹 丝袜 *sīwà*	스포츠 体育 *tǐyù*
청바지 牛仔裤 *niúzǎikù*	외투 大衣 *dàyī*	축구 (하다) (踢)足球 *(tī) zúqiú*
운동화 运动鞋 *yùndòngxié*	스카프 毛巾 *máojīn*	야구 (하다) (打)棒球 *(dǎ) bàngqiú*

농구(하다)	조깅	편의점
(打)篮球	慢跑	便利店
(dǎ) lánqiú	mànpǎo	biànlìdiàn

배구(하다)	스케이팅	PC방
(打)排球	滑冰	网吧
(dǎ) páiqiú	huábīng	wǎngba

골프(치다)	스키	노래방
(打)高尔夫球	滑雪	卡拉OK
(dǎ) gāo'ěrfūqiú	huáxuě	kǎlāOK

수영	14과 "길거리에서 볼 수 있는 간판"	지하철역
游泳		地铁站
yóuyǒng		dìtiězhàn

탁구(치다)	커피숍	길을 건너다
(打)乒乓球	咖啡厅	过马路
(dǎ) pīngpāngqiú	kāfēitīng	guò mǎlù

우회전하다 往右拐 wǎng yòu guǎi	SF 科幻片 kēhuànpiàn	다큐멘터리 纪录片 jìlùpiàn
좌회전하다 往左拐 wǎng zuǒ guǎi	공포 恐怖片 kǒngbùpiàn	로맨틱하다 浪漫 làngmàn
직진하다 一直走 yìzhí zǒu	멜로 爱情片 àiqíngpiàn	웃기다 逗笑 dòuxiào
15과 "영화의 종류, 영화를 보며 느끼는 감정"	애니메이션 动画片 dònghuàpiàn	무섭다 恐怖 kǒngbù
액션 动作片 dòngzuòpiàn	코메디 喜剧片 xǐjùpiàn	슬프다 悲伤 bēishāng

219

감동적이다 感人 gǎnrén	도쿄 东京 Dōngjīng	파리 巴黎 Bālí
16과 "도시명칭, 주요국 통화"	워싱턴 华盛顿 Huáshèngdùn	모스크바 莫斯科 Mòsīkē
도시 城市 chéngshì	LA 洛杉矶 Luòshānjī	원 韩元 Hányuán
서울 首尔 Shǒu'ěr	런던 伦敦 Lúndūn	달러 美元 Měiyuán
베이징 北京 Běijīng	베를린 柏林 Bólín	위안 人民币 Rénmínbì

엔 日元 Rìyuán	샴푸 洗发剂 xǐfàjì	계산대 收银台 shōuyíntái
유로 欧元 ōuyuán	로션 护肤液 hùfūyè	진열대 货架 huòjià
파운드 英镑 Yīngbàng	수건 毛巾 máojīn	종업원 服务员 fúwùyuán
17과 "위생용품, 마켓에서 자주쓰는 단어"	칫솔 牙刷 yáshuā	가격 价格 jiàgé
비누 肥皂 féizào	치약 牙膏 yágāo	할인 折扣 zhékòu

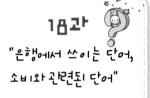

18과
"은행에서 쓰이는 단어,
소비와 관련된 단어"

펀드
基金
jījīn

거스름돈
零钱
língqián

통장
存折
cúnzhé

돈을 쓰다
花钱
huāqián

19과
"동물"

계좌
账户
zhànghù

계산하다
结账
jiézhàng

동물
动物
dòngwù

예금하다
存款
cúnkuǎn

밥을 사다
请客
qǐngkè

개
狗
gǒu

인출하다
取款
qǔkuǎn

선물을 주다
送礼物
sòng lǐwù

고양이
猫
māo

222

돼지 猪 zhū	원숭이 猴子 hóuzi	말 马 mǎ
오리 鸭子 yāzi	코끼리 (大)象 (dà)xiàng	여우 狐 hú
사자 狮子 shīzi	타조 鸵鸟 tuóniǎo	펭귄 企鹅 qǐ'é
호랑이 老虎 lǎohǔ	뱀 蛇 shé	늑대 狼 láng
기린 麒麟(麟) qílín (lín)	사슴 鹿 lù	토끼 兔子 tùzi

표범
豹
bào

도착시간
到达时间
dàodá shíjiān

검역
检疫
jiǎnyì

20과 
"공항에서 쓰이는 단어"

비자
签证
qiānzhèng

국내선
国内航班
guónèi hángbān

입국수속
入境手续
rùjìng shǒuxù

국제선
国际航班
guójì hángbān

세관검사
海关检查
hǎiguān jiǎnchá

출발시간
出发时间
chūfā shíjiān

수하물 찾는 곳
行李领取处
xíngli lǐngqǔchù

224

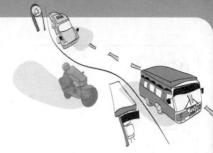

미녀통역사와 함께하는

중국어 첫데이트

| 중국어동시통역사 **김태희 · 이예리** |

간체자 쓰기노트

Chinese
Factory

的	的	的	的					

과녁 적 : 뜻 ~의 | 목표 음 de | dì

的 的 的 的 的 的 的

一	一	一	一					

하나 일 : 뜻 1, 하나 음 yī

一

了	了	了	了					

어조사 료, 마칠 료 : 뜻 어조사로 쓰인다 | 끝내다, 마치다 음 le | liǎo

了 了

是	是	是	是					

이 시 : 뜻 ~이다 음 shì

是 是 是 是 是 是 是

不	不	不	不					

아닐 불 : 뜻 아니다 음 bù

不 不 不 不

我	我	我	我					

나 아 : 뜻 나, 저 음 wǒ

我 我 我 我 我 我 我

在	在	在	在					

있을 재 : 뜻 ~에 있다 음 zài

在 在 在 在 在 在

有	有	有	有					

있을 유 : 뜻 소유하다, 가지고 있다 음 yǒu

有 有 有 有 有 有

人	人	人	人					

사람 인 : 뜻 사람 음 rén

人 人

这	这	这	这					

這

이 저 : 뜻 이, 이것 음 zhè

这 这 这 这 这 这 这

他	他	他	他				

다를 타 : (뜻) 그, 그 사람 (음) tā

他 他 们 他 他

们	们	们	们				們

들 문 : (뜻) 복수를 나타내는 접미사 (음) men

们 们 们 们 们

来	来	来	来				來

올 래 : (뜻) 오다 (음) lái

来 来 来 来 来 来 来

个	个	个	个				個

낱 개 : (뜻) 특정한 양사를 가지지 않는 명사에 쓰인다 (음) gè

个 个 个

上	上	上	上				

위 상 : (뜻) 위 (음) shàng

上 上 上

地	地	地	地				

땅 지 : (뜻) 주로 조사로 쓰인다 (음) dì

地 地 地 地 地 地 地

大	大	大	大				

큰 대 : (뜻) 크다 (음) dà

大 大 大

着	着	着	着				着

나타날 저 : (뜻) ~하고 있다 (음) zhe

着 着 着 着 着 着 着 着 着 着 着

就	就	就	就				

나아갈 취 : (뜻) 곧, 바로 (음) jiù

就 就 就 就 就 就 就 就 就 就 就

你	你	你	你				

너 니 : (뜻) 너, 당신 (음) nǐ

你 你 你 你 你 你 你

说	说	说	说				說

말씀 설 : (뜻) 말하다 | 유세하다 (음) shuō | shuì　　　说 说 说 说 说 说 说 说 说

到	到	到	到				

이를 도 : (뜻) 이르다, 도착하다 (음) dào　　　　　　到 到 到 到 到 到 到 到

和	和	和	和				

화할 화 : (뜻) ~와(과) (음) hé | huo　　　　　和 和 和 和 和 和 和 和 和

子	子	子	子				

아들 자 : (뜻) 아들, 자녀 (음) zǐ　　　　　　　　　　　　子 子 子

要	要	要	要				

구할 요 : (뜻) ~하려고 하다 | 요구하다 (음) yào | yāo　　要 要 要 要 要 要 要 要 要

里	里	里	里				裏

속 리 : (뜻) 안, 속 (음) lǐ　　　　　　　　　里 里 里 里 里 里 里

么	么	么	么				麽

그런가 마 : (뜻) 무엇 (음) me　　　　　　　　　　　　么 么 么

得	得	得	得				

얻을 득 : (뜻) 조사로 쓰인다 | 얻다 (음) de | dé　　得 得 得 得 得 得 得 得 得 得 得

去	去	去	去				

갈 거 : (뜻) 가다 (음) qù　　　　　　　　　　去 去 去 去 去

也	也	也	也				

어조사 야 : (뜻) 또한 (음) yě　　　　　　　　　　　也 也 也

那	那	那	那						那那那那那那那
저 나 : (뜻) 저, 저것 (음) nà									

会	会	会	会						會
모을 회 : (뜻) ~할 수 있다 (음) huì									会会会会会会

主	主	主	主						
주인 주 : (뜻) 주인 (음) zhǔ									主主主主主

时	时	时	时						時
때 시 : (뜻) 때 | 시기 / shí									时时时时时时时

出	出	出	出						
날 출 : (뜻) 나가다, 벗어나다 (음) chū									出出出出出

下	下	下	下						
아래 하 : (뜻) 아래, 내리다 (음) xì									下下下

国	国	国	国						國
나라 국 : (뜻) 나라 (음) guó									国国国国国国国国

过	过	过	过						過
지날 과 : (뜻) 지나다 (음) guò									过过过过过过

为	为	为	为						爲
할 위 | 위할 위 : (뜻) 하다 | 위하다 (음) wéi | wèi									为为为为

好	好	好	好						
좋아할 호 : (뜻) 좋다 | 좋아하다 (음) hǎo | hào									好好好好好

| 看 | 看 | 看 | 看 | | | | | |

볼 간: (뜻) 보다 | 지키다 (음) kàn | kān

看看看看看看看看

| 生 | 生 | 生 | 生 | | | | | |

날 생: (뜻) 낳다, 살다 (음) shēng

生生生生生

| 可 | 可 | 可 | 可 | | | | | |

옳을 가, 가히 가: (뜻) ~해도 된다, ~할 만하다 (음) kě

可可可可

| 以 | 以 | 以 | 以 | | | | | |

써 이: (뜻) ~으로(써) (음) yǐ

以以以以

| 还 | 还 | 还 | 还 | | | | | 還 |

돌아올 환: (뜻) 또한 | 돌아오다 (음) hái | huán

还还还还还还还

| 学 | 学 | 学 | 学 | | | | | 學 |

배울 학: (뜻) 배우다 (음) xué

学学学学学学学学

| 起 | 起 | 起 | 起 | | | | | |

일어날 기: (뜻) 일어나다, 시작하다 (음) qǐ

起起起起起起起起起

| 都 | 都 | 都 | 都 | | | | | 都 |

모두 도, 도읍 도: (뜻) 모두 | 수도 (음) dōu | dū

都都都都都都都都都都

| 年 | 年 | 年 | 年 | | | | | |

해 년: (뜻) 년, 해 (음) nián

年年年年年年年

| 小 | 小 | 小 | 小 | | | | | |

작을 소: (뜻) 작다 (음) xiǎo

小小小

6

没	没	没	没					

없을 몰, 빠질 몰 : 뜻 없다 | (물에) 잠기다　음 méi | mò　没没没没没没没

能	能	能	能					

능할 능 : 뜻 ~할 수 있다, ~할 줄 안다　음 néng　能能能能能能能能能

多	多	多	多					

많을 다 : 뜻 많다　음 duō　多多多多多多

天	天	天	天					

하늘 천 : 뜻 하늘　음 tiān　天天天天

工	工	工	工					

장인 공 : 뜻 노동자　음 gōng　工工工

家	家	家	家					

집 가 : 뜻 집　음 jiā　家家家家家家家家家家

把	把	把	把					

잡을 파 : 뜻 (손으로) 잡다, 쥐다　음 bǎ　把把把把把把把

动	动	动	动					動

움직일 동 : 뜻 움직이다　음 dòng　动动动动动动

用	用	用	用					

쓸 용 : 뜻 쓰다, 사용하다　음 yòng　用用用用用

对	对	对	对					對

대답할 대, 대할 대 : 뜻 대답하다, 대하다　음 duì　对对对对对

中	中	中	中					

가운데 중, 맞을 중 : (뜻) 가운데 | 맞히다 (음) zhōng | zhòng

中 中 中 中

作	作	作	作					

지을 작 : (뜻) ~을 하다, ~을 만들다 (음) zuò

作 作 作 作 作 作 作

自	自	自	自					

스스로 자, 부터 자 : (뜻) 스스로, ~로부터 (음) zì

自 自 自 自 自 自

发	发	发	发					發

필 발, 일으킬 발 : (뜻) 보내다, 발전하다, 발생하다 (음) fā

发 发 发 发 发

又	又	又	又					

또 우 : (뜻) 또한 (음) yòu

又 又

同	同	同	同					

같을 동 : (뜻) 같다 (음) tóng

同 同 同 同 同 同

民	民	民	民					

백성 민 : (뜻) 국민 (음) mín

民 民 民 民 民

面	面	面	面					

낯 면 : (뜻) 얼굴 (음) miàn

面 面 面 面 面 面 面 面

想	想	想	想					

생각 상 : (뜻) 생각하다, ~하려고 하다 (음) xiǎng

想 想 想 想 想 想 想 想 想 想

样	样	样	样					樣

모양 양 : (뜻) 모양, 형상 (음) yàng

样 样 样 样 样 样 样 样 样

成	成	成	成					

이룰 성 : (뜻) 이루다, 완성하다 (음) chéng

成成成成成成

义	义	义	义					義

뜻 의 : (뜻) 정의, 의의 (음) yì

义义义

后	后	后	后					後

뒤 후 : (뜻) 뒤 (음) hòu

后后后后后后

她	她	她	她					

그녀 타 : (뜻) 그녀 (음) tā

她她她她她她

头	头	头	头					頭

머리 두 : (뜻) 머리 (음) tóu

头头头头头

经	经	经	经					經

날 경, 지경 경 : (뜻) 경과하다, 경험하다 (음) jīng

经经经经经经经经

产	产	产	产					産

낳을 산 : (뜻) 낳다, 출산하다 (음) chǎn

产产产产产产

道	道	道	道					

길 도 : (뜻) 도로 (음) dào

道道道道道道道道道道道

十	十	十	十					

열 십 : (뜻) 10, 십 (음) shí

十十

甚	甚	甚	甚					

심할 심, 무엇 심 : (뜻) 무엇, 무슨 (음) shén

甚甚甚甚甚甚甚甚

进	进	进	进					進

나아갈 진 : (뜻) 나아가다 (음) jìn

进进井进进进进

心	心	心	心					

마음 심 : (뜻) 마음 (음) xīn

心心心心

现	现	现	现					現

지금 현, 나타날 현 : (뜻) 현재, 지금 (음) xiàn

现现现现现现现现

然	然	然	然					

그러할 연 : (뜻) 그렇다 (음) rán

然然然然然然然然然然然

只	只	只	只					

다만 지 : (뜻) 다만, 단지 (음) zhǐ

只只只只只

种	种	种	种					種

씨 종, 심을 종 : (뜻) 씨앗, 종류 | 심다 (음) zhǒng | zhòng

种种种种种种种种种

老	老	老	老					

늙을 로 : (뜻) 늙다 (음) lǎo

老老老老老老

事	事	事	事					

일 사 : (뜻) 일, 사건 (음) shì

事事事事事事事事

从	从	从	从					從

쫓을 종 : (뜻) ~로부터 (음) cóng

从从从从

分	分	分	分					

나눌 분 : (뜻) 나누다 | 성분 (음) fēn | fèn

分分分分

| 前 | 前 | 前 | 前 | | | | | | 前 |

앞 전 : (뜻) 앞 (음) qián

前 前 前 前 前 前 前 前 前

| 些 | 些 | 些 | 些 | | | | | | |

적을 사 : (뜻) 조금, 약간 (음) xiē

些 些 些 些 些 些 些 些

| 点 | 点 | 点 | 点 | | | | | | 點 |

점 점 : (뜻) 점, 시(時) (음) diǎn

点 点 点 点 点 点 点 点 点

| 开 | 开 | 开 | 开 | | | | | | 開 |

열 개 : (뜻) 열다, 켜다 (음) kāi

开 开 开 开

| 而 | 而 | 而 | 而 | | | | | | |

말이을 이 : (뜻) 그러나, 그래서 (음) ér

而 而 而 而 而 而

| 很 | 很 | 很 | 很 | | | | | | |

매우 흔 : (뜻) 매우, 아주 (음) hěn

很 很 很 很 很 很 很 很

| 方 | 方 | 方 | 方 | | | | | | |

모 방 : (뜻) 사각형의, 쪽, 측 (음) fāng

方 方 方 方

| 于 | 于 | 于 | 于 | | | | | | |

어조사 우 : (뜻) ~에, ~에서 (음) yú

于 于 于

| 行 | 行 | 行 | 行 | | | | | | |

갈 행 | 행할 행 : (뜻) 가다, 괜찮다 | 행, 열, 상점 (음) xíng | háng

行 行 行 行 行 行

| 长 | 长 | 长 | 长 | | | | | | 長 |

길 장, 어른 장, 자랄 장 : (뜻) 길다 | 어른, 자라다 (음) cháng | zhǎng

长 长 长 长

见	见	见	见					見

볼 견, 나타날 현 : (뜻) 보다 | 나타나다 (음) jiàn | xiàn

見 見 見 見

水	水	水	水					

물 수 : (뜻) 물 (음) shuǐ

水 水 水 水

两	两	两	两					兩

둘 량 : (뜻) 2, 둘 (음) liǎng

两 两 两 两 两 两 两

走	走	走	走					

갈 주 : (뜻) 가다 (음) zǒu

走 走 走 走 走 走 走

高	高	高	高					

높을 고 : (뜻) 높다, 비싸다 (음) gāo

高 高 高 高 高 高 高 高 高 高

三	三	三	三					

석 삼 : (뜻) 3, 셋 (음) sān

一 三 三

象	象	象	象					

코끼리 상 : (뜻) 코끼리, 모양, 형태 (음) xiàng

象 象 象 象 象 象 象 象 象 象 象

回	回	回	回					

돌아올 회 : (뜻) 돌아오다, 돌다 (음) huí

回 回 回 回 回 回

实	实	实	实					實

열매 실 : (뜻) 진실하다, 사실 (음) shí

实 实 实 实 实 实 实 实

当	当	当	当					當

맡을 당, 마땅할 당 : (뜻) 맡다 | ~으로 여기다 (음) dāng | dàng

当 当 当 当 当 当

气	气	气	气					氣

기운 기 : 뜻 기체, 가스, 냄새 음 qì

气气气气

问	问	问	问					問

물을 문 : 뜻 묻다 음 wèn

问问问问问问

它	它	它	它					它

그것 타 : 뜻 그(것), 저(것) 음 tā

它它它它它

给	给	给	给					給

줄 급 : 뜻 주다, ~에게 | 공급하다 음 gěi | jǐ

给给给给给给给给给

手	手	手	手					手

손 수 : 뜻 손 음 shǒu

手手手手

全	全	全	全					全

온전할 전 : 뜻 완전하다, 전체의 음 quán

全全全全全全

部	部	部	部					部

분류 부 : 뜻 일부, 부분, 부 음 bù

部部部部部部部部部部部

二	二	二	二					二

두 이 : 뜻 2, 둘 음 èr

二二

力	力	力	力					力

힘 력 : 뜻 힘 음 lì

力力

正	正	正	正					正

바를 정 : 뜻 바르다, 마침 음 zhèng

正正正正正

定	定	定	定						

정할 정 : (뜻) 정하다 (음) dìng

定定定定定定定定

意	意	意	意						

뜻 의 : (뜻) 생각, 뜻, 의견 (음) yì

意意意意意意意意意意意意

命	命	命	命						

목숨 명 : (뜻) 목숨 (음) mìng

命命命命命命命命

几	几	几	几						幾

몇 기 : (뜻) 얼마, 몇 (음) jǐ

几几

机	机	机	机						機

기계 기 : (뜻) 기계, 기능, 기회 (음) jī

机机机机机机

党	党	党	党						黨

무리 당 : (뜻) 정당 (음) dǎng

党党党党党党党党党党

所	所	所	所						

바 소 : (뜻) 곳, 장소, ~하는 바의 (음) suǒ

所所所所所所所所

向	向	向	向						

향할 향 : (뜻) ~로 향하다 (음) xiàng

向向向向向向

战	战	战	战						戰

싸움 전 : (뜻) 싸우다, 전쟁 (음) zhàn

战战战战战战战战战

己	己	己	己						

몸 기, 자기 기 : (뜻) 자기, 자신 (음) jǐ

己己己

知	知	知	知					
알 지 : (뜻) 알다 (음) zhī					知 知 知 知 知 知 知 知			

物	物	物	物					
사물 물, 물건 물 : (뜻) 사물, 물건 (음) wù					物 物 物 物 物 物 物 物			

理	理	理	理					
이치 리, 다스릴 리 : (뜻) 이치, 정리하다 (음) lǐ				理 理 理 理 理 理 理 理 理 理				

声	声	声	声					聲
소리 성 : (뜻) 소리 (음) shēng					声 声 声 声 声 声 声			

等	等	等	等					
기다릴 등, 등등 : (뜻) 기다리다, 등 (음) děng			等 等 等 等 等 等 等 等 等 等 等					

打	打	打	打					
칠 타 : (뜻) 때리다, 치다, 걸다 (음) dǎ						打 打 打 打 打		

话	话	话	话					話
이야기 화 : (뜻) 말하다, 이야기 (음) huà				话 话 话 话 话 话 话 话				

本	本	本	本					
근본 본 : (뜻) 뿌리, 근본, 권 (음) běn						本 本 本 本 本		

社	社	社	社					
단체 사 : (뜻) 단체, 조직 (음) shè					社 社 社 社 社 社 社			

边	边	边	边					邊
가 변 : (뜻) 옆, ~쪽 (음) biān						边 边 边 边 边		

外	外	外	外						

바깥 외 : (뜻) 바깥, ~밖에 (음) wài

외 外 外 外 外

法	法	法	法						

법 법 : (뜻) 법 (음) fǎ

法 法 法 法 法 法 法 法

化	化	化	化						

화할 화 : (뜻) 변하다, 소화되다 (음) huà

化 化 化 化

之	之	之	之						

갈 지 : (뜻) 그, 이 (음) zhī

之 之 之

如	如	如	如						

같을 여, 만일 여 : (뜻) ~와 같다, 만일 (음) rú

如 如 如 如 如 如

情	情	情	情						

뜻 정 : (뜻) 정, 상황 (음) qíng

情 情 情 情 情 情 情 情 情 情

候	候	候	候						

기다릴 후 : (뜻) 기다리다 (음) hòu

候 候 候 候 候 候 候 候 候

眼	眼	眼	眼						

눈 안 : (뜻) 눈 (음) yǎn

眼 眼 眼 眼 眼 眼 眼 眼 眼 眼 眼

无	无	无	无						無

없을 무 : (뜻) 없다 (음) wú

无 无 无 无

但	但	但	但						

다만 단 : (뜻) 다만, 단지, 그러나 (음) dàn

但 但 但 但 但 但 但

呢	呢	呢	呢				

어조사 너 : (뜻) 의문을 나타내는 조사로 쓰인다 (음) ne　　呢 呢 呢 呢 呢 呢 呢 呢

使	使	使	使				

부릴 사, 하여금 사 : (뜻) 파견하다 (음) shǐ　　使 使 使 使 使 使 使

重	重	重	重				

무거울 중, 거듭할 중 : (뜻) 무겁다 | 겹치다 (음) zhòng | chóng 重 重 重 重 重 重 重 重 重

叫	叫	叫	叫				

부르짖을 규 : (뜻) 부르다, ~라고 하다 (음) jiào　　叫 叫 叫 叫 叫

身	身	身	身				

몸 신 : (뜻) 몸, 신체 (음) shēn　　身 身 身 身 身 身 身

间	间	间	间				間

사이 간 : (뜻) 중간, 사이 | 틈, 사이 (음) jiān | jiàn　　间 间 间 间 间 间 间

业	业	业	业				業

업 업 : (뜻) 일, 직업 (음) yè　　业 业 业 业 业

反	反	反	反				

돌이킬 반 : (뜻) 거꾸로의, 반대의 (음) fǎn　　反 反 反 反

真	真	真	真				眞

참 진 : (뜻) 진실하다, 참되다 (음) zhēn　　真 真 真 真 真 真 真 真 真

明	明	明	明				

밝을 명 : (뜻) 밝다 (음) míng　　明 明 明 明 明 明 明 明

听	听	听	听					聽

들을 청 : 뜻 듣다 음 tīng

听听听听听听听

才	才	才	才					

재주 재 : 뜻 재능, 재주 음 cái

才才才

放	放	放	放					

놓을 방 : 뜻 놓아주다 음 fàng

放放放放放放放放

革	革	革	革					

가죽 혁, 고칠 혁 : 뜻 가죽, 고치다, 혁신하다 음 gé

革革革革革革革革革

路	路	路	路					

길 로 : 뜻 길 음 lù

路路路路路路路路路路路路

四	四	四	四					

넉 사 : 뜻 4, 넷 음 sì

四四四四四

別	別	別	別					別

다를 별 : 뜻 다른, ~하지 말라 음 bié

別別別別別別別

做	做	做	做					

지을 주 : 뜻 짓다, 만들다 음 zuò

做做做做做做做做做做做

志	志	志	志					

뜻 지 : 뜻 뜻 음 zhì

志志志志志志志

文	文	文	文					

글월 문 : 뜻 글 음 wén

文文文文

已	已	已	已					
이미 이 : (뜻) 이미 (음) yǐ								已已已

级	级	级	级					级
등급 급 : (뜻) 등급 (음) jí					级级级级级级			

怎	怎	怎	怎					
어찌 즘 : (뜻) 왜, 어떻게 (음) zěn				怎怎怎怎怎怎怎怎				

最	最	最	最					
가장 최 : (뜻) 가장, 최고로 (음) zuì			最最最最最最最最最最最					

吧	吧	吧	吧					
어조사 파 : (뜻) 어기를 나타내는 어조사로 쓰인다 (음) ba					吧吧吧吧吧吧吧			

量	量	量	量					
잴 량 : (뜻) 재다, 달다 ㅣ양 (음) liáng ㅣ liàng			量量量量量量量量量量量					

电	电	电	电					電
번개 전 : (뜻) 전기 (음) diàn						电电电电电		

车	车	车	车					車
수레 차 : (뜻) 차, 자동차 (음) chē						车车车车		

先	先	先	先					
먼저 선 : (뜻) 우선, 먼저 (음) xiān					先先先先先先			

妈	妈	妈	妈					媽
어미 마 : (뜻) 엄마 (음) mā					妈妈妈妈妈妈			

新	新	新	新				
새로울 신 : 뜻 새롭다 음 xīn				新 新 新 新 新 新 新 新 新 新 新 新			
口	口	口	口				
입 구 : 뜻 입 음 kǒu							口 口 口
干	干	干	干				幹
줄기 간 : 뜻 줄기, (일 등을) ~하다 음 gàn							干 干 干
军	军	军	军				軍
군사 군 : 뜻 군대 음 jūn						军 军 军 军 军 军	
制	制	制	制				製
지을 제 : 뜻 만들다, 제조하다 음 zhì					制 制 制 制 制 制 制 制		
度	度	度	度				
법도 도, 정도 도 : 뜻 온도나 길이 등을 재는 단위 음 dù				度 度 度 度 度 度 度 度			
解	解	解	解				解
풀 해 : 뜻 나누다, 분리하다 음 jiě				解 解 解 解 解 解 解 解 解 解 解			
活	活	活	活				
살 활 : 뜻 살다, 생존하다 음 huó				活 活 活 活 活 活 活 活 活			
加	加	加	加				
더할 가 : 뜻 더하다 음 jiā						加 加 加 加 加	
因	因	因	因				
인할 인 : 뜻 이유, 원인, ~때문에 음 yīn						因 因 因 因 因 因	

体	体	体	体						體

몸 체 : 뜻 몸, 신체　음 tǐ

体体体体体体体

少	少	少	少						

적을 소, 젊을 소 : 뜻 적다 | 젊다　음 shǎo | shào

少少少少

山	山	山	山						

뫼 산 : 뜻 산　음 shān

山山山

代	代	代	代						

대신할 대 : 뜻 대신하다　음 dài

代代代代代

五	五	五	五						

다섯 오 : 뜻 5, 다섯　음 wǔ

五五五五

政	政	政	政						

정사 정 : 뜻 정치　음 zhèng

政政政政政政政政

阶	阶	阶	阶						階

섬돌 계 : 뜻 계단, 층계　음 jiē

阶阶阶阶阶阶阶

光	光	光	光						

빛 광 : 뜻 빛, 경치　음 guāng

光光光光光光

门	门	门	门						門

문 문 : 뜻 문　음 mén

门门门

员	员	员	员						員

인원 원 : 뜻 어떤 분야에 종사하고 있는 사람　음 yuán

员员员员员员员

住	住	住	住				

살 주 : (뜻) 살다, 거주하다 (음) zhù   住 住 住 住 住 住 住

常	常	常	常				

항상 상 : (뜻) 보통이다, 일반적이다 (음) cháng   常 常 常 常 常 常 常 常 常 常 常

关	关	关	关				關

빗장 관 : (뜻) 닫다 (음) guān   关 关 关 关 关 关

各	各	各	各				

각각 각 : (뜻) 여러, 여러가지, 각자 (음) gè   各 各 各 各 各 各

原	原	原	原				

근원 원 : (뜻) 최초의, 원래의, 원인 (음) yuán   原 原 原 原 原 原 原 原 原 原

比	比	比	比				

견줄 비 : (뜻) 견주다, 비하다 (음) bǐ   比 比 比 比

月	月	月	月				

달 월 : (뜻) 달 (음) yuè   月 月 月 月

建	建	建	建				

세울 건 : (뜻) 세우다, 짓다 (음) jiàn   建 建 建 建 建 建 建 建

变	变	变	变				變

변할 변 : (뜻) 변하다, 변화하다 (음) biàn   变 变 变 变 变 变 变 变

次	次	次	次				

버금 차 : (뜻) 두 번째의, 순서 (음) cì   次 次 次 次 次 次

第	第	第	第						

차례 제 : (뜻) 차례, 순서 (음) dì　　　第 第 第 第 第 第 第 第 第 第

应	应	应	应						應

응할 응, 응당 응 : (뜻) 응하다 | 당연히~해야 한다 (음) yīng | yìng　　應 应 应 应 应 应 应

条	条	条	条						條

가지 조, 조목 조 : (뜻) 나뭇가지, 줄기, 마리, 항목 (음) tiáo　　条 条 条 条 条 条 条

太	太	太	太						

클 태 : (뜻) 아주, 매우, 너무 (음) tài　　　太 大 大 太

合	合	合	合						

합할 합 : (뜻) 합하다 (음) hé　　　合 合 合 合 合 合

争	争	争	争						爭

다툴 쟁 : (뜻) 다투다 (음) zhēng　　争 争 争 争 争 争

吃	吃	吃	吃						

먹을 흘 : (뜻) 먹다 (음) chī　　　吃 吃 吃 吃 吃 吃

利	利	利	利						

이로울 리 : (뜻) 이롭다, 날카롭다, 예리하다 (음) lì　　利 利 利 利 利 利 利

再	再	再	再						

다시 재 : (뜻) 재차, 다시 (음) zài　　　再 再 再 再 再 再

果	果	果	果						

열매 과 : (뜻) 과일, 열매, 결과, 과연 (음) guǒ　　果 果 果 果 果 果 果 果

23

表	表	表	表					
겉표, 표표 : 뜻 겉, 표면 음 biǎo						表表表表夷表表表		
立	立	立	立					
설립 : 뜻 서다 음 lì						立立立立立		
快	快	快	快					
빠를 쾌 : 뜻 빠르다 음 kuài						快快快快快快快		
題	題	題	題					題
표제 제 : 뜻 문제, 제목 음 tí		題題題題題題題題題題題題題題題						
西	西	西	西					
서녘 서 : 뜻 서쪽 음 xī						西西西西西西		
总	总	总	总					總
합할 총 : 뜻 합치다, 총괄하다, 언제나 음 zǒng					总总总总总总总总总			
思	思	思	思					
생각할 사 : 뜻 생각하다 음 sī					思思思思思思思思思			
由	由	由	由					
말미암을 유 : 뜻 ~에서, 경유하다 음 yóu						由由由由由		
结	结	结	结					結
맺을 결 : 뜻 끝맺다, 매다 음 jié					结结结结结结结结			
白	白	白	白					
흰 백 : 뜻 희다, 밝다 음 bái						白白白白白		

提	提	提	提					

끌 제 : (뜻) 들다, 제기하다 (음) tí

提 提 提 提 提 提 提 提 提 提 提

平	平	平	平					

평평할 평 : (뜻) 평평하다, 평온하다 (음) píng

平 平 平 平 平

百	百	百	百					

일백 백 : (뜻) 100, 백 (음) bǎi

百 百 百 百 百 百

东	东	东	东					東

동녘 동 : (뜻) 동쪽 (음) dōng

东 东 东 东 东

领	领	领	领					領

목 령 | 거느릴 령 : (뜻) 목, 이끌다 (음) lǐng

领 领 领 领 领 领 领 领 领 领 领

性	性	性	性					

성품 성 : (뜻) 성격, 성질 (음) xìng

性 性 性 性 性 性 性 性

您	您	您	您					

님 닌 : (뜻) 당신 (음) nín

您 您 您 您 您 您 您 您 您 您 您

书	书	书	书					書

책 서 : (뜻) 책 (음) shū

书 书 书 书

队	队	队	队					隊

무리 대 : (뜻) 무리 (음) duì

队 队 队 队 队

花	花	花	花					

꽃 화 : (뜻) 꽃 (음) huā

花 花 花 花 花 花 花

亲	亲	亲	亲					親

어버이 친, 친할 친 : 뜻 부모, 친하다 음 qīn

亲 亲 亲 亲 亲 亲 亲 亲 亲

被	被	被	被					被

이불 피, 입을 피 : 뜻 이불, 당하다, 입다 음 bèi

被 被 被 被 被 被 被 被 被 被

决	决	决	决					決

결정할 결 : 뜻 정하다, 결코, 절대로 음 jué

决 决 决 决 决 决

教	教	教	教					教

가르칠 교 : 뜻 교육 | 가르치다 음 jiào | jiāo

教 教 教 教 教 教 教 教 教 教

论	论	论	论					論

논할 론 : 뜻 토론하다, 평가하다 음 lùn

论 论 论 论 论 论

内	内	内	内					内

안 내 : 뜻 속, 안 음 nèi

内 内 内 内

跟	跟	跟	跟					跟

발꿈치 근 : 뜻 뒤따르다, ~와 음 gēn

跟 跟 跟 跟 跟 跟 跟 跟 跟 跟 跟 跟 跟

吗	吗	吗	吗					嗎

어조사 마 : 뜻 ~까 음 ma

吗 吗 吗 吗 吗 吗

相	相	相	相					相

서로 상 : 뜻 서로 | 외모, 사진 음 xiāng | xiàng

相 相 相 相 相 相 相 相

笑	笑	笑	笑					笑

웃을 소 : 뜻 웃다 음 xiào

笑 笑 笑 笑 笑 笑 笑 笑 笑 笑

完	完	完	完				

완전할 완 : (뜻) 완전하다, 완비하다 (음) wán
완 完 完 完 完 完 完 完

科	科	科	科				

조목 과 : (뜻) 과(科) (음) kē
科 科 科 科 科 科 科 科 科

其	其	其	其				

그 기 : (뜻) 그, 그들 (음) qí
其 其 其 其 其 其 其 其

啊	啊	啊	啊				

어조사 아 : (뜻) 어조사로 쓰인다 (음) ā|á|ǎ|à|a 啊 啊 啊 啊 啊 啊 啊 啊 啊 啊

展	展	展	展				

펼 전 : (뜻) 펴다, 전개하다 (음) zhǎn
展 展 展 展 展 展 展 展 展 展

许	许	许	许				許

허락할 허 : (뜻) 허락하다, 허가하다 (음) xǔ
许 许 许 许 许 许

资	资	资	资				資

재물 자 : (뜻) 재물, 금전 (음) zī
资 资 资 资 资 资 资 资 资

者	者	者	者				者

사람 자 : (뜻) (~하는) 자, 것 (음) zhě
者 者 者 者 者 者 者 者

公	公	公	公				

공변될 공 : (뜻) 공공의 (음) gōng
公 公 公 公

更	更	更	更				

다시 갱, 고칠 경 : (뜻) 더, 훨씬 | 고치다 (음) gèng | gēng
更 更 更 更 更 更 更

27

带	带	带	带					帶

띠 대 : 뜻 띠, 벨트, 지니다, 쓰다 음 dài

带带带带带带带带带

风	风	风	风					風

바람 풍 : 뜻 바람 음 fēng

风凡风风

线	线	线	线					線

줄 선 : 뜻 선, 줄 음 xiàn

线线线线线线线线

九	九	九	九					九

아홉 구 : 뜻 9, 아홉 음 jiǔ

九九

导	导	导	导					導

이끌 도 : 뜻 이끌다 음 dǎo

导导导导导导

造	造	造	造					造

지을 조 : 뜻 만들다, 제작하다 음 zào

造造造造造造造造造造

呀	呀	呀	呀					

입딱벌릴 하 : 뜻 아, 야 | 어조사로 쓰인다 음 yā | ya

呀呀呀呀呀呀呀

系	系	系	系					係

맬 계, 매달 계 : 뜻 관련되다 음 xì

系系系系系系系

日	日	日	日					

날 일 : 뜻 해, 일 음 rì

日日日日

斗	斗	斗	斗					鬪

싸울 투 : 뜻 다투다 음 dòu

斗斗斗斗

敌	敌	敌	敌						敵

원수 적 : (뜻) 원수, 적 (음) dí

敌敌敌敌敌敌敌敌

指	指	指	指						𢷬

손발가락 지, 가리킬 지 : (뜻) 손가락, 지시하다 (음) zhí

指指指指指指指指

农	农	农	农						農

농사 농 : (뜻) 농사 (음) nóng

农农农农农农

直	直	直	直						直

곧을 직 : (뜻) 곧다 (음) zhí

直直直直直直直直

哪	哪	哪	哪						哪

어찌 나, 어느 나 : (뜻) 어느, 어떤 (음) nǎ

哪哪哪哪哪哪哪哪哪哪

并	并	并	并						竝

아우를 병 : (뜻) 나란히 하다, 병렬하다 (음) bìng

并并并并并并

万	万	万	万						萬

일만 만 : (뜻) 만(萬) (음) wàn

万万万

流	流	流	流						流

흐를 류 : (뜻) 흐르다 (음) liú

流流流流流流流流流流

接	接	接	接						接

접할 접 : (뜻) 받다, 잇다, 접근하다 (음) jiē

接接接接接接接接接接

通	通	通	通						通

통할 통 : (뜻) 통하다, 통과하다 (음) tōng

通通通通通通通通通

界	界	界	界				

지경 계 : (뜻) 경계 (음) jiè

界界界界界界界界界

便	便	便	便				

편리할 편 : (뜻) 편리하다 (음) biàn

便便便便便便便便便

共	共	共	共				

함께 공 : (뜻) 함께, 같이 (음) gòng

共共共共共共

位	位	位	位				

자리 위, 분 위 : (뜻) 위치, 지위, 분 (음) wèi

位位位位位位位

难	难	难	难				難

어려울 난 : (뜻) 어렵다 (음) nán

难难难难难难难难难难

数	数	数	数				數

셈 수 : (뜻) 셈하다 | 수, 수량 (음) shǔ | shù   数数数数数数数数数数数数

色	色	色	色				

빛 색 : (뜻) 색, 색깔 (음) sè

色色色色色色

往	往	往	往				

갈 왕 : (뜻) 가다 | ~로 향해 (음) wǎng | wàng

往往往往往往往往

记	记	记	记				記

기록할 기 : (뜻) 기록하다, 기억하다 (음) jì

记记记记记

世	世	世	世				

인간 세 : (뜻) 시대, 세계 (음) shì

世世世世世

根	根	根	根					

뿌리 근 : 뜻 뿌리 음 gēn　　　　　根 根 根 根 根 根 根 根 根

任	任	任	任					

맡길 임 : 뜻 맡기다 음 rèn　　　　　　　任 任 任 任 任 任

区	区	区	区					區

지경 구 : 뜻 구분하다, 구별하다 음 qū　　　　　　区 区 区 区

认	认	认	认					認

인정할 인 : 뜻 알다, 인식하다 음 rèn　　　　　认 认 认 认

将	将	将	将					將

장차 장 l 장수 장 : 뜻 장차, 바로 l 장군 음 jiāng l jiàng　　将 将 将 将 将 将 将 将 将

处	处	处	处					處

곳 처 : 뜻 살다, 거주하다 l 곳, 장소 음 chǔ l chù　　　　处 处 处 处 处

今	今	今	今					

이제 금 : 뜻 지금, 현재 음 jīn　　　　　　　今 今 今 今

望	望	望	望					

바랄 망 : 뜻 바라다 음 wàng　　　　望 望 望 望 望 望 望 望 望 望

女	女	女	女					

여자 녀 : 뜻 여자 음 nǚ　　　　　　　　女 女 女

群	群	群	群					

무리 군, 많을 군 : 뜻 무리, 군중 음 qún　群 群 群 群 群 群 群 群 群 群 群 群 群

运	运	运	运				運

옮길 운 : (뜻) 운동하다, 이동하다 (음) yùn

运 运 运 运 运 运 运

觉	觉	觉	觉				覺

깨달을 각 | 깰 교 : (뜻) 느끼다 | 잠 (음) jué | jiào

觉 觉 觉 觉 觉 觉 觉 觉 觉

石	石	石	石				

돌 석 : (뜻) 돌 (음) shí

石 石 石 石 石

孩	孩	孩	孩				

아이 해 : (뜻) 아이 (음) hái

孩 孩 孩 孩 孩 孩 孩 孩 孩

研	研	研	研				

갈 연 : (뜻) 갈다 (음) yán

研 研 研 研 研 研 研 研 研

每	每	每	每				

매양 매 : (뜻) 매(每) (음) měi

每 每 每 每 每 每 每

半	半	半	半				

반 반 : (뜻) 반 (음) bàn

半 半 半 半 半

火	火	火	火				

불 화 : (뜻) 불 (음) huǒ

火 火 火 火

形	形	形	形				

형상 형 : (뜻) 모양, 형상 (음) xíng

形 形 形 形 形 形 形

师	师	师	师				師

스승 사 : (뜻) 스승, 선생 (음) shī

师 师 师 师 师 师

件	件	件	件					

사건 건 : (뜻) 건(件), 문건 (음) jiàn

件件件件件件

爱	爱	爱	爱					愛

사랑 애 : (뜻) 사랑하다 (음) ài

爱爱爱爱爱爱爱爱爱爱

办	办	办	办					辦

힘쓸 판 : (뜻) (어떤 일을) 하다, 처리하다 (음) bàn

办办办办

步	步	步	步					

걸음 보 : (뜻) 걸음, 보폭 (음) bù

步步步步步步步

识	识	识	识					識

알 식 : (뜻) 알다, 인식하다 (음) shí

识识识识识识识

治	治	治	治					

다스릴 치 : (뜻) 다스리다 (음) zhì

治治治治治治治治

写	写	写	写					寫

쓸 사 : (뜻) 쓰다 (음) xiě

写写写写写

信	信	信	信					

믿을 신, 서신 신 : (뜻) 믿다, 진실하다, 편지 (음) xìn

信信信信信信信信信

热	热	热	热					熱

뜨거울 열 : (뜻) 열, 뜨겁다 (음) rè

热热热热热热热热热

众	众	众	众					眾

무리 중 : (뜻) 많은 (음) zhòng

众众众众众众

究	究	究	究				

궁구할 구 : (뜻) 깊이 연구하다 (음) jiū

究究究究究究究

计	计	计	计				計

셈할 계 : (뜻) 셈하다 (음) jì

计 计 计 计

八	八	八	八				

여덟 팔 : (뜻) 8, 여덟 (음) bā

八 八

强	强	强	强				

강할 강 : (뜻) 강하다, 세다 (음) qiáng

强 强 强 强 强 强 强 强 强 强 强

却	却	却	却				卻

물러날 각 : (뜻) 물러나다, 후퇴하다 (음) què

却 却 却 却 却 却 却

特	特	特	特				

특히 특 : (뜻) 특별하다, 특히 (음) tè

特 特 特 特 特 特 特 特 特

拿	拿	拿	拿				

잡을 나 : (뜻) 잡다, 가지다 (음) ná

拿 拿 拿 拿 拿 拿 拿 拿 拿

连	连	连	连				連

이을 련 : (뜻) 연결하다, 잇다 (음) lián

连 连 连 连 连 连 连

改	改	改	改				

고칠 개 : (뜻) 고치다 (음) gǎi

改 改 改 改 改 改 改

受	受	受	受				

받을 수 : (뜻) 받다 (음) shòu

受 受 受 受 受 受 受 受

或	或	或	或					

혹 혹 : (뜻) 혹은, 아마도, 또는 (음) huò　　　　　　　　或 或 或 或 或 或 或

设	设	设	设					設

베풀 설 : (뜻) 세우다, 설치하다 (음) shè　　　　　　　设 设 设 设 设 设

报	报	报	报					報

알릴 보 | 갚을 보 : (뜻) 알리다, 보고하다, 신문 (음) bào　　　报 报 报 报 报 报 报

算	算	算	算					

셈할 산 : (뜻) 셈하다 (음) suàn　　算 算 算 算 算 算 算 算 算 算 算 算 算 算

此	此	此	此					

이 차 : (뜻) 이, 이것 (음) cǐ　　　　　　　　　此 此 此 此 此 此

切	切	切	切					

끊을 절, 모두 체 : (뜻) 적절하다, 친절하다 (음) qiè　　　　　切 切 切 切

必	必	必	必					

반드시 필 : (뜻) 반드시 | 꼭 (음) bì　　　　　　　必 必 必 必 必

站	站	站	站					

역마을 참, 설 참 : (뜻) 역, 정류소, 일어서다 (음) zhàn　　站 站 站 站 站 站 站 站 站

管	管	管	管					

관 관 : (뜻) 관리하다 | 간섭하다 (음) guǎn 管 管 管 管 管 管 管 管 管 管 管 管 管

空	空	空	空					

하늘 공, 빌 공 : (뜻) 하늘 | 비다, 여가 (음) kōng | kòng　　空 空 空 空 空 空 空 空

远	远	远	远					遠

멀 원 : 뜻 멀다 음 yuǎn　　　　　　　　远 远 远 远 远 远 远

期	期	期	期					

때 기 : 뜻 기한, 기일, 기간 음 qī　　期 期 期 期 期 期 期 期 期 期 期

转	转	转	转					轉

구를 전 : 뜻 (방향이나 위치 등을) 바꾸다, 돌리다 음 zhuǎn　转 转 转 转 转 转 转 转

早	早	早	早					

이를 조 : 뜻 아침, 빠르다, 일찍이 음 zǎo　　　　　早 早 早 早 早 早

观	观	观	观					觀

볼 관 : 뜻 보다 음 guān　　　　　　　　观 观 观 观 观 观

告	告	告	告					

알릴 고 : 뜻 알리다 음 gào　　　　　　　告 告 告 告 告 告 告

料	料	料	料					

헤아릴 료, 재료 료 : 뜻 예상하다, 재료, 원료 음 liào　料 料 料 料 料 料 料 料 料 料

海	海	海	海					

바다 해 : 뜻 바다 음 hǎi　　　　海 海 海 海 海 海 海 海 海 海

满	满	满	满					滿

찰 만 : 뜻 차다, 가득하다 음 mǎn　满 满 满 满 满 满 满 满 满 满 满 满 满

感	感	感	感					

느낄 감 : 뜻 느끼다, 생각하다 음 gǎn　感 感 感 感 感 感 感 感 感 感 感 感

术	术	术	术					術

꾀 술 : 뜻 기예, 기술 음 shù

术术术术术

红	红	红	红					紅

붉을 홍 : 뜻 붉다, 발갛다 음 hóng

红红红红红红

谁	谁	谁	谁					誰

누구 수 : 뜻 누구 음 shéi

谁谁谁谁谁谁谁谁谁谁

该	该	该	该					該

마땅 해 : 뜻 마땅히 ~해야 한다 음 gāi

该该该该该该该该

且	且	且	且					且

또 차 : 뜻 또한, 잠시 음 qiě

且且且且且

死	死	死	死					死

죽을 사 : 뜻 죽다 음 sǐ

死死死死死死

飞	飞	飞	飞					飛

날 비 : 뜻 날다 음 fēi

飞飞飞

六	六	六	六					六

여섯 륙 : 뜻 6, 여섯 음 liù

六六六六

马	马	马	马					馬

말 마 : 뜻 말 음 mǎ

马马马

河	河	河	河					河

시내 하 : 뜻 강, 하천 음 hé

河河河河河河河河

找	找	找	找					
찾을 조 : (뜻) 찾다, 거슬러 주다 (음) zhǎo						找找找找找找		
讲	讲	讲	讲					講
이야기할 강 : (뜻) 말하다, 이야기하다 (음) jiǎng						讲讲讲讲讲讲		
油	油	油	油					
기름 유 : (뜻) 기름 (음) yóu						油油油油油油油油		
场	场	场	场					場
마당 장 : (뜻) 무대, 장소 (음) chǎng						场场场场场场		
脸	脸	脸	脸					臉
뺨 검 : (뜻) 얼굴 (음) liǎn					脸脸脸脸脸脸脸脸脸脸			
似	似	似	似					
같을 사 : (뜻) 닮다 | ~와 같다 (음) sì | shì						似似似似似似		
取	取	取	取					
취할 취 : (뜻) 고르다, 손에 넣다 (음) qǔ						取取取取取取取取		
济	济	济	济					濟
건질 제, 건널 제 : (뜻) 구제하다, 건너다 (음) jì						济济济济济济济济济		
跑	跑	跑	跑					
달릴 포 : (뜻) 뛰다, 달리다 (음) pǎo				跑跑跑跑跑跑跑跑跑跑跑				
统	统	统	统					統
합칠 통, 거느릴 통 : (뜻) 전부, 거느리다 (음) tǒng					统统统统统统统统统			

坐	坐	坐	坐						

앉을 좌 : 뜻 앉다, 타다 음 zuò 坐坐坐坐坐坐坐

船	船	船	船						

배 선 : 뜻 배 음 chuán 船船船船船船船船船船船

土	土	土	土						

흙 토 : 뜻 흙, 토지, 고향 음 tǔ 土土土

质	质	质	质						質

바탕 질 : 뜻 질(質), 성질, 본질 음 zhì 质质质质质质质质

服	服	服	服						

옷 복 : 뜻 옷, 의복 음 fú 服服服服服服服服

务	务	务	务						務

힘쓸 무 : 뜻 일, 사무, 업무 음 wù 务务务务务

啦	啦	啦	啦						

어조사 랍 : 뜻 어기조사로 쓰인다 음 la 啦啦啦啦啦啦啦啦啦啦啦

儿	儿	儿	儿						兒

아이 아 : 뜻 어린이, 아이 음 ér 儿儿

让	让	让	让						讓

사양할 양 : 뜻 사양하다, 양보하다 음 ràng 让让让让让

够	够	够	够						

많을 구 : 뜻 충분하다, 넉넉하다 음 gòu 够够够够够够够够够够够

清	清	清	清				
맑을 청 : 뜻 맑다 음 qīng					清清清清清清清清清清		
越	越	越	越				
넘을 월 : 뜻 뛰어넘다, 건너다 음 yuè					越越越越越越越越越越		
与	与	与	与				與
더불어 여 : 뜻 주다, 베풀다 음 yǔ						与与与	
基	基	基	基				
터 기 : 뜻 기초 음 jī					基基基基基基基基基基		
组	组	组	组				組
짤 조 : 뜻 조직하다, 구성하다 음 zǔ					组组组组组组组组		
神	神	神	神				
귀신 신 : 뜻 신, 귀신 음 shén					神神神神神神神神神		
爷	爷	爷	爷				爺
아비 야 : 뜻 아버지, 부친 음 yé					爷爷爷爷爷爷		
照	照	照	照				
비출 조 : 뜻 비추다, 비치다 음 zhào				照照照照照照照照照照照照照			
极	极	极	极				極
다할 극 : 뜻 정점, 절정 음 jí					极极极极极极极		
爸	爸	爸	爸				
아비 파 : 뜻 아버지 음 bà					爸爸爸爸爸爸爸爸		

40

青	青	青	青				
푸를 청 : (뜻) 푸르다 (음) qīng						青青青青青青青青

团	团	团	团				團
둥글 단, 모일 단 : (뜻) 둥글게 만들다, 단체 (음) tuán						团团团团团团

七	七	七	七				
일곱 칠 : (뜻) 7, 칠곱 (음) qī							七七

品	品	品	品				
물건 품 : (뜻) 물품 (음) pǐn					品品品品品品品品

整	整	整	整				
가지런할 정 : (뜻) 단정하다 (음) zhěng			整整整整整整整整整整整整整

倒	倒	倒	倒				
넘어질 도 : (뜻) 넘어지다	거꾸로 되다 (음) dǎo	dào			倒倒倒倒倒倒倒倒倒倒

确	确	确	确				確
확실할 확 : (뜻) 확실하다, 확고하다 (음) què		确确确确确确确确确确确

钱	钱	钱	钱				錢
돈 전 : (뜻) 돈 (음) qián				钱钱钱钱钱钱钱钱钱钱

影	影	影	影				
그림자 영 : (뜻) 그림자 (음) yǐng	影影影影影影影影影影影影影影影

保	保	保	保				
지킬 보 : (뜻) 보호하다, 보증하다 (음) bǎo		保保保保保保保保保

树	树	树	树					樹

나무 수 : (뜻) 나무 (음) shù

树 树 树 树 树 树 树 树 树

劳	劳	劳	劳					勞

일할 로 : (뜻) 일(하다), 공로 (음) láo

劳 劳 劳 劳 劳 劳 劳

块	块	块	块					塊

덩이 괴 : (뜻) 덩이, 함께 (음) kuài

块 块 块 块 块 块 块

准	准	准	准					

허가할 준 : (뜻) 허가하다, 동의하다 (음) zhǔn

准 准 准 准 准 准 准 准 准 准

夜	夜	夜	夜					

밤 야 : (뜻) 밤 (음) yè

夜 夜 夜 夜 夜 夜 夜 夜

轻	轻	轻	轻					輕

가벼울 경 : (뜻) 가볍다 (음) qīng

轻 轻 轻 轻 轻 轻 轻 轻 轻

千	千	千	千					

일천 천 : (뜻) 천 (음) qiān

千 千 千

目	目	目	目					

눈 목 : (뜻) 눈 (음) mù

目 目 目 目 目

字	字	字	字					

글자 자 : (뜻) 글자 (음) zì

字 字 字 字 字 字

名	名	名	名					

이름 명 : (뜻) 이름 (음) míng

名 名 名 名 名 名

求	求	求	求				

구할 구 : 뜻 구하다 음 qiú

求 求 求 求 求 求 求

緊	緊	緊	緊				緊

팽팽할 긴, 급할 긴 : 뜻 팽팽하다, 급박하다 음 jǐn

緊 緊 緊 緊 緊 緊 緊 緊 緊 緊

片	片	片	片				

조각 편 : 뜻 조각 음 piàn

片 片 片 片

近	近	近	近				

가까울 근 : 뜻 가깝다 음 jìn

近 近 近 近 近 近 近

刚	刚	刚	刚				刚

굳셀 강 : 뜻 막, 지금, 마침 음 gāng

刚 刚 刚 刚 刚 刚

程	程	程	程				

한도 정 : 뜻 규칙, 순서 음 chéng

程 程 程 程 程 程 程 程 程 程 程

习	习	习	习				習

익힐 습 : 뜻 배우다, 연습하다 음 xí

习 习 习

历	历	历	历				歷

지낼 력 : 뜻 겪다, 지금까지 음 lì

历 历 历 历

深	深	深	深				

깊을 심 : 뜻 깊다 음 shēn

深 深 深 深 深 深 深 深 深 深 深

入	入	入	入				

들 입 : 뜻 들어가다, 들어오다 음 rù

入 入

43

容	容	容	容			

얼굴 용, 받아들일 용 : 뜻 수용하다 음 róng　　　容容容容容容容容容容

史	史	史	史			

사관 사 : 뜻 역사 음 shǐ　　　史史史史史

怕	怕	怕	怕			

두려울 파 : 뜻 두렵다, 무섭다 음 pà　　　怕怕怕怕怕怕怕怕

病	病	病	病			

병 병 : 뜻 병, 병나다 음 bìng　　　病病病病病病病病病病

器	器	器	器			

그릇 기 : 뜻 그릇 음 qì　　　器器器器器器器器器器器器器器器

离	离	离	离			離

떠날 리 : 뜻 분리하다, 헤어지다, ~에서 음 lí　　　离离离离离离离离离离

底	底	底	底			

밑 저 : 뜻 바닥, 밑 음 dǐ　　　底底底底底底底底

收	收	收	收			

거둘 수 : 뜻 거두어들이다 음 shōu　　　收收收收收收

错	错	错	错			錯

어긋날 착 : 뜻 뒤섞이다, 틀리다 음 cuò　　错错错错错错错错错错错错

米	米	米	米			

쌀 미 : 뜻 쌀 음 mǐ　　　米米米米米米

张	张	张	张					張

베풀 장 : 뜻 벌리다, 펴다 음 zhāng

张 张 张 张 张 张

备	备	备	备					備

갖출 비 : 뜻 갖추다, 구비하다 음 bèi

备 备 备 备 备 备 备

至	至	至	至					至

이를 지 : 뜻 ～에 이르다 음 zhì

至 至 至 至 至 至

向	向	向	向					向

향할 향 : 뜻 방향, ～를 향하여 음 xiàng

向 向 向 向 向 向

装	装	装	装					裝

꾸밀 장 : 뜻 꾸미다, 치장하다 음 zhuāng

装 装 装 装 装 装 装 装 装 装 装

席	席	席	席					席

자리 석 : 뜻 자리 음 xí

席 席 席 席 席 席 席 席 席 席 席

包	包	包	包					包

쌀 포 : 뜻 싸다 음 bāo

包 包 包 包 包

黑	黑	黑	黑					黑

검을 흑 : 뜻 검다, 어둡다 음 hēi

黑 黑 黑 黑 黑 黑 黑 黑 黑 黑 黑 黑

铁	铁	铁	铁					鐵

쇠 철 : 뜻 쇠 음 tiě

铁 铁 铁 铁 铁 铁 铁 铁 铁

房	房	房	房					房

방 방 : 뜻 방, 집 음 fáng

房 房 房 房 房 房 房 房

| 类 | 类 | 类 | 类 | | | | | 類 |

무리 류 : 뜻 종류, 비슷하다 음 lèi

类 类 类 类 类 类 类 类 类

| 村 | 村 | 村 | 村 | | | | | |

마을 촌 : 뜻 마을, 부락 음 cūn

村 村 村 村 村 村 村

| 验 | 验 | 验 | 验 | | | | | 驗 |

시험 험 : 뜻 시험하다, 점검하다 음 yàn

验 验 验 验 验 验 验 验 验 验

| 据 | 据 | 据 | 据 | | | | | 據 |

의거할 거 : 뜻 점거하다, 차지하다 음 jù

据 据 据 据 据 据 据 据 据 据

| 集 | 集 | 集 | 集 | | | | | |

모일 집 : 뜻 집합하다, 모이다 음 jí

集 集 集 集 集 集 集 集 集 集 集

| 屋 | 屋 | 屋 | 屋 | | | | | |

집 옥 : 뜻 집, 방 음 wū

屋 屋 屋 屋 屋 屋 屋 屋 屋

| 布 | 布 | 布 | 布 | | | | | |

베 포, 알릴 포 : 뜻 천, 널리 알리다 음 bù

布 布 布 布 布

| 较 | 较 | 较 | 较 | | | | | 較 |

견줄 교 : 뜻 견주다, 비교하다 음 jiào

较 较 较 较 较 较 较 较 较 较

| 交 | 交 | 交 | 交 | | | | | |

사귈 교 : 뜻 사귀다, 제출하다 음 jiāo

交 交 交 交 交 交

| 具 | 具 | 具 | 具 | | | | | |

갖출 구, 그릇 구 : 뜻 갖추다, 기구 음 jù

具 具 具 具 具 具 具 具

断	断	断	断						斷

끊을 단 : (뜻) 끊다, 자르다 (음) duàn

斷 斷 斷 斷 斷 斷 斷 斷 斷 斷 斷

草	草	草	草						

풀 초 : (뜻) 풀 (음) cǎo

草 草 草 草 草 草 草 草 草

规	规	规	规						規

법 규 : (뜻) 규칙, 규모 (음) guī

规 规 规 规 规 规 规 规

胜	胜	胜	胜						勝

이길 승 : (뜻) 이기다 (음) shèng

胜 胜 胜 胜 胜 胜 胜 胜 胜

晚	晚	晚	晚						

늦을 만 : (뜻) 밤, 저녁, 늦다 (음) wǎn

晚 晚 晚 晚 晚 晚 晚 晚 晚 晚

南	南	南	南						

남녘 남 : (뜻) 남쪽 (음) nán

南 南 南 南 南 南 南 南 南

苦	苦	苦	苦						

쓸 고, 괴로울 고 : (뜻) (맛이) 쓰다, 괴롭다 (음) kǔ

苦 苦 苦 苦 苦 苦 苦 苦

院	院	院	院						

담 원 : (뜻) 정원, 뜰 (음) yuàn

院 院 院 院 院 院 院 院 院 院

精	精	精	精						

자세할 정 : (뜻) 정밀하다, 정신 (음) jīng

精 精 精 精 精 精 精 精 精 精 精 精

买	买	买	买						買

살 매 : (뜻) 사다 (음) mǎi

买 买 买 买 买 买

市	市	市	市					
저자 시 : (뜻) 시장 (음) shì							市市市市市	
细	细	细	细					細
가늘 세, 자세할 세 : (뜻) 가늘다, 자세하다 (음) xì					细细细细细细细细			
传	传	传	传					傳
전할 전, 책 전 : (뜻) 전하다 | 전기(傳記) (음) chuán | zhuàn						传传传传传传		
北	北	北	北					
북녘 북 : (뜻) 북쪽 (음) běi							北北北北北	
及	及	及	及					
미칠 급 : (뜻) 이르다, 및 (음) jí								及及及
害	害	害	害					
해할 해 : (뜻) 해, 해롭다 (음) hài				害害害害害害害害害害				
厂	厂	厂	厂					廠
헛간 창 : (뜻) 공장 (음) chǎng								厂厂
消	消	消	消					
사라질 소 : (뜻) 사라지다, 소실하다 (음) xiāo				消消消消消消消消消消				
送	送	送	送					
보낼 송 : (뜻) 보내다 (음) sòng					送送送送送送送送送			
织	织	织	织					織
짤 직 : (뜻) 짜다 (음) zhī					织织织织织织织织			

48

미녀통역사와 함께하는

중국어 첫 데이트

| 중국어동시통역사 **김태희 · 이예리** |

녹음 스크립트와 단어장

Chinese
Factory

01 你好!

안녕하세요!

- 学校 xuéxiào 학교   - 你好 nǐ hǎo 안녕   - 你好吗 nǐ hǎo ma 잘 지내지?

1	학교	学校	xuéxiào	5	칠판	黑板	hēibǎn
2	교실	教室	jiàoshì	6	의자	椅子	yǐzi
3	선생님	老师	lǎoshī	7	책상	桌子	zhuōzi
4	학생	学生	xuésheng				

단어 Track 002

你 nǐ 때 너, 당신 | 好 hǎo 형 좋다, 괜찮다 | 老师 lǎoshī 명 선생님

핵심회화 1 Track 003

예리 你 好!
Nǐ hǎo!

징징 你 好!
Nǐ hǎo!

선생님 你 好!
Nǐ hǎo!

예리 老师 好!
Lǎoshī hǎo!

단어 Track 004

吗 ma 죄 ~까 (의문의 어기를 나타내는 조사) | 我 wǒ 때 나 | 很 hěn 튀 매우

핵심회화 2 Track 005

예리 你 好 吗?
Nǐ hǎo ma?

친구 我 很 好。
Wǒ hěn hǎo.

제1성
높은 음을 유지하세요.
치과에 가서 입을 벌릴 때 '아~' 하는 느낌으로 연습하세요.
妈 mā 엄마, 高 gāo 높다

제2성
빠른 속도로 낮은 음에서 높은 음으로 끌어 올립니다. 친구가 놀랄만한 소식을 전할 때 '어~? 정말?'의 '어~?'의 느낌으로 연습하세요.
주의 한 음절이기 때문에 끊겨서는 안 됩니다. 부드럽게 이어서 올리세요.
爷 yé 할아버지, 来 lái 오다

제3성
낮은 음에서 시작하여 최대한 음을 낮춘 뒤 올립니다.
수긍할 때 '아, 그렇구나' 의 '아'의 느낌으로 연습하세요.
姐 jiě 언니 또는 누나, 奶 nǎi 할머니, 好 hǎo 좋다

제4성
가장 높은 음에서 단숨에 낮은 음으로 떨어뜨립니다.
종이에 손을 벴을 때 '아'의 느낌으로 연습해 보세요.
爸 bà 아빠, 谢 xiè 고마워

② 성조표기법 Track 007

① 성조는 한 음절 모음(단모음)에 표기할 경우 모음 위에 붙입니다.

> 妈 mā,　　爸 bà

② 모음의 음절이 두 개 이상인 경우 소리가 크게 나는 모음 위에 표기합니다. (a → e → o)

> 好 hǎo 좋다　　坐 zuò 앉다

③ 모음 i 위에 붙일 경우 점을 떼어내고 그 자리에 성조를 표기합니다.

> 弟 dì 남동생,　　瓶 píng 병

④ i, u가 함께 올 경우 뒤의 모음에 붙입니다.

> 酒 jiǔ 술,　　会 huì 모임

2) 성조 따라잡기 Track 008

> bā bá bǎ bà　　fū fú fǔ fù　　nāo náo nǎo nào　lán làn

3

1 경성(轻声)

1성 + 경성	2성 + 경성	3성 + 경성	4성 + 경성
妈妈 mā ma	爷爷 yé ye	姐姐 jiě jie	弟弟 dì di

2 성조의 변화

小姐 아가씨 xiǎo jiě → xiáo jiě   你好 안녕하세요 nǐ hǎo → ní hǎo

老师 선생님 lǎo shī
奶奶 할머니 nǎi nai

过去 과거 guòqù

3) 발음 연습하기

인 칭	단 수	복 수
1인칭	我 wǒ	我们 wǒmen
		咱们 zánmen
2인칭	你 nǐ	你们 nǐmen
	您 nín 높임말	
3인칭	他 tā 남자	他们 tāmen
	她 tā 여자	她们 tāmen
	它 tā 사물	它们 tāmen

02 好久不见

오랜만이야

집에서 | 인사하기

 Track 012

- 韩国 Hánguó 한국 ▪ 朋友 péngyou 친구 ▪ 中国 Zhōngguó 중국
- 汉语 Hànyǔ 중국어

1	집	家	jiā	**6**	엄마	妈妈	māma
2	가족	家人	jiārén	**7**	형, 오빠	哥哥	gēge
3	할아버지	爷爷	yéye	**8**	누나, 언니	姐姐	jiějie
4	할머니	奶奶	nǎinai	**9**	남동생	弟弟	dìdi
5	아빠	爸爸	bàba	**10**	여동생	妹妹	mèimei

단어 Track 013

呢 ne ⑳ 문장 끝에 쓰여 의문을 부드럽게 나타내는 조사 | 也 yě ⑭ 역시, 또 한

핵심회화 1

 Track 014

예리 你 好 吗?
Nǐ hǎo ma?

태희 我 很 好。 你 呢?
Wǒ hěn hǎo. Nǐ ne?

예리 我 也 很 好。
Wǒ yě hěn hǎo.

단어 Track 015

好久 hǎojiǔ ⑱ 오래되다 | 不 bù ⑭ 동사나 형용사 앞에 쓰여 부정을 표시한다 | 见 jiàn ⑧ 보다, 만나다 | 睿莉 Ruìlì ⑭ 예리 | 妈妈 māma ⑲ 어머니 | 她 tā ⑭ 그녀 | 爸爸 bàba ⑲ 아버지 | 们 men ⑳ ~들(복수 표시) | 都 dōu ⑭ 모두, 전부

핵심회화 2

Track 016

태희 好久 不 见, 睿莉!
Hǎojiǔ bú jiàn, Ruìlì!

예리 好久 不 见。 你 妈妈 好 吗?
Hǎ jiǔ bú jiàn. Nǐ māma hǎo ma?

태희 她 很 好。 你 爸爸 妈妈 呢?
Tā hěn hǎo. Nǐ bàba māma ne?

예리 他们 都 很 好。
Tāmen dōu hěn hǎo.

5

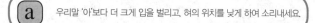

a	우리말 '아'보다 더 크게 입을 벌리고, 혀의 위치를 낮게 하여 소리내세요.
o	우리말 '오'의 입모양으로 시작하여 '어'를 살짝 붙여줍니다. *'오어' 라고 두 개의 음절을 따로 소리내지 않도록 주의합니다.
e	입술을 옆으로 살짝 벌려 '으'의 입모양으로 시작하여 '어'를 살짝 붙여줍니다.
i	우리말 '이'보다 입을 좌우로 더 벌려 발음합니다. 앞에 자음이 오지 않을 경우 y를 붙여 표기합니다.
u	입술을 동그랗게 만든 상태에서 '우'라고 발음합니다. 앞에 자음이 오지 않을 경우 w 를 붙여 표기합니다.
ü	우리말 '위'와 비슷하지만, 입술을 동그랗게 만들어 힘을 더 줍니다. 앞에 자음이 오지 않을 경우 yu로 표기합니다. ln과 함께 결합할 경우 u와 구분하기 위해 u 위에 ¨를 붙여줍니다.

발음 연습하기

ma fa da na la	di ti ji qi
bo po fo	du hu mu lu
me ne te le he	lü nü

2) 이중모음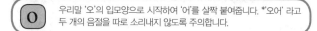

a > o > e
ai ei ao ou 아이 에이 아오 어우
ia ie ua uo üe 이아 이에 우아 우오 위에
爷爷 ié ie → yé ye
约 üē → yuē

~~~
iao    iou    uai    uei
이아오  이오우  우아이  우에이
~~~

~~~
药 iào → yào,  有 iǒu → yǒu,  外 uài → wài
~~~

~~~
丢 diōu → dīu,  对 duèi → duì
~~~

3) 콧소리 모음

 Track 019

an	ian	uan	üan	en	in	uen	ün
안	이엔	우안	위앤	언	인	우언	원

ang	iang	uang	eng	ueng	ing	ong	iong
앙	이앙	우앙	엉	우엉	잉	옹	이옹

4) 발음 연습하기

 Track 020

nǎinai 奶奶 할머니
yéye 爷爷 할아버지

bàba 爸爸 아버지
māma 妈妈 어머니

gēge
哥哥
오빠·형

jiějie
姐姐
언니·누나

dìdi
弟弟
남동생

mèimei
妹妹
여동생

03 谢谢

고마워

- 请客 qǐngkè 한턱내다 ■ 谢谢 xièxie 고마워 ■ 再见 zàijiàn 또 보자

1 공원	公园	gōngyuán	**5** 풍선	气球	qìqiú
2 나무	树	shù	**6** 인형	娃娃	wáwa
3 꽃	花儿	huār	**7** 아들	儿子	érzi
4 산책	散步	sànbù	**8** 딸	女儿	nǚ'ér

단어 Track 022

谢谢 xièxie ⑧ 고맙다 |
客气 kèqi ⑨ 공손하다,
친절하다 | **再** zài ⑨ 다시

핵심회화 1

Track 023

예리 **谢谢。**
Xièxie.

태희 **不客气。**
Bú kèqi.

예리 **再见！**
Zàijiàn!

태희 **再见！**
Zàijiàn!

단어 Track 024

对不起 duìbuqǐ ⑧ 미
안하다 | **没关系** méi
guānxi 괜찮다

핵심회화 2

Track 025

예리 **对不起。**
Duìbùqǐ.

태희 **没关系。**
Méi guānxi.

1. 자음 정복하기

1) 입술소리

b(bo) p(po) m(mo) f(fo)

2) 혀끝소리

d(de) t(te) n(ne) l(le)

3) 혀뿌리소리

g(ge) k(ke) h(he)

4) 혓바닥소리

j(ji) q(qi) x(xi)

5) 혀말은소리

zh(zhi) ch(chi) sh(shi) r(ri)

6) 혀와 잇소리

z(zi) c(ci) s(si)

2. 儿化

画儿(그림) → hua + er = huar (화~ㄹ)

点儿(작은방울) → dian + er = diar (디어~ㄹ)

空儿(시간,짬) → kong + er = kor (코 ~ㄹ)

事儿(일) → shi + er = shier (스어~ㄹ)

今儿(오늘) → jin + er = jir (찌어~ㄹ)

9

04 你忙吗?

바쁘세요?

기숙사에서 | 이름묻기

- 忙 máng 바쁘다 ■ 同屋 tóngwū 룸메이트

1 기숙사	宿舍	sùshè	**6** 냉장고	冰箱	bīngxiāng
2 침대	床	chuáng	**7** 에어컨	空调	kōngtiáo
3 전화	电话	diànhuà	**8** 책꽂이	书架	shūjià
4 텔레비전	电视	diànshì	**9** 룸메이트	同屋	tóngwū
5 컴퓨터	电脑	diànnǎo			

단어 🎧 Track 029

忙 máng 혱 바쁘다

핵심회화 1

🎧 Track 030

메리 **你 忙 吗?**
　　　Nǐ máng ma?

예리 **我 很 忙, 你 呢?**
　　　Wǒ hěn máng, nǐ ne?

메리 **我 不 忙.**
　　　Wǒ bù máng.

단어 🎧 Track 031

最近 zuìjìn 혱 근래, 요
즘 | 不太 bú tài 그다지
~하지 않다 | 还 hái 튀
아직, 또, 그런대로 | 可以
kěyǐ 조동 ~할 수 있다,
혱 좋다, 괜찮다

응용회화 1

🎧 Track 032

태희 **最近, 你 忙 不 忙?**
　　　Zuìjìn, nǐ máng bù máng?

왕란 **最近, 我 不 太 忙. 你 呢?**
　　　Zuìjìn, wǒ bú tài máng.　Nǐ ne?

태희 **还 可以.**
　　　Hái kěyǐ.

단어 Track 033

叫 jiào ⑧ 외치다, 부르다 |
玛丽 Mǎlì (인명) 메리 | 什
么 shénme ⑪ 무엇, 어떤
| 名字 míngzi ⑲ 이름, 명
칭 | 李 Lǐ (성씨) 이 | 认
识 rènshi ⑧ 알다 | 高兴
gāoxìng ⑱ 기쁘다

핵심회화 2 Track 034

메리 我 叫 玛丽, 你 叫 什么 名字?
Wǒ jiào Mǎlì, nǐ jiào shénme míngzi?

예리 我 叫 李 睿莉。
Wǒ jiào Lǐ Ruìlì.

메리 认识 你 很 高兴。
Rènshi nǐ hěn gāoxìng.

단어 Track 035

您 nín ⑪ 당신, 你의 존
칭어 | 贵 guì 상대방의 무
엇을 높일 때 쓰는 말 | 姓
xìng ⑲ 성 ⑧ (성이) ~이
다 | 金 Jīn ⑲ 성씨 김 | 泰
希 Tàixī (인명) 태희 | 王兰
Wáng Lán (인명) 왕란 | 荣
幸 róngxìng ⑱ 영광스럽다

응용회화 2 Track 036

왕란 您 贵 姓?
Nín guì xìng?

태희 我 姓 金, 叫 泰希。你 叫 什么?
Wǒ xìng Jīn, jiào Tàixī. Nǐ jiào shénme?

왕란 我 叫 王 兰。认识 您 很 荣幸。
Wǒ jiào Wáng Lán. Rènshi nín hěn róngxìng.

05 多少钱?

얼마예요?

상점가기

 Track 037

- 水果 shuǐguǒ 과일

1	과일	水果	shuǐguǒ	**6**	수박	西瓜	xīguā
2	딸기	草莓	cǎoméi	**7**	사과	苹果	píngguǒ
3	바나나	香蕉	xiāngjiāo	**8**	귤	橘子	júzi
4	토마토	西红柿	xīhóngshì	**9**	복숭아	桃子	táozi
5	포도	葡萄	pútao	**10**	배	梨	lí

단어 Track 038

去 qù 동 가다 | 水果 shuǐguǒ 명 과일 | 店 diàn 명 상점, 가게 | 一起 yìqǐ 부 같이 | 等 děng 동 기다리다 | 一下 yíxià 동 좀 ~해보다

핵심회화 1

 Track 039

태희 我 去 水果店, 你 去 不 去?
Wǒ qù shuǐguǒdiàn, nǐ qù bu qù?

왕란 一起 去 吧。
Yìqǐ qù ba.

동료 等 一下, 我 也 去。
Děng yíxià, wǒ yě qù.

단어 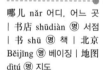 Track 040

哪儿 nǎr 어디, 어느 곳 | 书店 shūdiàn 명 서점 | 书 shū 명 책 | 北京 Běijīng 명 베이징 | 地图 dìtú 명 지도

응용회화 1

 Track 041

메리 你 去 哪儿?
Nǐ qù nǎr?

예리 我 去 书店。
Wǒ qù shūdiàn.

메리 你 买 什么 书?
Nǐ mǎi shénme shū?

예리 北京 地图。
Běijīng dìtú.

핵심회화 2 Track 043

买 mǎi 통 사다 | 香蕉
xiāngjiāo 명 바나나 | 龙
眼 lóngyǎn 통 (과일이름)
롱옌 | 是 shì 통 ~이다 |
好吃 hǎochī 형 맛있다

왕란 **你 买 什么?**
Nǐ mǎi shénme?

태희 **我 买 香蕉，你 呢?**
Wǒ mǎi xiāngjiāo, nǐ ne?

왕란 **我 买 龙眼。**
Wǒ mǎi lóngyǎn.

태희 **龙眼 是 什么? 好吃 吗?**
Lóngyǎn shì shénme? Hǎochī ma?

왕란 **很 好吃。**
Hěn hǎochī.

응용회화 2 Track 045

听 tīng 통 듣다 | 音乐
yīnyuè 명 음악 | 中国
Zhōngguó 명 중국 | 的
de ~의 | 流行 liúxíng
통 유행하다 | 歌曲 gēqǔ
명 노래 | 录音 lùyīn
명 녹음 통 녹음하다 | 用功
yònggōng 형 열심히 하
다, 근면하다

메리 **你 听 什么 音乐?**
Nǐ tīng shénme yīnyuè?

예리 **我 听 中国 的 流行歌曲。 你 呢?**
Wǒ tīng Zhōngguó de liúxínggēqǔ. Nǐ ne?

메리 **我 听 HSK 录音。**
Wǒ tīng HSK lùyīn.

예리 **你 很 用功。**
Nǐ hěn yònggōng.

06 我是学生

학생이에요.

택시타기 | 국적묻기

Track 046

- 天安门广场 Tiān'ānmén guǎngchǎng 천안문광장
- 汉语 Hànyǔ 중국어
- 外国人 wàiguórén 외국인
- 中国人 Zhōngguórén 중국인

1 기사	司机	sījī	**5** 지도	地图	dìtú
2 승객	乘客	chéngkè	**6** 지갑	钱包	qiánbāo
3 요금	车费	chēfèi	**7** 영수증	小票	xiǎopiào
4 좌석	座位	zuòwèi	**8** 여행객	旅客	lǚkè

단어

Track 047

天安门 Tiān'ānmén 몡 천안문 | 广场 guǎngchǎng 몡 광장 | 哪国人 nǎ guó rén 어느 나라 사람 | 韩国人 Hánguórén 한국사람 | 汉语 Hànyǔ 몡 중국어 | 哪里哪里 nǎli nǎli 천만에요

핵심회화 1

Track 048

예리 去 天安门 广场。
Qù Tiān'ānmén guǎngchǎng.

택시기사 你 是 哪 国 人?
Nǐ shì nǎ guó rén?

예리 我 是 韩国人。
Wǒ shì Hánguó rén.

택시기사 你 的 汉语 很 好。
Nǐ de Hànyǔ hěn hǎo.

예리 哪里 哪里。
Nǎli nǎli.

단어

Track 049

到 dào 개 ~까지 | 火车站 huǒchēzhàn 몡 기차역 | 火车 huǒchē 몡 기차 | 站 zhàn 몡 정류소 | 中国人 Zhōngguórén 몡 중국인 | 吧 bǎ 문장 끝에 쓰여 제의, 추측 등을 나타냄

응용회화 1

Track 050

데이빗 到 北京 火车站。
Dào Běijīng huǒchēzhàn.

택시기사 您 不是 中国人 吧? 您 是 哪 国 人?
Nín búshì Zhōngguórén ba? Nín shì nǎ guó rén?

데이빗 我 是 美国人。
Wǒ shì Měiguórén.

14

부탁, 명령, 재촉이나 의문의 어기를 나타냄. | 美国人 Měiguórén 미국사람 | 不错 búcuò 맞다(정확하다), 괜찮다(좋다)

택시기사 你 的 汉语 不错。
Nǐ de Hànyǔ búcuò.

데이빗 哪里 哪里。
Nǎli nǎli.

学生 xuésheng 몡 학생 | 在 zài 껜 ~에서 통 ~에 있다 | 学习 xuéxí 통 공부하다 | 哪个 nǎge 때 어느 것 | 学校 xuéxiào 몡 학교 | 大学 dàxué 몡 대학교

핵심회화2 Track 052

택시기사 你 是 学生 吗?
Nǐ shì xuésheng ma?

예리 是, 我 是 学生。
Shì, wǒ shì xuésheng.

택시기사 在 中国 学习 什么?
Zài Zhōngguó xuéxí shénme?

예리 在 中国 学习 汉语。
Zài Zhōngguó xuéxí Hànyǔ.

택시기사 哪个 学校?
Nǎge xuéxiào?

예리 北京 大学。
Běijīng dàxué.

来 lái 통 오다 | 旅游 lǚyóu 통 여행하다

응용회화2 Track 054

택시기사 你 在 中国 学习 吗?
Nǐ zài Zhōngguó xuéxí ma?

마이크 不是, 我 来 中国 旅游。
Búshì, wǒ lái Zhōngguó lǚyóu.

07 你有手机吗?

휴대전화 있어요?

기숙사에서 | 전화걸기

Track 055

- 图书馆 túshūguǎn 도서관 ■ 中国朋友 Zhōngguó péngyou 중국친구
- 电话号码 diànhuà hàomǎ 전화번호 ■ 手机 shǒujī 휴대전화 ■ 不好意思 bùhǎoyìsi 창피하다
- 韩国 Hánguó 한국 ■ 香山 Xiāngshān 향산 ■ 电话 diànhuà 전화

❶	공중전화	公用电话	gōngyòng diànhuà
❷	커피 자판기	咖啡自动售货机	kāfēi zìdòng shòuhuòjī
❸	개인과외(푸다오)	辅导	fǔdǎo
❹	친구 사귀기	交朋友	jiāo péngyou
❺	휴대전화	手机	shǒujī
❻	명함	名片	míngpiàn
❼	열람실	阅览室	yuèlǎnshì
❽	자습	自习	zìxí
❾	전자사전	电子词典	diànzǐ cídiǎn
❿	학생증	学生证	xuéshengzhèng

단어 Track 056

有 yǒu 통 있다 | 手机 shǒujī 명 휴대전화 | 没 méi 통 없다 = 没有 | 宿舍 sùshè 명 기숙사 | 电话 diànhuà 명 전화 | 号码 hàomǎ 명 번호

핵심회화 1

Track 057

동리 你 有 手机 吗?
Nǐ yǒu shǒujī ma?

예리 没有, 这 是 我 的 宿舍 电话 号码,
Méiyǒu, zhè shì wǒ de sùshè diànhuà hàomǎ,

是 82301537.
Shì bā èr sān líng yāo wǔ sān qī.

동리 谢谢。
Xièxie.

16

名片 míngpiàn 명 명함

응용회화 1 Track 059

동리　你 有 没有 手机？
　　　Nǐ yǒu méiyǒu shǒujī?

태희　有，这 是 我 的 名片。
　　　Yǒu, zhè shì wǒ de míngpiàn.

동리　谢谢。
　　　Xièxie.

단어 Track 060

喂 wéi 여보세요 | 留学生 liúxuéshēng 명 유학생 | 请问 qǐng wèn 말 좀 묻겠습니다 | 位 wèi 양 사람의 수를 세는 단위 | 董丽 Dǒng Lì 인명 동리 | 事 shì 명 일 | 周末 zhōumò 명 주말 | 一起 yìqǐ 부 함께 | 香山 Xiāngshān 지명 향산 | 怎么样 zěnmeyàng 대 어떻습니까 | 太 tài 부 아주, 너무 | 了 le 조사 문장 끝에서 감탄을 나타냄

핵심회화 2 Track 061

동리　喂，是 留学生 宿舍 吗？
　　　Wéi, shì liúxuéshēng sùshè ma?

예리　是。
　　　Shì.

동리　请问，睿莉 在 吗？
　　　Qǐng wèn, Ruìlì zài ma?

예리　是 我，你 哪位？
　　　Shì wǒ, nǐ nǎ wèi?

동리　我 是 董丽。
　　　Wǒ shì Dǒng Lì.

예리　啊，是 董丽，你 好，有 事 吗？
　　　Ä, shì Dǒng Lì, nǐ hǎo, yǒu shì ma?

동리　这个 周末 我们 一起 去 香山，怎么样？
　　　Zhège zhōumò wǒmen yìqǐqù Xiāngshān, zěnmeyàng?

예리　太 好 了。
　　　Tài hǎo le.

단어 Track 062

找 zhǎo 동 찾다 | 谁 shéi 대 누구 | 晶晶 Jīngjīng 인명 징징 | 洗手间 xǐshǒujiān 명 화장실 | 暂时 zànshí 명 잠깐

응용회화 2 Track 063

태희　喂，学生 宿舍 吗？
　　　Wéi, xuésheng sùshè ma?

동리　是，你 找 谁？
　　　Shì, nǐ zhǎo shéi?

태희　请问，晶晶 在 吗？
　　　Qǐng wèn, Jīngjīng zài ma?

동리　她 去 洗手间，暂时 不 在 这儿。
　　　Tā qù xǐshǒujiān, zànshí bú zài zhèr.

태희　谢谢。
　　　Xièxie.

08 我在公司工作

회사에서 일해요

버스타기 / 직업묻기

- 北京 Běijīng 베이징
- 天坛公园 Tiāntán gōngyuán 천단 공원
- 公共汽车 gōnggòng qìchē 버스
- 出租汽车 chūzū qìchē 택시

1	버스카드	汽车卡	qìchēkǎ		**5**	서다	站	zhàn
2	정류장	车站	chēzhàn		**6**	앉다	坐	zuò
3	월정액권	月票	yuèpiào		**7**	검표원	售票员	shòupiàoyuán
4	노약자석	老幼病残孕专座		**8**	차표	车票	chēpiào
		lǎoyòubìngcányùn zhuānzuò		**9**	승객	乘客	chéngkè

단어 Track 065

天坛 Tiāntán 천단(명청 황제가 하늘에 제사 지내던 제단) | 公园 gōngyuán 명 공원 | 离 lí 개 ~에서, ~로 부터 동 떨어지다, 떠나다 | 远 yuǎn 형 (시간, 공간적으로) 멀다 | 坐 zuò 동 앉다, 타다 | 公共汽车 gōnggòng qìchē 명 버스 | 还是 háishi 접 또는, 아니면 | 出租汽车 chūzū qìchē 명 택시

핵심회화 1

태희	请问，天坛公园离这儿远吗？ Qǐng wèn, Tiāntán gōngyuán lí zhèr yuǎn ma?
호텔직원	不远。 Bù yuǎn.
태희	坐公共汽车还是坐出租汽车？ Zuò gōnggòng qìchē háishi zuò chūzū qìchē?
호텔직원	都可以。 Dōu kěyǐ.
태희	谢谢。 Xièxie.

단어 Track 067

附近 fùjìn 명 부근, 근처 | 地铁 dìtiě 명 지하철 | 那 nà 대 그, 저 (비교적 먼 곳의 사람이나 사물을 가리킴) | 边 biān 명 측, 쪽

응용회화 1

예리	请问，附近有地铁站吗？ Qǐng wèn, fùjìn yǒu dìtiě zhàn ma?
행인	那边有。 Nàbiān yǒu.
예리	离这儿远吗？ Lí zhèr yuǎn ma?

방면	比较 bǐjiào (부) 비교적	행인	比较 远。 Bǐjiào yuǎn.
		예리	谢谢。 Xièxie.

请 qǐng (동) 부탁하다 | 上 shàng (동) 오르다, 타다 | 车 chē (명) 차 | 票 piào (명) 표, 증서 | 多少 duōshao 얼마나(수량을 물을 때 쓰는 표현) | 钱 qián (명) 돈 | 块 kuài (양) 조각, 돈을 세는 단위(위안에 해당됨) | 大学生 dàxuéshēng (명) 대학생 | 公司 gōngsī (명) 회사 | 工作 gōngzuò (동) 일하다 (명) 일, 업무

핵심회화 2 Track 070

태희	去 天坛 公园 吗? Qù Tiāntán gōngyuán ma?
버스차장	去, 请 上车。有 票 吗? Qù, qǐng shàngchē. yǒu piào ma?
태희	没有。 Méiyǒu.
버스차장	请 买 票。 Qǐng mǎi piào.
태희	多少 钱? Duōshao qián?
버스차장	一块。你 是 哪 国 人? Yí kuài. Nǐ shì nǎ guó rén?
태희	我 是 韩国人。 Wǒ shì Hánguó rén.
버스차장	你 是 大学生 吧? Nǐ shì dàxuéshēng ba?
태희	不, 我 在 公司 工作。 Bù, wǒ zài gōngsī gōngzuò.

做 zuò (동) 하다, 종사하다, 제조하다 | 医院 yīyuàn (명) 병원 | 医生 yīshēng (명) 의사 | 律师 lùshī (명) 변호사

응용회화 2 Track 072

버스차장	你 爸爸 做 什么 工作? Nǐ bàba zuò shénme gōngzuò?
예리	我 爸爸 在 医院 工作, 是 医生。 Wǒ bàba zài yīyuàn gōngzuò, shì yīshēng.
버스차장	你 妈妈 也 是 医生 吗? Nǐ māma yě shì yīshēng ma?
예리	不, 我 妈妈 是 律师。 Bù, wǒ māma shì lùshī.

09 星期六我有约

토요일에 약속 있어요

교실에서 / 시간물기, 날짜물기

Track 073

- 周末 zhōumò 주말 ■ 同学们 tóngxuémen 반친구들 ■ 长城 Chángchéng 만리장성
- 睡懒觉 shuì lǎnjiào 늦잠을 자다

1 케익	蛋糕	dàngāo	
2 초	蜡烛	làzhú	
3 생일선물	生日礼物	shēngrì lǐwù	
4 생일파티	生日派对	shēngrì pàiduì	
	生日宴会	shēngrì yànhuì	

5 생일카드	生日贺卡	shēngrì hèkǎ	
6 생일 축하해	祝你生日快乐	
	Zhù nǐ shēngrì kuàilè	
	祝	zhù	축하하다, 빌다
	快乐	kuàilè	즐겁다, 행복하다

단어

Track 074

星期 xīngqī 몡 주, 주일
(週日) | 星期六 xīngqīliù
몡 토요일 | 时间 shíjiān
몡 시간 | 有 yǒu 동 있
다 | 约 yuē 동 약속하
다 몡 약속 | 星期天
xīngqītiān 몡 일요일 | 长
城 Chángchéng 몡 만리장
성 | 非 fēi ~이 아니다 |
好汉 hǎohàn 사내대장부

핵심회화 1

Track 075

예리 这个 星期六 你 有 时间 吗?
Zhège xīngqīliù nǐ yǒu shíjiān ma?

데이빗 星期六 我 有 约。
Xīngqīliù wǒ yǒu yuē.

예리 星期天 呢?
Xīngqītiān ne?

데이빗 可以。
Kěyǐ.

예리 我们 一起 去 长城 吧。
Wǒmen yìqǐ qù Chángchéng ba.

不 到 长城 非 好汉!
Bú dào Chángchéng fēi hǎohàn!

데이빗 好。
Hǎo.

단어

Track 076

今天 jīntiān 몡 오늘 | 几
jǐ 주 몇 (2~9 사이의 불

응용회화 1

Track 077

예리 今天 是 几 月 几 号?
Jīntiān shì jǐ yuè jǐ hào?

특정한 수) | 月 yuè ⑲ 월,
달 | 号 hào ⑲ 일, 번호 |
怎么了 zěnme le 무슨 일이
야 | 生日 shēngrì ⑲ 생일

| 메리 | 今天 是 10 月 27 号。 |
| | Jīntiān shì shí yuè èrshíqī hào. |

| 예리 | 星期 几? |
| | Xīngqī jǐ? |

| 메리 | 星期二。 怎么 了? |
| | Xīngqī'èr.　Zěnme le? |

| 예리 | 今天 是 我 的 生日。 |
| | Jīntiān shì wǒ de shēngrì. |

 단어 Track 078

핵심회화 2 Track 079

现在 xiànzài ⑲ 현재, 지금 |
点 diǎn ⑲ 시, 점 | 分 fēn ⑲
분 | 糟糕 zāogāo ⑲ 망치다,
못쓰게 되다 | 完了 wánle ⑧
끝장나다, 망하다 | 课 kè ⑲
수업, 강의 | 班 bān ⑲ 반, 조
| 同学 tóngxué ⑲ 같은 반 친
구 | 要 yào ㉬ 원하다 | 怎
么 zěnme ㉯ 어째서 | 睡懒
觉 shuì lǎnjiào 늦잠을 자다

| 예리 | 现在 几点? |
| | Xiànzài jǐ diǎn? |

| 메리 | 八点 三十分。 |
| | Bā diǎn sānshí fēn. |

| 예리 | 糟糕, 完了。 |
| | Zāogāo, wánle. |

| 메리 | 怎么 了? 你 不是 今天 没有 课 吗? |
| | Zěnme le?　Nǐ búshì jīntiān méiyǒu kè ma? |

| 예리 | 今天 我们 班 同学们 要 一起 去 长城。 |
| | Jīntiān wǒmen bān de tóngxuémen yào yìqǐ qù Chángchéng. |

| 메리 | 你 怎么 睡 懒觉 呢? |
| | Nǐ zěnme shuì lǎnjiào ne? |

 단어 Track 080

응용회화2 Track 081

差 chà ⑧ 부족하다, 모자
라다 | 开始 kāishǐ ⑧ 시
작하다 | 幸福 xìngfú ⑲
행복하다 | 了 le 변화를
나타내는 어기 | 为什么
wèishénme ㉯ 왜 | 因为
yīnwèi ㉧ 왜냐하면 | 分
钟 fēnzhōng ⑲ 분 | 以
后 yǐhòu ⑲ 이후 | 午饭
wǔfàn ⑲ 점심밥

| 왕란 | 现在 几点? |
| | Xiànzài jǐ diǎn? |

| 태희 | 差 十分 十二 点。 |
| | Chà shí fēn shí'èr diǎn. |

| 왕란 | 我 开始 幸福 了。 |
| | Wǒ kāishǐ xìngfú le. |

| 태희 | 为什么? |
| | Wèishénme? |

| 왕란 | 因为 十分钟 以后 是 午饭 时间。 |
| | Yīnwèi shí fēnzhōng yǐhòu shì wǔfàn shíjiān. |

21

10 我今年25岁

올해 25살 이에요

병원가기 / 나이묻기

Track 082

- 头疼 tóuténg 두통
- 医院 yīyuàn 병원

1 의사　大夫　dàifu
2 환자　病人　bìngrén
3 진료실　诊疗室　zhěnliáoshì
　진료하다　诊疗　zhěnliáo
4 병상　病床　bìngchuáng
5 주사를 놓다　打针　dǎzhēn

6 간호사　护士　hùshi
7 링거　输液　shūyè
8 입원하다　住院　zhùyuàn
9 깁스　石膏绷带　shígāo bēngdài
10 퇴약을 먹다　吃药　chīyào
11 퇴원하다　出院　chūyuàn

Track 083

脸色 liǎnsè 영 안색 | 头疼 tóuténg 영 머리가 아프다 | 药 yào 영 약 | 已经 yǐjing 부 이미 | 效 xiào 영 효과

핵심회화 1

Track 084

왕란 怎么了? 你 的 脸色 不 好。
Zěnme le?　Nǐ de liǎnsè bù hǎo.

태희 我 头疼。
Wǒ tóuténg.

왕란 你 有 头疼药 吗?
Nǐ yǒu tóuténgyào ma?

태희 已经 吃 了，没有 效。
Yǐjing chī le, méiyǒu xiào.

왕란 你 去 医院 吧。
Nǐ qù yīyuàn ba.

단어

Track 085

身体 shēntǐ 영 신체, 몸 | 肚子 dùzi 영 배 | 疼 téng 동 아프다 | 晚上 wǎnshang 영 저녁, 밤 | 鸡蛋 jīdàn 영 달걀 | 炒 饭 chǎofàn 영 볶음밥 | 没有用 méiyǒu yòng 쓸 모가 없다, 소용없다 | 早 上 zǎoshang 영 아침 | 看

응용회화 1

Track 086

메리 怎么 了? 是 不 是 身体 不 好?
Zěnme le?　Shì bú shì shēntǐ bù hǎo?

예리 肚子 疼。
Dùzi téng.

메리 今天 晚上 你 吃 了 什么?
Jīntiān wǎnshang nǐ chī le shénme?

예리 我 吃 了 鸡蛋 炒饭。
Wǒ chī le jīdàn chǎofàn.

病 kànbìng ⑧ 진료하다

Wǒ chī le jīdàn chǎofàn.

메리 **你 吃 药 了 没有?**
Nǐ chī yào le méiyǒu?

예리 **吃 药 也 没有 用。**
Chī yào yě méiyǒu yòng.

메리 **明天 早上 你 去 看病 吧。**
Míngtiān zǎoshang nǐ qù kànbìng ba.

단어 Track 087

Track 088

핵심회화 2

舒服 shūfu ⑱ 편안하다,
쾌적하다 | 厉害 lìhai ⑱
심하다, 지독하다 | 发烧
fāshāo ⑧ 열이나다 | 今年
jīnnián ⑱ 올해 | 多大 duō
dà 나이가 얼마인가, 얼마
의 | 岁 suì 세, 살 | 年轻
niánqīng ⑱ 젊다 | 没什么
méi shénme 상관없다, 문
제없다 | 问题 wèntí ⑲ 문
제, 결함 | 打针 dǎzhēn ⑧
주사를 놓다/맞다 | 不用
búyòng ⑨ 필요 없다 | 休
息 xiūxi ⑧ 쉬다

의사 **你 哪儿 不 舒服?**
Nǐ nǎr bù shūfu?

태희 **头疼 很 厉害。**
Tóuténg hěn lìhai.

의사 **发烧 呢?**
Fāshāo ne?

태희 **没有。**
Méiyǒu.

의사 **你 今年 多大?**
Nǐ jīnnián duō dà?

태희 **我 今年 25 岁。**
Wǒ jīnnián èrshíwǔ suì.

의사 **你 还 年轻, 没什么 太大 的 问题。**
Nǐ hái niánqīng, méi shénme tài dà de wèntí.

태희 **要 打针 吗?**
Yào dǎzhēn ma?

의사 **不用, 休息 休息 吧。**
Búyòng, xiūxi xiūxi ba.

단어 Track 089

응용회화 2

 Track 090

大 dà ⑱ 크다 | 姐姐 jiějie
⑱ 언니, 누나 | 算 suàn
⑧ 계산에 넣다, ~인 셈이다
| 不算 búsuàn ⑧ 계산하지
않다, ~라고 할 수 없다 |
得 děi ~해야 한다 | 病
bìng ⑱ 병, 질병

예리 **你 今年 多大?**
Nǐ jīnnián duō dà?

메리 **我 今年 20 岁。**
Wǒ jīnnián èrshí suì.

예리 **我 25 岁, 你 叫 我 姐姐。**
Wǒ èrshíwǔ suì, nǐ jiào wǒ jiějie.

23

메리	大 五 岁，不算 姐姐。
	Dà wǔ suì, búsuàn jiějie.
예리	在 韩国 大 一 岁 也 得 叫 姐姐。
	Zài Hánguó dà yí suì yě děi jiào jiějie.
메리	好 了，姐姐，你 的 病 好 了 吗?
	Hǎo le, jiějie, nǐ de bìng hǎo le ma?
예리	好 多 了。
	Hǎo duō le.

11 你想吃什么?

뭐 먹을래요?

식당에서 | 주문하기

Track 091

■ 第一次 dì yī cì 처음 ■ 吃 chī 먹다 ■ 茉莉花茶 mòlì huāchá 자스민차 ■ 水 shuǐ 물

1	손님	客人	kèrén
2	메뉴판	菜单	càidān
3	점원	服务员	fúwùyuán
4	숟가락	勺子	sháozi
5	젓가락	筷子	kuàizi
6	접시	碟子	diézi

7	차	茶	chá
8	냅킨	餐巾纸	cānjīnzhǐ
9	계산서	买单	mǎidān
10	더치페이	AA制	AAzhì
11	어서 오세요	欢迎光临	huānyíng guānglín

단어
Track 092

想 xiǎng 조 ~하려고 하다 | 鱼香肉丝 yúxiāng ròusī 위샹로우스 (중국음식명) | 点 diǎn 동 고르다, 주문하다 양 조금 | 听 tīng 양 캔 | 可口可乐 kěkǒu kělè 코카콜라 | 瓶 píng 양 병을 세는 단위 | 矿泉水 kuàngquánshuǐ 명 생수

핵심회화 |
Track 093

동리	你 想 吃 什么?
	Nǐ xiǎng chī shénme?
예리	来 个 鱼香 肉丝。
	Lái ge yúxiāng ròusī.
동리	好。
	Hǎo.
예리	来 点 什么 饮料?
	Lái diǎn shénme yǐnliào?
동리	来 一 听 可口可乐。你 呢?
	Lái yì tīng kěkǒu kělè. Nǐ ne?

24

단어 Track 094　　응용회화 1 Track 095

地道 dìdao 형 진짜의, 제대
로 된 | 烤鸭 kǎoyā 명 오
리구이 | 味道 wèidao 명
맛 | 怎么样 zěnmeyàng 대
어떠한가 | 第一次 dìyīcì
맨 처음

예리 这 是 中国 地道 的 北京 烤鸭,
Zhè shì Zhōngguó dìdao de Běijīng kǎoyā,

味道 怎么样?
wèidao zěnmeyàng?

동리 这 是 第一次 吃 北京 烤鸭, 很 好吃。
Zhè shì dìyīcì chī Běijīng kǎoyā, hěn hǎochī.

동리 请 多 吃 点。
Qǐng duō chī diǎn.

단어 Track 096　　핵심회화 2 Track 097

川菜 Chuāncài 사천요리 |
能 néng 조동 ~할 수 있다
| 不能 bù néng ~할 수 없
다 | 辣 là 형 맵다 | 八大
bā dà 8대 | 菜系 càixì 명
(각 지방의 특색을 띤 요리
방식이나 맛 등의) 계통 | 之
一 zhī yī 명 ~중의 하나 |
一定 yídìng 부 필히, 꼭
要 yào ~해야 한다 | 试
shì 시험삼아 해 보다 |
请客 qǐngkè 용 초대하다,
한턱내다

예리 今天 你 想 吃 什么?
Jīntiān nǐ xiǎng chī shénme?

동리 我们 去 吃 川菜 吧。
Wǒmen qù chī Chuāncài ba.

예리 我 不 能 吃 辣 的。
Wǒ bù néng chī là de.

동리 川菜 是 中国 八大 菜系 之 一,
Chuāncài shì Zhōngguó bā dà càixì zhī yī,

你 一定 要 吃。
nǐ yídìng yào chī.

今天 试 一 试 吧。 我 请客。
Jīntiān shì yi shi ba.　Wǒ qǐngkè.

단어 Track 098　　응용회화 2 Track 099

茶 chá 명 차 | 茉莉花茶
mòlìhuāchá 자스민차 | 喝
hē 용 마시다 | 极了 jíle 어
떤 상황이나 정도가 극도로
높음을 표현할 때 쓰임 | 尝
cháng 용 맛보다, 체험하다

예리 这 是 什么 茶?
Zhè shì shénme chá?

동리 茉莉花茶。
Mòlìhuāchá.

예리 好 喝 吗?
Hǎo hē ma?

동리 好 极了, 你 尝 一 尝。
Hǎo jíle, nǐ cháng yi cháng.

25

12 便宜点儿吧

깎아 주세요

- 逛街 guàngjiē 쇼핑하다 ■ 钱包 qiánbāo 지갑 ■ 讨价还价 tǎojià huánjià 흥정하다
- 砍价 kǎnjià 가격을 깎다 ■ 贵 guì 비싸다

1	쇼핑하다	逛街	guàngjiē	**7**	구두	皮鞋	píxié
2	고객	顾客	gùkè	**8**	치마	裙子	qúnzi
3	비싸다	贵	guì	**9**	바지	裤子	kùzi
4	싸다	便宜	piányi	**10**	T셔츠	T恤	Txù
5	핸드백	皮包	píbāo	**11**	모자	帽子	màozi
6	지갑	钱包	qiánbāo				

贵 guì 형 비싸다 | 便宜
piányi 형 싸다 | 级 jí 명 등
급 | 假货 jiǎhuò 명 모조품
| 砍价 kǎnjià 통 값을 깎다

태희　这个 钱包 多少 钱?
　　　Zhège qiánbāo duōshao qián?

점원　100 块。
　　　Yìbǎi kuài.

태희　太 贵, 便宜 点儿 吧。
　　　Tài guì, piányi diǎnr ba.

점원　这 是 A 级 假货, 不 能 砍价。
　　　Zhè shì A jí jiǎhuò, bù néng kǎnjià.

태희　80 块 吧。
　　　Bāshí kuài ba.

점원　90 块, 不 能 再 便宜。
　　　Jiǔshí kuài, bù néng zài piányi.

태희　来 一 个。
　　　Lái yí ge.

双 shuāng 양 짝, 켤레 |
皮鞋 píxié 명 구두 | 狠
hěn 형 모질다, 악독하다 |
别的 biéde 대 다른 것 | 颜
色 yánsè 명 색깔 | 喜欢

태희　这 双 皮鞋 多少 钱?
　　　Zhè shuāng píxié duōshao qián?

점원　70 块。
　　　Qīshí kuài.

태희　能 不 能 便宜 点 儿?
　　　Néng bu néng piányi diǎnr?

xǐhuan ⑧ 좋아하다 | 红
色 hóngsè ⑲ 빨간색 | 光
guāng ⑲ 빛 ⑲ 텅비다, 하
나도 남아 있지 않다 | 卖
mài ⑧ 팔다

점원	你说多少? Nǐ shuō duōshao?
태희	30 块。 Sānshí kuài.
점원	你太狠了。 40 块。 Nǐ tài hěn le.　　Sìshí kuài.
태희	好吧, 有没有别的颜色? 我喜欢红色。 Hǎo ba, yǒu méiyǒu biéde yánsè?　Wǒ xǐhuan hóngsè.
점원	卖光了。 Mài guāng le.

단어 Track 105

裙子 qúnzi ⑲ 치마 | 挺
tǐng ⑨ 꽤, 제법 | 不错
búcuò ⑲ 좋다 | 穿 chuān
⑧ 입다, 신다 | 配 pèi ⑧
배합하다, 조합하다 | 但是
dànshì ⑳ 그러나 | 觉得
juéde ⑧ ~라고 여기다 |
合适 héshì ⑲ 적당하다

본문회화 I Track 106

태희	你看, 这件裙子怎么样? Nǐ kàn, zhè jiàn qúnzi zěnmeyàng?
왕란	挺不错。 Tǐng búcuò.
태희	可以试穿吗? Kěyǐ shìchuān ma?
점원	可以。 Kěyǐ.
태희	怎么样? Zěnmeyàng?
왕란	很配。 Hěn pèi.
태희	但是我觉得不太合适。 Dànshì wǒ juéde bú tài héshì.

단어 Track 107

麻烦 máfan ⑲ 귀찮다, 성
가시다 | 昨天 zuótiān ⑲
어제 | 大小 dàxiǎo ⑲ 사
이즈, 크기 | 换 huàn ⑧ 교
환하다 | 退钱 tuìqián 환불
하다

본문회화 I Track 108

태희	麻烦你, 这是昨天买的。 Máfan nǐ, zhè shì zuótiān mǎi de.
점원	有问题吗? Yǒu wèntí ma?
태희	大小不合适, 太大了, 可以换吗? Dàxiǎo bù héshì,　tài dà le, kěyǐ huàn ma?
점원	现在没有小的。 Xiànzài méiyǒu xiǎo de.
태희	那, 可以退钱吗? Nà, kěyǐ tuìqián ma?
점원	可以。 Kěyǐ.

13 你喜欢什么运动?

무슨 운동 좋아하니?

운동장에서, 호텔에서 | 운동하기, 방 구하기

Track 109

- 同学 tóngxué 반 친구 ■ 乒乓球 pīngpāngqiú 탁구 ■ 健美 jiànměi 건강미
- 秘诀 mìjué 비결 ■ 游泳 yóuyǒng 수영

1 운동장	操场	cāochǎng	**6** 이기다	赢	yíng
2 신체를 단련하다	锻炼身体	duànliàn shēntǐ	**7** 지다	输	shū
3 운동	运动	yùndòng	**8** 산책	散步	sànbù
4 농구	篮球	lánqiú	**9** 태극권	太极拳	tàijíquán
5 시합	比赛	bǐsài	**10** 건강미	健美	jiànměi

단어 🎧Track 110

喂 wéi (전화상에서) 여보세요 | 大卫 Dàwèi 인명 데이빗 | 正在 zhèngzài 부사 지금(한창) ~하고 있다 | 看 kàn 동 보다 | 电视 diànshì 명 텔레비전 | 无聊 wúliáo 형 무료하다, 심심하다 | 操场 cāochǎng 명 운동장 | 打 dǎ 동 하다 | 乒乓球 pīngpāngqiú 명 탁구

핵심회화 1

Track 111

에리 喂, 大卫 在 吗?
Wéi, Dàwèi zài ma?

데이빗 是 我, 睿莉 吗? 什么 事?
Shì wǒ, Ruìlì ma? Shénme shì?

에리 你 现在 做 什么 呢?
Nǐ xiànzài zuò shénme ne?

데이빗 我 现在 正在 看 电视, 你 呢?
Wǒ xiànzài zhèngzài kàn diànshì, nǐ ne?

에리 我 很 无聊, 我们 一起 去 操场 打 乒乓球 吧。
Wǒ hěn wúliáo, wǒmen yìqǐ qù cāochǎng dǎ pīngpāngqiú ba.

데이빗 好。
Hǎo.

단어 🎧Track 112

棒 bàng 형 좋다 | 实力 Shílì 명 실력 | 最 zuì 부 가장 | 运动 yùndòng 명 운동 | 游泳 yóuyǒng 명 수영 | 机会 jīhuì 명 기회 | 教 jiāo 동 가르치다 | 没问题

핵심회화 2

Track 113

에리 大卫, 你 很 棒!
Dàwèi, nǐ hěn bàng!

实力 很 不错。
Shílì hěn búcuò.

데이빗 乒乓球 是 我 最 喜欢 的 运动。
Pīngpāngqiú shì wǒ zuì xǐhuan de yùndòng.

méi wèntí 문제없다 | 每天
měitiān 몡 매일 | 游泳馆
yóuyǒngguǎn 몡 수영장 |
锻炼 duànliàn 동 몸을 단련
하다

你 喜欢 什么 运动?
Nǐ xǐhuan shénme yùndòng?

에리　我 很 喜欢 游泳。
Wǒ hěn xǐhuan yóuyǒng.

데이빗　我很想学习游泳,有机会教我吧。
Wǒ hěn xiǎng xuéxí yóuyǒng, yǒu jīhuì jiāo wǒ ba.

에리　没 问题。 我 每天 晚上 去 游泳馆
Méi wèntí.　Wǒ měitiān wǎnshang qù yóuyǒngguǎn

游泳, 锻炼 锻炼 身体。
yóuyǒng, duànliàn duànliàn shēntǐ.

단어 Track 114

空房 kōngfáng 몡 빈방 | 单
人房 dān-rénfáng 몡 1인실 |
双人房 shuāngrénfáng 몡 2
인실 | 张 zhāng 얭 책상, 탁
자, 침대 등의 양사 | 单人床
dānrénchuáng 몡 싱글침대
| 双人床 shuāngrénchuáng
몡 더블침대 | 住 zhù 동 숙
박하다, 거주하다 | 天 tiān
몡 날, 일

핵심회화 3　Track 115

태희　请问, 有 空房 吗?
Qǐng wèn, yǒu kōngfáng ma?

호텔직원　有, 您 要 单人房 还是 双人房?
Yǒu, nín yào dānrénfáng háishi shuāngrénfáng?

태희　双人房。
Shuāngrénfáng.

호텔직원　您要两张单人床的还是一张双人床的?
Nín yào liǎng zhāng dānrénchuáng de háishi yì zhāng shuāngrénchuáng de?

태희　两 张 单人床 的。
Liǎng zhāng dānrénchuáng de.

호텔직원　您 要 住 几 天?
Nín yào zhù jǐ tiān?

태희　两 天。
Liǎng tiān.

단어 Track 116

不好意思 bù hǎo yìsi 미안
합니다 | 餐厅 cāntīng 몡
식당 | 里 li 몡 안, 속 | 座
位 zuòwèi 몡 좌석 | 出差
chūchāi 동 출장 가다

핵심회화 4　Track 117

외국인　请问, 可以 一起 坐 吗?
Qǐng wèn, kěyǐ yìqǐ zuò ma?

태희　可以。
Kěyǐ.

외국인　不 好 意思, 餐厅 里 没有 座位。
Bù hǎo yìsi, cāntīng li méiyǒu zuòwèi.

태희　没 关系。
Méi guānxi.

외국인　两 位 是 来 旅游 的 吗?
Liǎng wèi shì lái lǚyóu de ma?

태희　不, 我们 来 出差 的。
Bù, wǒmen lái chūchāi de.

29

14 怎么走?

어떻게 갑니까?

길에서, 미용실에서 / 길묻기, 머리하기

- 百货商店 bǎihuò shāngdiàn 백화점 ▪ 烫发 tàngfà 파마하다 ▪ 难 nán 어렵다
- 街头 jiētóu 길거리 ▪ 问 wèn 묻다

1	큰 거리	街头	jiētóu	**6**	가로등	路灯	lùdēng
2	골목길	胡同	hútòng	**7**	사거리	十字路口	shízìlùkǒu
3	행인	行人	xíngrén	**8**	삼거리	丁字路口	dīngzìlùkǒu
4	횡단보도	人行横道	rénxínghéngdào	**9**	육교	天桥	tiānqiáo
5	신호등	红绿灯	hónglǜdēng				

단어 Track 119

百货商店 bǎihuòshāngdiàn
몡 백화점 | 一直 yìzhí 児
곧장 | 往 wǎng 刑 ~쪽으
로 | 前 qián 몡 앞 | 十字
路口 shízìlùkǒu 몡 사거리
| 向 xiàng 刑 ~을 향하여
| 左 zuǒ 몡 왼쪽 | 拐 guǎi
동 방향을 바꾸다 | 有点儿
yǒudiǎnr 조금 | 打的 dǎdí
택시 타다

핵심회화 1

  Track 120

태희	请问, 去 现代 百货商店 怎么 走?
	Qǐng wèn, qù Xiàndài bǎihuòshāngdiàn zěnme zǒu?
행인	一直 往 前 走, 到 十字路口 向 左 拐。
	Yìzhí wǎng qián zǒu, dào shízìlùkǒu xiàng zuǒ guǎi.
태희	离 这儿 远 不 远?
	Lí zhèr yuǎn bu yuǎn?
행인	有点儿 远。 你 可以 打的 去 那儿。
	Yǒudiǎnr yuǎn. Nǐ kěyǐ dǎdí qù nàr.
태희	谢谢。
	Xièxie.
행인	不 客气。
	Bú kèqi.

단어 Track 121

门口 ménkǒu 몡 입구 | 对
面 duìmiàn 몡 맞은편 | 过
来 guòlai 동 오다 | 一会
儿 yíhuìr 몡 짧은 시간

핵심회화 2

  Track 122

태희	喂, 董 丽?
	Wéi, Dǒng Lì?
동리	是 泰希? 你 在 哪儿?
	Shì Tàixī? Nǐ zài nǎr?
태희	我 在 百货商店 的 门口。 你 呢?
	Wǒ zài bǎihuòshāngdiàn de ménkǒu. Nǐ ne?

30

동리	我 在 你 的 对面。 过来 吧！
	Wǒ zài nǐ de duìmiàn. Guòlai ba!
태희	好。 等 一会儿。
	Hǎo. Děng yíhuìr.

단어 Track 123

欢迎 光临 huānyíng guānglín 방문해 주셔서 감사합니다 | 烫发 tàngfà 통 파마하다 | 得 děi 조통 ~해야 한다

핵심회화 3 Track 124

미용사	欢迎 光临！你 要 剪 还是 烫？
	Huānyíng guānglín! Nǐ yào jiǎn háishi tàng?
태희	我 要 烫发。
	Wǒ yào tàngfà.
미용사	不好意思。 今天 人 太 多， 你 得 等
	Bù hǎo yìsi. Jīntiān rén tài duō, nǐ děi děng
	三十 分钟。
	sānshí fēnzhōng.
태희	没 关系。
	Méi guānxi.

단어 Track 125

什么样 shénmeyàng 메 어떠한 모양 | 发型 fàxíng 명 헤어스타일 | 李英爱 Lǐ Yīng'ài 인명 이영애 | 上 shàng 명 위 | 舒适 shūshì 웹 편안하다 | 沙发 shāfā 명 소파

핵심회화 4

미용사	你 要 什么样 的 发型？
	Nǐ yào shénmeyàng de fàxíng?
태희	我 觉得 李英爱 的 发型 很 不错。
	Wǒ juéde Lǐ Yīng'ài de fàxíng hěn búcuò.
	我 要 那个。
	Wǒ yào nàge.
미용사	好。你们 先 上去 吧。那儿 有 舒适
	Hǎo. Nǐmen xiān shàngqù ba. Nàr yǒu shūshì
	的 沙发，还 有 饮料。
	de shāfā, hái yǒu yǐnliào.
태희	谢谢。董丽，我们 上去 吧。
	Xièxie. Dǒng Lì, wǒmen shàngqù ba.

15 你去过颐和园吗?

이화원 가봤니?

길에서, 미용실에서 / 길묻기, 머리하기

■ 颐和园 Yíhéyuán 이화원 ■ 雨 yǔ 비 ■ 下 xià 내리다 ■ 电影院 diànyǐngyuàn 극장
■ 爆玉米花 bàoyùmǐhuā 팝콘 ■ 电影 diànyǐng 영화

1 영화관 电影院 diànyǐngyuàn
2 매표소 售票处 shòupiàochù
3 스크린 银幕 yínmù
4 좌석 座席 zuòxí

5 팝콘 爆玉米花 bàoyùmǐhuā
6 배우 演员 yǎnyuán
7 감독 导演 dǎoyǎn

단어 Track 128

过 guo (조) ~한 적 있다 |
逛 guàng (동) (밖으로 나
가) 거닐다, 노닐다 | 颐和
园 Yíhéyuán (지명) 이화원
| 饿 è 배고프다 | 死了
sǐle 죽겠다

핵심회화 1 Track 129

징징 睿莉, 你 去 过 颐和园 吗?
　　　Ruìlì, nǐ qù guo Yíhéyuán ma?

예리 没 去 过。
　　　Méi qù guo.

징징 那么, 这个 星期五 我们 一起 去 逛
　　　Nàme, zhège xīngqīwǔ wǒmen yìqǐ qù guàng

　　　颐和园 吧!
　　　Yíhéyuán ba!

예리 好。现在 我们 先 去 吃饭 吧, 饿 死了。
　　　Hǎo.　Xiànzài wǒmen xiān qù chīfàn ba, è sǐle.

징징 走 吧。
　　　Zǒu ba.

단어 Track 130

打算 dǎsuan (동) ~할 계획
이다 (명) 계획

핵심회화 2 Track 131

징징 泰希! 你 好!
　　　Tàixī! Nǐ hǎo!

태희 晶晶! 好久 不 见!
　　　Jīngjīng! Hǎojiǔ bú jiàn!

징징 我 打算 和 睿莉 一起 去 颐和园。
　　　Wǒ dǎsuan hé Ruìlì yìqǐ qù Yíhéyuán.

我们 一起 去 吧。
Wǒmen yìqǐ qù ba.

태희 对不起，我 已经 去 过 两 次 了。
Duìbùqǐ, wǒ yǐjīng qù guo liǎng cì le.

你们 两 个 人 去 吧。
Nǐmen liǎng ge rén qù ba.

下 xià 图 내리다, 떨어지다 | 着 zhe 图 ~하고 있는 중이다, ~하고 있다 | 雨 yǔ 图 비 | 怎么办 zěnmebàn 어떡하다 | 电影院 diànyǐngyuàn 图 극장 | 电影 diànyǐng 图 영화 | 动作片 dòngzuòpiàn 图 액션영화 | 科幻片 kēhuànpiàn SF영화

핵심회화3 Track 133

예리 糟糕 了！下 着 雨 呢！
Zāogāo le! Xià zhe yǔ ne!

징징 今天 我们 不 能 去 颐和园 了。
Jīntiān wǒmen bù néng qù Yíhéyuán le.

예리 那 怎么办？
Nà zěnmebàn?

징징 我们 还是 去 电影院 看 电影 吧。
Wǒmen háishi qù diànyǐngyuàn kàn diànyǐng ba.

예리 你 喜欢 看 什么样 的 电影？动作片
Nǐ xǐhuan kàn shénmeyàng de diànyǐng? Dòngzuòpiàn

还是 科幻片？
háishi kēhuànpiàn?

징징 动作片 好。
Dòngzuòpiàn hǎo.

排队 páiduì 图 줄을 서다 | 爆玉米花 bàoyùmǐhuā 图 팝콘 | 可乐 kělè 图 콜라 | 和 hé 게 ~와 | 站 zhàn 图 서다

핵심회화4 Track 135

징징 排队 的 人 太 多。
Páiduì de rén tài duō.

예리 我 在 这儿 排队，你 去 买
Wǒ zài zhèr páiduì, nǐ qù mǎi

爆玉米花 和 可乐 吧。
bàoyùmǐhuā hé kělè ba.

징징 好。
Hǎo.

예리 我们 还 得 等 30 分钟。
Wǒmen hái děi děng sānshí fēnzhōng.

징징 我 肚子 饿，我 要 站 着 吃 爆玉米花。
Wǒ dùzi è, wǒ yào zhàn zhe chī bàoyùmǐhuā.

33

16 我是从英国来的

영국에서 왔어

도서관에서 | 친구 기숙사 방문

- 英国朋友 Yīngguó péngyou 영국친구 ■ 紧张 jǐnzhāng 긴장 ■ 英语 Yīngyǔ 영어
- 汉语 Hànyǔ 중국어 ■ 不要紧张 búyào jǐnzhāng 긴장하지 마

1 한국	韩国	Hánguó
2 중국	中国	Zhōngguó
3 일본	日本	Rìběn
4 미국	美国	Měiguó
5 영국	英国	Yīngguó

6 독일	德国	Déguó
7 프랑스	法国	Fǎguó
8 러시아	俄罗斯	Éluósī
9 인도	印度	Yìndù
10 브라질	巴西	Bāxī

단어 Track 137

杰克 Jiékè 인명 | 잭 | 会 huì 조동 ~할 수 있다 | 更 gèng 부 더욱 | 方便 fāngbiàn 형 편리하다

핵심회화 1 Track 138

태희 睿莉，这是杰克。
Ruìlì, zhè shì Jiékè.

예리 Hi! Jack!

태희 杰克，这是我朋友睿莉。
Jiékè, zhè shì wǒ péngyou Ruìlì.

잭 你好！认识你很高兴。
Nǐ hǎo! Rènshi nǐ hěn gāoxìng.

예리 你会说汉语？
Nǐ huì shuō Hànyǔ?

잭 是的。用汉语更方便。
Shì de. Yòng Hànyǔ gèng fāngbiàn.

단어 Track 139

从 cóng 개 ~로 부터 | 英国 Yīngguó 지명 영국 | 伦敦 Lúndūn 지명 런던 | 待 dāi 동 머무르다, 체류하다 | 长 cháng 형 길다

핵심회화 2 Track 140

예리 你是从哪儿来的？
Nǐ shì cóng nǎr lái de?

잭 我是从英国伦敦来的。
Wǒ shì cóng Yīngguó Lúndūn lái de.

예리 你也是韩国人吧？
Nǐ yě shì Hánguórén ba?

잭	是的。
	Shì de.
예리	在 中国 待 了 多 长 时间?
	Zài Zhōngguó dāi le duō cháng shíjiān?
잭	我 是 两 个 月 前 来 的。
	Wǒ shi liǎng ge yuè qián lái de.

단어 Track 141

北京大学 Běijīng dàxué 베이징 대학 | 英文 Yīngwén 웹 영어 | 读 dú 틀 공부하다 | 博士 bóshì 웹 박사 | 一边 yìbiān A 一边 B 튄 한편으로 A하면서 B하다 | 挣钱 zhēngqián 틀 돈을 벌다 | 张 zhāng 웹 종이를 세는 양사 | 空 kòng 웹 틈, 겨를 | 的时候 de shíhou ~일 때 | 给 gěi 꽤 ~에게 | 打电话 dǎ diànhuà 전화하다 | 顿 dùn 웹 번, 차례, 끼

핵심회화 3 Track 142

예리	你 在 哪儿 工作?
	Nǐ zài nǎr gōngzuò?
잭	我 在 北京 大学 教 英文。 我 在 那儿
	Wǒ zài Běijīng dàxué jiāo Yīngwén. Wǒ zài nàr
	读 博士。 一边 挣钱, 一边 学习。
	dú bóshì. Yìbiān zhēngqián, yìbiān xuéxí.
예리	是 吗? 我 也 在 北京 大学 学 汉语。
	Shì ma? Wǒ yě zài Běijīng dàxué xué Hànyǔ.
잭	我 给 你 一 张 名片。 有 空 的 时候,
	Wǒ gěi nǐ yì zhāng míngpiàn. Yǒu kòng de shíhou,
	给 我 打 电话。我们 一起 吃 一 顿 饭 吧。
	gěi wǒ dǎ diànhuà. Wǒmen yìqǐ chī yí dùn fàn ba.
예리	好!
	Hǎo!

단어 Track 143

找 zhǎo 틀 찾다 | 欢迎 huānyíng 틀 환영하다 | 耽误 dānwu 틀 시간을 허비하다 | 快要 kuàiyào 튄 곧, 머지않아 | 国庆节 guóqìngjié 국경절 | 暂时 zànshí 웹 잠시

핵심회화 4 Track 144

예리	请问, 杰克 在 吗?
	Qǐng wèn, Jiékè zài ma?
잭	睿莉, 你 好, 你 来 找 我 吧?
	Ruìlì, nǐ hǎo, nǐ lái zhǎo wǒ ba?
	请 进, 欢迎 你。
	Qǐng jìn, huānyíng nǐ.
예리	我 是 不 是 耽误 你 的 时间?
	Wǒ shì bu shì dānwu nǐ de shíjiān?
잭	没有。
	Méiyǒu.
예리	快要 国庆节 了, 你 有 没有 打算?
	Kuàiyào guóqìngjié le, nǐ yǒu méiyǒu dǎsuan?

잭 我 要 暂时 回国，下 星期三 是 我
Wǒ yào zànshí huíguó, xià xīngqīsān shì wǒ

妈妈 的 生日。你 去 过 英国 吗?
māma de shēngrì.　Nǐ qù guo Yīngguó ma?

예리 我 一次 也 没 去 过。
Wǒ yí cì yě méi qù guo.

17 我帮助你
내가 도와줄게

노래방에서 | 친구 도와주기　Track 145

■ 搬家 bānjiā 이사하다　■ 帮助 bāngzhù 돕다　■ 卡拉 OK kǎlā ok 노래방

1 수퍼마켓	超市	chāoshì	**6** 빵	面包　miànbāo
2 과자	饼干	bǐnggān	**7** 음료수	饮料　yǐnliào
3 초코렛	巧克力	qiǎokèlì	**8** 채소	蔬菜　shūcài
4 라면	方便面	fāngbiànmiàn	**9** 고기	肉　ròu
5 아이스크림	冰淇淋	bīngqílín		

단어　Track 146

搬家 bānjiā 동 이사하다
| 帮 bāng 동 돕다 | 不谢
bú xiè 고맙긴

핵심회화 1　Track 147

예리 喂，董丽。我 是 睿莉。
Wéi, Dǒng Lì.　Wǒ shì Ruìlì.

동리 啊，睿莉。好久 不 见。最近 怎么样?
Ā, Ruìlì.　Hǎojiǔ bú jiàn. Zuìjìn zěnmeyàng?

예리 很 好。你 呢?
Hěn hǎo.　Nǐ ne?

동리 我 很 忙。星期天 要 搬家。
Wǒ hěn máng.　Xīngqītiān yào bānjiā.

예리 我 那天 可以 帮 你。
Wǒ nà tiān kěyǐ bāng nǐ.

| 둥리 | 谢谢!
Xièxie! |
| 예리 | 不谢! 星期天 见 吧。
Bú xiè!　Xīngqītiān jiàn ba. |

 단어 Track 148

搬 bān 图 옮기다 | 桌子 zhuōzi 图 탁자 | 脏 zāng 图 더럽다 | 擦 cā 图 닦다 | 别的 biéde 대 다른 것

핵심회화 2 Track 149

예리	晶晶, 你 也 来 了。 Jīngjing, nǐ yě lái le.
징징	睿莉, 你 好。 Ruìlì, nǐ hǎo.
예리	这个 桌子 很 脏, 可以 帮 我 擦 一下 吗? Zhège zhuōzi hěn zāng, kěyǐ bāng wǒ cā yíxià ma?
징징	好。 还 有 别 的 吗? Hǎo.　Hái yǒu bié de ma?
예리	没有。 谢谢! Méiyǒu.　xièxie!

 단어 Track 150

收拾 shōushi 图 정돈하다 | 得 de 图 동사 및 형용 사와 정도를 나타내어주는 보어를 연결 | 干净 gānjìng 图 깨끗하다 | 迟到 chídào 图 지각하다 | 过 guò 图 보내다 | 卡拉OK kǎlāOK 图 노래방 | 唱 chàng 图 부르다 | 歌 gē 图 노래 | 主意 zhǔyì 图 생각

핵심회화 3 Track 151

둥리	谢谢 晶晶、 睿莉! Xièxie jīngjing、 Ruìlì! 你们 帮 我 收拾 得 干干 净净! Nǐmen bāng wǒ shōushi de gāngān jìngjìng!
태희	你们 好! 不 好 意思! 迟到 了。 Nǐmen hǎo!　Bù hǎo yìsi!　Chídào le.
둥리	没 关系。 Méi guānxi.
징징	好久 不 见, 泰希! 过 得 怎么样? Hǎojiǔ bú jiàn, Tàixī!　Guò de zěnmeyàng?
태희	过 得 很 好。 Guò de hěn hǎo.
둥리	我们 四 个 人 一起 去 卡拉OK 唱歌, Wǒmen sì ge rén yìqǐ qù kǎlāOK chànggē, 怎么样? zěnmeyàng?
태희	好 主意! Hǎo zhǔyì!

37

단어 Track 152

先 xiān (부) 먼저 | 首 shǒu (양) '시'나 '노래'를 세는 양사 | 流行歌曲 liúxíng gēqǔ (명) 유행가

핵심회화4 Track 153

동리 我听说，你唱得很不错。
Wǒ tīngshuō, nǐ chàng de hěn búcuò.

你先来唱一首歌吧!
Nǐ xiān lái chàng yì shǒu gē ba!

예리 谁说的，我唱得不太好。
Shuí shuō de, wǒ chàng de bú tài hǎo.

징징 我很想听韩国的流行歌曲。
Wǒ hěn xiǎng tīng Hánguó de liúxíng gēqǔ.

给我听一听。
Gěi wǒ tīng yi tīng.

예리 那好，我先唱吧。
Nà hǎo, wǒ xiān chàng ba.

18 你看得了吗?

다 읽을 수 있니?

은행에서 / 환전하기 Track 154

■ 工作 gōngzuò 일 | 书店 shūdiàn 서점

1 지갑	钱包	qiánbāo	5 사진	照片	zhàopiàn
2 지폐	纸币	zhǐbì	6 신분증	身份证	shēnfènzhèng
3 동전	硬币	yìngbì	7 현금	现金	xiànjīn
4 신용카드	信用卡	xìnyòngkǎ	8 상품권	礼券	lǐquàn

단어 Track 155

换钱 huànqián (동) 환전하다 | 美元 měiyuán (명) 달러 | 填 tián (동) 기입하다 | 写 xiě (동) 쓰다 | 兑换单 duìhuàndān (명) 환전신청서

핵심회화1 Track 156

예리 我要换钱。
Wǒ yào huànqián.

은행직원 你要换多少?
Nǐ yào huàn duōshao?

예리 100 美元。
Yìbǎi měiyuán.

38

| 出示 chūshì ⑧ 제시하다 | 护照 hùzhào ⑲ 여권 |
稍 shāo ⑨ 약간, 조금

은행직원 **请 填写 兑换单, 出示 您 的 护照。**
Qǐng tiánxiě duìhuàndān, chūshì nín de hùzhào.

예리 **填 好 了。**
Tián hǎo le.

은행직원 **请 稍 等。**
Qǐng shāo děng.

단어  Track 157

핵심회화 2 Track 158

着急 zháojí ⑧ 조급해 하다 | 楼 lóu ⑲ 층 | 慢 màn ⑧ 천천히 하다

징징 **泰希, 工作 做 完 了 吗?**
Tàixī, gōngzuò zuò wán le ma?

태희 **不 好 意思, 我 还 没 做 完。**
Bù hǎo yìsi, wǒ hái méi zuò wán.

징징 **你 不 要 着急, 我 和 睿莉 在 一**
Nǐ bú yào zháojí, wǒ hé Ruìlì zài yī

楼 的 书店 等 你, 慢慢儿 做 吧。
lóu de shūdiàn děng nǐ, mànmānr zuò ba.

태희 **真 不 好 意思。**
Zhēn bù hǎo yìsi.

징징 **没 关系。**
Méi guānxi.

단어  Track 159

핵심회화 3 Track 160

懂 dǒng ⑧ 알다, 이해하다 | 解释 jiěshì ⑧ 해석하다

징징 **睿莉, 这 本 书 你 看 过 了 没有?**
Ruìlì, zhè běn shū nǐ kàn guo le méiyǒu?

예리 **那 本 书, 我 已经 看 完 了。**
Nà běn shū, wǒ yǐjīng kàn wán le.

징징 **看 得 懂 吗?**
Kàn de dǒng ma?

예리 **看 得 懂 是 看 得 懂, 可是 有点儿 难。**
Kàn de dǒng shì kàn de dǒng, kěshì yǒudiǎnr nán.

징징 **我 可以 帮 你 解释。**
Wǒ kěyǐ bāng nǐ jiěshì.

예리 **谢谢。**
Xièxie.

단어

了 liǎo 得와 不 뒤에서 가능과 불가능을 나타냄 | 半天 bàntiān 몡 한나절, 한참 | 不够 búgòu 톙 부족하다 | 的话 dehuà 조 만일 ~하다면 | 够 gòu 톙 충분하다 | 那么 nàme 젭 그러면 | 聊天 liáotiān 통 이야기하다

핵심회화4

태희　这么 多菜, 你们 吃 得 了 吗?
　　　Zhème duō cài, nǐmen chī de liǎo ma?

징징　我们 饿 了 半天, 没 问题。
　　　Wǒmen è le bàntiān, méi wèntí.

태희　你们 吃 好 了 没有?
　　　Nǐmen chī hǎo le méiyǒu?

예리　吃 好 了! 很 好吃。
　　　Chī hǎo le! Hěn hǎochī.

태희　不够 的话 我们 再 点。
　　　Búgòu dehuà wǒmen zài diǎn.

예리　够 了 够 了!
　　　Gòu le gòu le!

징징　那么, 我们 回去 喝 着 茶 聊聊天 吧。
　　　Nàme, wǒmen huíqù hē zhe chá liáoliáotiān ba.

태희　今天 我 迟到 了, 我 来 请客。
　　　Jīntiān wǒ chídào le, wǒ lái qǐngkè.

19 比昨天暖和
어제보다 따뜻해

- 动物园 dòngwùyuán 동물원　■ 熊猫 xióngmāo 판다　■ 可爱 kě'ài 귀엽다
- 照片 zhàopiàn 사진　■ 照相机 zhàoxiàngjī 카메라　■ 晶晶 jīngjīng (인명) 징징
- 合影 héyǐng 단체사진 (2인 이상)　■ 邮局 yóujú 우체국

1 매표소	售票处	shòupiàochù
2 입장권	门票	ménpiào
3 사진 찍다	照相	zhàoxiàng
4 사진기	照相机	zhàoxiàngjī
5 판다	熊猫	xióngmāo
6 우리	笼子	lóngzi
7 토끼	兔子	tùzi
8 사육사	饲养员	sìyǎngyuán
9 모이	饲料	sìliào

단어 Track 164

晚 wǎn 형 늦다 | 刚 gāng
부 방금, 막 | 到 dào 동
도달하다 | 比 bǐ 개 비교
하다 개 ~에 비해 | 暖和
nuǎnhuo 형 따뜻하다 | 春
天 chūntiān 명 봄 | 骑 qí
동 (동물이나 자전거 등에)
타다

핵심회화 1 Track 165

징징 不好意思，我来晚了。
Bù hǎo yìsi, wǒ lái wǎn le.

태희 没关系，我也刚到。走吧。
Méi guānxi, wǒ yě gāng dào. Zǒu ba.

징징 今天比昨天更暖和，春天来了。
Jīntiān bǐ zuótiān gèng nuǎnhuo, chūntiān lái le.

我们骑车去吧，怎么样？
Wǒmen qíchē qù ba, zěnmeyàng?

태희 好主意。
Hǎo zhǔyi.

단어 Track 166

象征 xiàngzhēng 명 상징
| 熊猫 xióngmāo 동 판다
| 幸亏 xìngkuī 부 다행히
只 zhī 양 마리 | 拍 pāi 동
찍다 | 合影 héyǐng 명 (2
인 이상) 단체사진 | 照相
zhàoxiàng 동 사진을 찍다
| 拍照 pāizhào 동 사진을
찍다 | 茄子 qiézi 명 가지 |
胶卷 jiāojuǎn 명 필름

핵심회화 2 Track 167

태희 这就是象征中国的熊猫。
Zhè jiù shì xiàngzhēng Zhōngguó de xióngmāo.

징징 幸亏两只都不睡觉。
Xìngkuī liǎng zhī dōu bú shuìjiào.

태희 我们在这儿拍合影吧。
Wǒmen zài zhèr pāi héyǐng ba.

징징 好，找个人帮我们照相吧。
Hǎo, zhǎo ge rén bāng wǒmen zhàoxiàng ba.

태희 不好意思，可以请你帮我们拍照
吗？
Bù hǎo yìsi, kěyǐ qǐng nǐ bāng wǒmen pāizhào ma?

행인 没问题。
Méi wèntí.

태희 谢谢。
Xièxie.

행인 一、二、三，茄子！
Yī、èr、sān, qiézi!

단어 Track 168

把 bǎ 개 ~을 | 门票
ménpiào 명 입장권 | 干吗
gànmá 대 뭐 하러 | 留 liú

핵심회화 3 Track 169

태희 你把门票给我吧。
Nǐ bǎ ménpiào gěi wǒ ba.

징징 干吗给你？
Gànmá gěi nǐ?

동 보관하다, 간수하다 | 作 zuò 동 하다 | 纪念 jìniàn 동 기념하다 | 收集 shōují 동 수집하다 | 邮局 yóujú 명 우체국 | 下班 xiàbān 동 근무가 끝나다, 퇴근하다 | 来得及 láidejí 동 늦지 않다 | 快 kuài 부 빨리

태희	我要留下门票作纪念。 Wǒ yào liúxià ménpiào zuò jìniàn.
징징	你这个人，真喜欢收集。 Nǐ zhège rén, zhēn xǐhuan shōují.
태희	对了，我得去邮局。邮局几点下班? Duì le, wǒ děi qù yóujú. Yóujú jǐ diǎn xiàbān?
징징	五点，现在还来得及，快走吧。 Wǔ diǎn, xiànzài hái láidejí, kuài zǒu ba.

단어 🎧Track 170

寄 jì 동 부치다 | 包裹 bāoguǒ 명 소포 | 面 miàn 명 부위, 방면 | 东西 dōngxi 명 물건 | 些 xiē 양 조금, 약간 | 海运 hǎiyùn 동 해상으로 운송하다 | 空运 kōngyùn 동 항공으로 운송하다 | 邮费 yóufèi 명 우편료

핵심회화4 🎧Track 171

태희	你好，我想往韩国寄一个包裹。 Nǐ hǎo, wǒ xiǎng wǎng Hánguó jì yí ge bāoguǒ.
우체국직원	里面的东西是什么? Lǐmiàn de dōngxi shì shénme?
태희	一些书。 Yìxiē shū.
우체국직원	你要海运还是空运? Nǐ yào hǎiyùn háishi kōngyùn?
태희	空运。 Kōngyùn.
우체국직원	邮费是150块3毛。 Yóufèi shì yìbǎi wǔshí kuài sān máo.

20 我要办理登机手续
탑승 수속하려는데요

공항에서 | 전송하기, 출국하기 🎧Track 172

- 语言进修 yǔyán jìnxiū 어학연수
- 机场 jīchǎng 공항
- 登机手续 dēngjī shǒuxù 탑승수속
- 免税店 miǎnshuìdiàn 면세점
- 朋友们 péngyoumen 친구들
- 老师们 lǎoshīmen 선생님들
- 万事如意 wànshìrúyì 만사형통

1	출국수속	出境手续	chūjìng shǒuxù	**6**	보딩패스	登机牌	dēngjīpái
2	여권	护照	hùzhào	**7**	환승	转机	zhuǎnjī
3	짐	行李	xíngli	**8**	환전	换钱	huànqián
4	작별	告别	gàobié	**9**	게이트	登机口	dēngjīkǒu
5	면세점	免税店	miǎnshuìdiàn				

단어 Track 173

下 xià 몡 다음 | 学期
xuéqī 몡 학기 | 继续 jìxù
동 계속하다 | 回国 huíguó
동 귀국하다 | 告诉 gàosu
동 말하다 | 原来 yuánlái
몡 원래 | 今晚 jīnwǎn
오늘 밤 | 告别 gàobié
작별 인사하다 | 送 sòng 동
보내다 | 机场 jīchǎng 몡
공항

핵심회화 1 🎧Track 174

동리 睿莉，下 个 学期 你 继续 学习 吗？
Ruìlì, xià ge xuéqī nǐ jìxù xuéxí ma?

예리 不，我 明天 回国。
Bù, wǒ míngtiān huíguó.

동리 真的？ 你 怎么 没 告诉 我？
Zhēnde? Nǐ zěnme méi gàosu wǒ?

예리 我 原来 想 今晚 向 你 告别。
Wǒ yuánlái xiǎng jīnwǎn xiàng nǐ gàobié.

동리 我 明天 去 机场 送 你。
Wǒ míngtiān qù jīchǎng sòng nǐ.

예리 不用，不用。
Búyòng, búyòng.

동리 东西 收拾 好 了 吗？
Dōngxi shōushi hǎo le ma?

예리 都 收拾 好 了。
Dōu shōushi hǎo le.

단어 Track 175

舍不得 shěbude 동 헤어
지기 섭섭하다 | 离开 líkāi
동 떠나다 | 心意 xīnyì 몡
성의 | 应该 yīnggāi 조동
마땅히 ~할 것이다 | 美好
měihǎo 동 좋다, 아름답다 |
回忆 huíyì 몡 추억 | 打开
dǎkāi 동 열다 | 猜 cāi 동
추측하다

핵심회화 2 🎧Track 176

동리 真 舍不得 你 走。
Zhēn shěbude nǐ zǒu.

예리 我 也 不 想 离开 你们。
Wǒ yě bù xiǎng líkāi nǐmen.

징징 这 是 我们 的 心意。
Zhè shì wǒmen de xīnyì.

예리 你们 真是的，是 我 应该 谢谢 你们。
Nǐmen zhēnshìde, shì wǒ yīnggāi xièxie nǐmen.

因为 有 了 你们，我 在 中国 留下 了
Yīnwèi yǒu le nǐmen, wǒ zài Zhōngguó liúxià le

美好 的 回忆。
měihǎo de huíyì.

43

데이빗 睿莉，你 打开 吧。
Ruìlì, nǐ dǎkāi ba.

예리 这 是 什么?
Zhè shì shénme?

동리 你 猜 一 猜。
Nǐ cāi yi cāi.

단어 Track 177

怕 pà 동 두렵다 | 紧张
jǐnzhāng 형 바쁘다, 긴박하
다 | 进去 jìnqù 동 들어가
다 | 小心 xiǎoxīn 동 조심
하다 | 行李 xíngli 명 짐 |
不然 bùrán 접 그렇지 않
으면 | 被 bèi 개 ~에게 (당
하다) | 别人 biérén 대 다
른사람 | 拿 ná 동 손으로
쥐다 | 知道 zhīdào 동 알
다 | 忘 wàng 동 잊다 | 对
duì 개 ~을 향하여 | 照顾
zhàogù 동 보살피다 | 一路
顺风 yílù shùnfēng 가시는
길이 순조롭기를 빕니다 |
路上 小心 lùshang xiǎoxīn
조심히 가세요

핵심회화 3 Track 178

동리 我 怕 你 时间 紧张，快 进去 吧。
Wǒ pà nǐ shíjiān jǐnzhāng, kuài jìnqù ba.

예리 好。
Hǎo.

동리 今天 人 太 多，小心 你 的 行李，
Jīntiān rén tài duō, xiǎoxīn nǐ de xíngli,

不然 被 别人 拿走。
bùrán bèi biérén názǒu.

예리 知道 了。
Zhīdào le.

징징 你 别 把 我们 忘 了。
Nǐ bié bǎ wǒmen wàng le.

예리 那 当然 了，谢谢 各位 对 我 的 照顾。
Nà dāngrán le, xièxie gèwèi duì wǒ de zhàogù.

동리 祝 你 一路顺风，路上 小心。
Zhù nǐ yílùshùnfēng, lùshang xiǎoxīn.

단어 Track 179

办理 bànlǐ 동 처리하다 |
登机 dēngjī 동 탑승하다 |
手续 shǒuxù 명 수속 | 托
运 tuōyùn 동 짐을 부치다
| 手提 shǒutí 손에 들다,
휴대하다 | 之前 zhīqián 명
~이전 | 登机口 dēngjīkǒu
명 게이트

핵심회화 4 Track 180

예리 我 要 办理 登机 手续。
Wǒ yào bànlǐ dēngjī shǒuxù.

공항직원 给 我 看 你 的 护照。要 托运 行李 吗?
Gěi wǒ kàn nǐ de hùzhào. Yào tuōyùn xíngli ma?

예리 是，大 的 要 托运，小 的 要 手提。
Shì, dà de yào tuōyùn, xiǎo de yào shǒutí.

공항직원 请 五 点 之前 到 九 号 登机口。
Qǐng wǔ diǎn zhīqián dào jiǔ hào dēngjīkǒu.

예리 好，谢谢。
Hǎo, xièxie.

찾아보기

마인드맵과 본문회화에 나온
단어를 병음순으로 정리했습니다.

찾아보기

찾아보기

찾아보기

찾아보기

m

挺	tǐng	꽤, 제법	124
同屋	tóngwū	룸메이트	40
同学	tóngxué	같은 반 친구	94
头疼	tóuténg	두통	102
兔子	tùzi	토끼	190
退钱	tuìqián	환불하다	125
托运	tuōyùn	짐을 부치다	205

W

娃娃	wáwa	인형	30
完了	wán le	끝장나다, 망하다	94
晚	wǎn	늦다	192
晚上	wǎnshang	저녁, 밤	103
往	wǎng	~쪽으로	142
忘	wàng	잊다	204
喂	wéi	(전화상에서)여보세요	74,132
位	wèi	사람의 수를 세는 단위	74
味道	wèidao	맛있다	113
为什么	wèishénme	왜	95
问题	wèntí	문제, 결함	104
我	wǒ	나	13
无聊	wúliáo	무료하다, 심심하다	132
午饭	wǔfàn	점심밥	95

X

西瓜	xīguā	수박	50
西红柿	xīhóngshì	토마토	50
喜欢	xǐhuan	좋아하다	123
洗手间	xǐshǒujiān	화장실	75
下	xià	내리다, 떨어지다	154
下	xià	다음	202
下班	xiàbān	근무가 끝나다, 퇴근하다	194
先	xiān	먼저	175
现金	xiànjīn	현금	180
现在	xiànzài	현재, 지금	94
香蕉	xiāngjiāo	바나나	50
想	xiǎng	~하려고 하다	112

찾아보기